国家软科学重大项目（2013GXS2B013）

U0836581

中国出版业素质升级研究报告

王关义　等著

中国财经出版传媒集团
中国财政经济出版社

图书在版编目（CIP）数据

中国出版业素质升级研究报告／王关义等著．—北京：中国财政经济出版社，2016.7

ISBN 978-7-5095-6843-9

Ⅰ.①中… Ⅱ.①王… Ⅲ.①出版业-研究报告-中国 Ⅳ.①G239.2

中国版本图书馆CIP数据核字（2016）第153958号

责任编辑：周桂元　　责任校对：刘　靖
封面设计：逸品文化　　版式设计：董生萍

中国财政经济出版社 出版

URL：http：//www.cfeph.cn

E-mail：cfeph@cfeph.cn

社址：北京市海淀区阜成路甲28号　邮政编码：100142

营销中心电话：88190406　北京财经书店电话：64033436　84041336

北京京华虎彩印刷有限公司印刷　各地新华书店经销

787×1092毫米　16开　19.25印张　319 000字

2016年10月第1版　2016年10月北京第1次印刷

定价：46.00元

ISBN 978-7-5095-6843-9/G·0168

（图书出现印装问题，本社负责调换）

质量投诉电话：010-88190744

打击盗版举报热线：010-88190492，QQ：634579818

国家软科学重大项目（2013GXS2B013）

项目主持人：

王关义：北京印刷学院副校长、教授、博士生导师

李建臣：国家新闻出版广电总局规划发展司副司长

项目执笔人：

王关义　刘晓敏　梁明月　刘　飞　王　梦

丁　凯　刘洪兰　陈尼佳　赵　辉

目　录

上篇　总报告

中篇　研究专论

下篇　研究专报

绪　论

文化产业是朝阳产业，出版业是文化产业的核心部分，体制机制改革是牵引中国出版业发展的“火车头”。改革开放38年以来，与社会主义市场经济体制改革的总体目标相一致，中国出版业管理体制也进行了一系列重大改革并取得重大突破，社会主义市场经济体制建立并逐步得以完善，改革不仅确立了新闻出版业管理主体、市场主体、服务主体各自的边界，也促进了政府职能、体制机制和发展方式的转变，进而形成了支持出版业改革发展的政策机制、加快技术创新的推进机制和参与国际竞争的激励机制，出版单位的发展潜能得到有效的释放和激发。

通过多年持续不断的改革和转型，中国出版业逐步摆脱了传统计划经济条件下的发展模式，无论是经营性出版单位转企改制还是出版事业单位内部的机制改革，正在经历由成长期向成熟期的转型跨越，发展的动力也逐渐从投资驱动转向技术驱动消费需求市场拉动，发展方式逐步从数量规模型走向质量效益型，出版物市场已从总体上的“短缺状态”转向“短缺”与“过剩”状况并存，出版物品种日益丰富，出书品种和出版码洋持续增长，以出版业为核心的文化产业对GDP增长的贡献率以及对国民经济增长的促进作用日益明显，伴随着我国经济发展新常态阶段的到来，新闻出版业也进入了转型升级的关键阶段。

从总体上来看，中国出版业在体制机制变革中正在实现战略转型和升级。经营性图书、音像、电子出版社转制工作基本完成，组建了一批出版传媒集团和报业、期刊、发行集团。转制后的出版企业成为市场主体，竞争能力显著增强，投融资渠道不断拓宽，跨媒体、跨行业、跨地区、跨国界和跨所有制的并购重组取得突破性进展，社会资本进入新闻出版的领域和规模不断扩大，以公有制为主体、多种所有制共同发展的格局正在形成，出版业规模迅速增长和扩大。2013 年，全国新闻出版业产值超过 1.8 万亿元，较 2012 年增加 1611.1 亿元，增长 9.7%，利润总额 1440.2 亿元，较 2012 年增加 122.8 亿元，增长 9.3%，出版业产值占据了文化产业产值的 70% 以上。中国新闻出版研究院发布的《2013 年中国版权产业的经济贡献调研报告》显示，2013 年，中国版权产业对国民经济的贡献率已达 7.27%，创造了 42725.93 亿元的行业增加值，较 2012 年度增长 20%。同时提供了 1643.81 万个城镇就业岗位，较 2012 年度增长 32%，我国版权行业增加值和就业人数增长速度较快。2014 年，全国新闻出版业持续保持强劲的增长势头，营业收入达到 19967.1 亿元，较 2013 年增长 9.4%，利润总额 1563.7 亿元，增长 8.6%。全国共出版图书 44.8 万种，总印数 80 多亿册；出版报纸 1912 种，总印数 463.9 亿份，定价总金额 443.7 亿元，报纸出版实现营业收入 697.8 亿元，利润总额 76.4 亿元；全国共出版期刊 9966 种，总印数 31.0 亿册，定价总金额 249.4 亿元，期刊出版实现营业收入 212.0 亿元，利润总额 27.1 亿元；全国共出版音像制品 15355 种，出版数量 3.3 亿盒（张），发行数量 3.6 亿盒（张），发行总金额 20.1 亿元，音像制品出版实现营业收入 29.2 亿元，利润总额 4.1 亿元；全国共出版电子出版物 11823 种，出版数量 3.5 亿张，电子出版物出版实现营业收入 10.9 亿元，利润总额 1.8 亿元；数字出版实现营业收入 3387.7 亿元，较 2013 年增加 847.4 亿元，增长 33.4%，占全行业营业收入的 17.0%，总体经济规模超过出版物发行，跃居行业第二；全国新华书店系统和出版社自办发行单位实现出版物总销售额 2415.5 亿元，全国共有出版物发行网点 17.0 万处，出版物发行实现营业收入 3023.8 亿元，利润总额 254.9 亿元；全年输出出版物版权 8733 种，较 2013 年增加 289 种，增长 3.4%；全国版权输出品种与引进品种比例由 2013 年的 1∶1.7 提高至 1∶1.6，出版物已进入世界上 190 多个国家和地区。我国报刊发行覆盖 80 多个国家和地区。我国已形成比较完整的出版产业体系，初步奠定了出版大国的地位，但与发达国家相比，其发展水平、发展质量还有不小的差距。

一、党和国家战略重心的重大调整：以文化建设为中心

（一）文化是启动人类社会文明进程的钥匙

文化是一个民族的精神和灵魂，是国家发展、民族振兴的强大力量，一个强大的国家，一定具有强大的文化，一个国家的核心竞争力和软实力，归根到底取决于这个国家的文化和国民素质。正基于此，习近平总书记指出："要坚持走中国特色社会主义文化发展道路，弘扬社会主义先进文化，推动社会主义文化大发展大繁荣，不断丰富人民精神世界，增强人民精神力量，努力建设社会主义文化强国。"

一方面，在人类历史发展的长河中，文化始终是启动人类社会文明进程的发动机，是增强民族凝聚力、向心力和内生动力的重要元素。文化使人类告别野蛮与愚昧，塑造了民族、国家、社会的精神和灵魂，带来高度发达的物质文明和精神文明。关于文化与国家和民族发展之间的关系，有这样精彩的论述，"国民之魂，文以化之；国家之神，文以铸之。"从游牧文明到农耕文明，从农业文明到工业文明，从工业文明到现代信息社会和现代文明，文化始终是人类文明不断攀升的本源和云梯。

另一方面，文化是催生新产业、新创意、新业态的牵引机。文化产业是富有吸引力、竞争力和生命力的新业态，赋予劳动力更高文化素养，赋予生产资料更多文化元素，赋予生产工具更强文化塑造功能，赋予产品更多文化内涵，所有这些都是人类社会文明进程提升所必需的。中华民族的伟大复兴，离不开中华文化的伟大复兴，民族的复兴一定要以民族文化的复兴为支撑，没有民族文化的复兴，民族的复兴是难以想象的。习近平总书记指出："一个国家、一个民族的强盛，总是以文化兴盛为支撑的，中华民族伟大复兴需要以中华文化发展繁荣为条件。"五千年的中华文化，应该生生不息、代代相传。中国社会的文明和进步既要体现为物质进步，也要体现为文化的进步。全面建成小康社会，不仅需要强大的物质基础，而且需要高度的精神文明，因此，在经济社会发展顶层设计中，要始终重视发展文化产业，真正使"文化"融入经济社会发展的全过程。

（二）文化是推动经济增长的引擎

从文化与经济的关系看，世界范围内的经济发展经历了从产品经济到服务经济再到文化产业经济逐步提升的过程。文化产业的巨大经济潜力已被许多发达国家所认同，当前，世界文化产业呈现出群雄并起、千帆竞发的局面。美国和欧盟等发达经济体的文化产业已发展成为支柱产业，其增加值超过其他产业，增长率普遍高于经济总量的增长率，俄罗斯、巴西等新兴市场经济体的文化产业正朝着支柱产业的方向发展，其增加值所占比重也在迅速提升。文化产业在全球的快速发展和融合，既推动了经济发展、创造就业机会、增加出口收益，也促进了社会包容和文化多样性，加快了人类文明的进程。

文化具有经济与政治双重功能，文化产业不仅包含着经济的输出和市场的占领，也意味着文化精神、价值观的输出和意识形态战场的较量。文化产品在生产和经营过程具有意识形态和产业“双重属性”，文化产业是兼有文化属性和经济属性的产业形态，由此表现出相应的社会效益和经济效益。在文化体制改革和文化产业发展中，要正确处理意识形态属性和产业属性、社会效益和经济效益的关系。随着经济发展进入新常态，我国经济发展方式正从规模速度型的粗放增长转向质量效率型的集约增长。在这种宏观大背景下，如何确立文化产业发展战略，拓展文化产业发展的维度空间，让文化产业成为经济转型升级的新引擎，成为文化产业发展过程所面临的新的重大课题。

当今社会，文化软实力已成为国家间竞争战略中的重要因素。随着科学技术的进步，人类发展进入了信息社会时代，全球范围内的生产方式发生了巨大变化，新崛起的文化产业成为进一步刺激社会消费、满足社会文化需求的有效手段和经济发展的新增长点。伴随着技术进步和变革，文化已渗入经济社会的方方面面。《中共中央关于制定国民经济和社会发展第十三个五年规划的建议》指出：“推动物质文明和精神文明协调发展。坚持两手抓、两手都要硬，坚持社会主义先进文化前进方向，坚持把社会效益放在首位、社会效益和经济效益相统一，加快文化改革发展，加强社会主义精神文明建设，建设社会主义文化强国。”

（三）文化产业：带动国民经济发展的“火车头”

文化产业的概念，是30多年前由联合国教科文组织正式提出的，它是指按照工业标准生产、再生产、储存、分配文化产品和文化服务。一般来说，文化产业可分为三类：一是生产与销售文化产品的产业；二是文化服务产业；三是具有较高文化附加值的产业。在现实生活中，不同国家对文化产业的称谓不尽相同，如美国说的是版权产业，欧盟说的是内容产业，英国说的是创意产业，日本说的是感性产业等，这也体现出各国对文化产业的认识和发展的侧重点有所不同。

就我国的实际情况来看，根据国家统计局的定义，文化产业是指为社会公众提供文化产品和文化相关产品的生产活动的集合。2004年，国家统计局发布了《文化及相关产业分类》，并于2012年进行了修订。该分类把文化产业分为两大部分、十个大类（见表1-1），两大部分分别是“文化产品的生产”和“文化相关产品的生产”，十个大类包括新闻出版发行服务、广播电视电影服务、文化艺术服务、文化信息传输服务、文化创意和设计服务等方面。具体分类见表1-1。

表1-1　国家统计局文化及相关产业分类（2012）

两大部分	十个大类
文化产品的生产	新闻出版发行服务
	广播电视电影服务
	文化艺术服务
	文化信息传输服务
	文化创意和设计服务
	文化休闲娱乐服务
	工艺美术品的生产
文化相关产品的生产	文化产品生产的辅助生产
	文化用品的生产
	文化专用设备的生产

文化产业属于知识密集型新兴产业，它主要有以下特征：

（1）文化产业具有高知识性特征

文化产品一般是以文化、创意理念为核心，是人的知识、智慧和灵感在特定行业的物化表现，文化产业与信息技术、传播技术和自动化技术等的广泛应用密切相关，呈现出高知识性、智能化的特征。

（2）文化产业具有强融合性特征

文化产业作为一种新兴的产业业态，它是经济、文化、技术等相互融合的产物，具有高度的融合性、较强的渗透性和辐射力。

（3）文化产业具有高附加值特征

一方面，文化产业处于技术创新和研发等产业价值链的高端环节，是一种高附加值的产业。另一方面，科技是文化产业发展的催化剂，“文化＋科技”会拓展文化产业的发展空间。

文化产业是带动国民经济发展的“火车头”，是促进经济社会转型升级的重要力量。文化与经济的联姻，使得经济在文化的基因中裂变，文化在经济的承载下绽放，其构建形成的产业，以文化为魂，能够融入社会、连接市场、亲和大众，并因经济效益与社会效益的兼容性而充满生命力。当前，我国的经济发展进入了新常态，客观上需要培育出经济发展的新增长点和新动力，而文化产业作为新兴朝阳产业，已经成为我国重要经济增长点。文化产业具有消耗少、污染低、附加值高、渗透性强等特点，可以促进第一、二、三产业的整合与提升，有利于推动经济转型升级和主动适应与把握经济新常态。

文化产业本质上属于“内容产业”，文化产业发展也离不开国民经济体系的支撑。从文化生产及再生产过程看，文化产业包括三个类别：一是文化内容生产。这是文化产业的“发动机”，类似于人体的“心脏”，决定着文化产业发展的方向和质量。目前，文化内容生产体系较为完备，从文学创作到艺术生产，从音乐制作到书报刊出版。二是文化传播渠道。它与文化内容生产相衔接，是实现文化最终消费的重要“推手”。目前，文化传播渠道已有多条，包括出版物发行、广电节目传输、电影放映和剧场连锁等。三是文化生产服务。它贯穿于文化生产及再生产各环节，辅助文化生产。印刷复制、软件开发属于典型的文化生产服务。

党的十七届五中全会提出，要推动文化产业成为国民经济支柱性产业，使中华文化影响持续扩大。这一奋斗目标的提出，充分体现了党站在新的历史制高点上，审时度势，高瞻远瞩，不仅确定了发展方向，而且为文化产业的进一步发展提出了具体要求。

（四）建设社会主义文化强国：已上升为国家重大战略

（1）我国文化产业尽管迅猛发展，但与经济方面所处的国际地位很不相称

18 世纪和 19 世纪之交的法国大革命和英国工业革命以后，西方在经济上和政治上发生重大变化，自那时起，中国很快就落后了。随着时间的推移，中国同西欧和美国的差距越拉越大，以致后来一直受到列强的侵略和奴役，一百多年间长期处于半殖民地、半封建社会。1949 年新中国成立之后，尤其是 1978 年党的十一届三中全会之后开始的改革开放，中国经济保持了长达 30 多年的高速增长。2013 年年底，世界经济总量约为 65 万亿美元，其中美国约 16 万亿美元，占 24.60%；中国 GDP 总量达到 568845 亿元（约合 9 万多亿美元），占 13.84%，人均 GDP 由 1952 年的 119 元增加到 2013 年的 41908 元（约合 6767 美元），中国已成为全球仅次于美国的第二大经济体，外汇储备已接近 4 万亿美元，这一数字已是全球第二大外汇储备国日本的两倍，人民币作为全球支付货币的地位不断提升，国民经济始终处于高位增长区间，中国模式、中国道路得到越来越多国家的关注和认同，中国对世界事务的影响力迅速扩大。

国家统计局发布的统计数据表明，近几年来，我国居民人均文化消费逐年增长，文化消费占消费支出的比重整体呈逐年提高趋势，但绝对水平依然较低，远远低于 10%—12% 的发达国家一般水平，增长潜力很大。不同层次消费需求的释放，必将使市场竞争逐渐转向质量型、差异化为主的竞争，也必然要求文化生产企业进一步提高资源配置效率，由内生性要求引导文化产业升级。在我国经济进入新常态的大背景下，经济转型和产业升级已经被提升到国家战略层面，这意味着生产性服务业将得到快速发展，而生产性服务业最前沿的就是文化产业。我国快速推进的城镇化进程，以及人们收入水平的显著提高，为文化产业的发展奠定了坚实的物质基础。文化产业的发展将带动文化科技、文化金融、文化旅游等多个融合产业的快速兴起，也将进一步推动我国经济结构的转型升级。统计资料显示，近 5 年来，我国文化产业一直保持 20% 左右的高速增长，远高于同期 GDP 增速。2014 年实现增加值 2.4 万亿元，占 GDP 的 3.77%，北京、上海、江苏、广东等省市文化产业增加值占 GDP 的比重已超过 5%，成为新常态下经济稳定增长和结构优化升级的重要推动力。整个“十二五”期间，文化产业增加值总量从 1.1 万亿元增

加到2.39万亿元，占GDP比重从2.75%增加到3.76%，增速均高于同期GDP的增速。在经济新常态下，经济下行压力加大时，文化产业能“跑赢”其他行业，这表明文化产业作为一股新的力量，正在为经济转型发展提供新动力。

“十三五”规划纲要提出，“十三五”期间要实现“公共文化服务体系基本建成，文化产业成为国民经济支柱性产业”的目标。2016年政府工作报告指出要“深化文化体制改革，推动文化产业创新发展，繁荣文化市场，加强文化市场管理”。伴随着经济的蓬勃发展，必将促进信息和文化产品的需求，其巨大的市场潜力成为世界各国竞相追逐的目标。国际经验表明，当人均GDP达到3000美元以上时，文化消费将会出现跳跃式的“井喷”，并且保持长期的增长势头。数据显示，2015年，我国人均GDP已经超过7600美元，进入中等收入国家行列，这就意味着城乡居民文化需求急剧增长，消费结构将不断升级，文化消费的比重将大幅增加，这为文化产业创造了良好发展机遇。

在2015年全国经济下行、增速放缓的情况下，我国文化产业的增速仍维持在10%以上，其中北京、上海等地的增速保持在16%以上。以北京市为例，自2005年北京市启动文化创意产业发展战略以来，文化创意产业已成为首都服务业当中的第二大支柱产业。北京市发改委提供的数据显示，从2005年至2013年，北京市文化创意产业增加值增长了257%，占GDP的比重由9.7%升到12.3%，2014年，全国文化产业增加值中，北京占比达到12%。

综上所述，不论这些数字及其所反映的情况是否准确，但现实情况是：我国经济已稳居世界第二，已成为名副其实的经济大国，国际影响力显著增强，与经济方面形成的影响力相比，我国文化在全球的影响力不如经济方面的影响力显著却是不争的事实，文化方面的影响力远远滞后于经济方面，在文化领域很难与经济大国的地位相匹配。因此，必须加大文化领域的投入，大力发展包括出版业在内的文化产业，推动文化“走出去”（出版业实施的“走出去”战略）。在全球范围内兴办孔子学院等都是扩大中华文明影响力、繁荣中华文化的重大举措。

（2）大力发展文化产业既是历史经验的总结，也是立足现实作出的正确抉择

关于发展文化产业的思想，我国于“十五”规划时期正式提出。2000

年《中共中央关于制定国民经济和社会发展第十个五年计划的建议》中第一次提出发展文化产业的意见，拉开了我国文化产业发展的序幕。2003年，中央启动了文化体制的改革，2009年7月国家《文化产业振兴规划》颁布，标志着我国文化产业上升为国家战略性产业。2011年10月18日中国共产党第十七届中央委员会第六次全体会议通过的《中共中央关于深化文化体制改革推动社会主义文化大发展大繁荣若干重大问题的决定》提出要努力建设社会主义文化强国，促使“文化产业成为国民经济支柱性产业，整体实力和国际竞争力显著增强，公有制为主体、多种所有制共同发展的文化产业格局全面形成”，并提出了建设文化强国的口号；2015年4月，国家新闻出版广电总局、财政部联合印发了《关于推动传统出版和新兴出版融合发展的指导意见》，鼓励传统出版和新兴出版的深度融合；2015年9月，中办、国办印发的《关于推动国有文化企业把社会效益放在首位、实现社会效益和经济效益相统一的指导意见》提出，以建立有文化特色的现代企业制度为重点，建立健全确保国有文化企业把社会效益放在首位、实现社会效益和经济效益相统一的体制机制，打造一批具有核心竞争力的骨干文化企业，推动社会主义文化大发展大繁荣。这一系列纲领性文件的出台，表明党和国家把发展文化产业，提高国家文化软实力上升到了国家战略的高度，也标志着党和国家战略重心逐步转向以文化建设为中心的新阶段。

（3）推动文化产业成为国民经济支柱性产业宏伟目标的提出，使文化产业发展上升为国家战略

文化产业作为新兴业态和朝阳产业，是未来我国经济转型发展的主要阵地。党的十七届六中全会提出了文化大发展、大繁荣的伟大号召，推动文化产业成为国民经济支柱性产业，使文化产业发展上升为国家战略，也为新闻出版业发展提供了难得的历史机遇。党的十八大、十八届三中全会对文化产业改革发展作出了新的重大战略部署，特别是将“文化产业成为国民经济支柱性产业”列入2020年全面建成小康社会的指标体系，明确了文化产业的发展目标。2014年以来，国家密集出台了一系列支持政策，为文化产业发展注入了新的强大动力。《国务院关于推进文化创意和设计服务与相关产业融合发展的若干意见》提出，要加快促进文化创新与制造业、信息科技、城镇化、旅游、农业、健康服务业及居民生活的融合。2014年3月，文化部、财政部和中国人民银行共同出台了《关于深入推进文化金融合作的意见》，明确文化与金融合作已成为我国文化产业持续快速健康发展的重要动力，2014

年、2015 年，中央文化产业发展专项资金支持新闻出版业转型升级项目总额超过 13 亿元。2014 年 10 月，国家新闻出版广电总局印发《深化新闻出版体制改革实施方案》，要求出版业转换思想，转换思维方式，用新观念推动出版金融合作，推动出版产业发展，按照建设社会主义文化强国的要求，努力推动文化产业成为国民经济支柱性产业，而出版业作为文化产业的主体部分，已经进入关键的转型和变革时期。

大力发展文化产业不仅是经济社会发展的必然趋势，也是当前我国经济转型和保增长的战略选择，必须站在国家发展战略和中华民族伟大复兴的高度审视发展文化产业的意义。在西方国家，文化产品不仅是其重要的经济产业和国力支撑，更成为他们输出价值观的工具。日本制定的《文化产业国家战略》则更加直白地说："文化产业不仅直接关系到我国的经济利益，更关系到我国的外交利益"。2014 年，美国总统奥巴马把创意产业、创意经济提升到国家创新竞争力的战略高度，宣布每年 6 月 18 日为"国家创客日"。从国际范围来看，文化产业已发展成为新兴的朝阳产业。当今主要发达国家文化产业产值占 GDP 的份额分别是：美国 31%、日本 20%、欧洲国家 10% ~ 15%、韩国 15%。在我国，文化产业已发展成为经济较发达地区的支柱产业和核心经济支撑。以北京和上海为例，北京 2014 年为 13.1%，上海 2013 年为 11.5%。统计数据表明，中国目前的网络视频、网络音乐、网络文学、网络游戏等用户的规模达 4.81 亿人，与 5 年前相比增加 1 亿人；网络文化产业的规模达 1500 亿元，同比增长 200%。网络原创文学作品超过当代文学纸质媒体发表作品 50 年的总和。通过将互联网在生产要素资源配置中的优化和集成作用，文化产业的创新力、生产力不断增强，带来文化产业提质升级的新业态。

文化产业是文化建设的重要方面，是国民经济的有机组成部分。《中共中央关于制定国民经济和社会发展第十三个五年规划的建议》在文化建设方面一个很重要的目标要求就是："文化产业成为国民经济支柱性产业"，充分反映了以习近平同志为总书记的党中央对文化建设的高度重视和对社会主义文化发展规律的深刻把握，反映了全面建成小康社会、保持经济持续健康发展对发展文化产业的迫切需求。以产业的形式推动文化加快发展，是文化发展的必然要求，也是世界各国的普遍做法。在社会主义市场经济条件下搞文化建设，必须遵循市场经济规律和文化发展规律，重视发挥市场在文化资源配置中的积极作用，调动各方面参与文化建设的积极性，丰富文化产品创作生产的形式和载体，拓宽文化产品传播消费的渠道和空间，更好地满足人民群众多方面、多层次、多样化的精神文化需求。可以说，没有文化产业的发展，我国社会主义文化就不可能真正繁荣，文化引领风尚、教育人民、服务社会、推动发展的作用就不可能充分发挥出来。

党的十八大和十八届三中全会对深化文化体制改革作出部署。2014 年 2 月中央全面深化改革领导小组第二次会议审议通过了《深化文化体制改革实施方案》，新一轮文化体制改革开始进入全面实施阶段，中央先后出台了一系列深化文化体制改革的政策举措，从《关于印发文化体制改革中经营性文化事业单位转制为企业和进一步支持文化企业发展两个规定的通知》到《关于金融支持文化产业振兴和发展繁荣的指导意见》，从《关于大力支持小微文化企业发展的实施意见》到《关于推动国有文化企业把社会效益放在首位、实现社会效益和经济效益相统一的指导意见》，以建立有文化特色的现代企业制度为重点，以落实和完善文化经济政策、强化国有文化资产监管为保障，建立健全确保国有文化企业把社会效益放在首位、实现社会效益和经济效益相统一的体制机制，打造一批具有核心竞争力的骨干文化企业，推动社会主义文化大发展大繁荣。随着我国人均收入的增长、中等收入人群的崛起，个性化消费将出现爆发式增长，文化体制改革和文化企业发展有了更广阔的政策空间，使得文化企业的成长性具有无限的“想象空间”。统计数据显示，按美元计算，1980 年，中国人均 GDP 为 220 美元，属于极低收入组，在世界 188 个国家中位居第 175 位。2001 年中国人均 GDP 达到 1000 美元，进入下中等收入组，在世界 207 个国家或地区中位居 141 位。2010 年中国人均 GDP 达到 4240 美元，进入上中等收入组，在 215 个国家或地区中位居 120 位。2014 年中国人均 GDP 达到 7593 美元，在世界 213 个国家和地区排名第 96 位。全国已有 8 个地区人均 GDP 进入 10000 美元（居世界第 88 位）。按照这一发展趋势，中国将在 2020—2023 年，跨越“中等收入陷阱”，进入高收入国家行列。这就意味着，我国的消费结构将从解决温饱，转变到更多关注精神层面、文化层面需求的新阶段，包括出版业在内的文化产业改革的推进和发展成为当今国家产业发展和经济增长的新亮点和新动力。

国家统计局发布的数据显示，自 2004 年以来，我国文化经营实体规模总量迅速增长，文化产业的年均增长率都在 15% 以上，比同期国内生产总值的增速高 6 个百分点。2010 年我国文化产业增加值为 11052 亿元，占同期 GDP 的 2.75%。2013 年文化企业数量已达 130 多万家，比 2012 年增长近

20%。一方面是骨干文化企业不断做大做强，一方面中小微文化企业如雨后春笋一般涌现，我国文化产业发展蕴藏着蓬勃生机和巨大潜力，人民群众快速增长的精神文化需求，13亿人口的文化消费潜力，为新闻出版业发展提供了巨大的市场空间。整个“十二五”期间，我国文化产业增加值年平均现价增长速度高于20%，2015年比2010年至少翻一番，实现倍增。目前，我国文化产业的增加值超过1.6万亿元，占国内生产总值的比重接近3%。到2020年，我国GDP约为111万亿元。据此推算，到2020年，我国文化产业的增加值必须超过5.5万亿元，占GDP的比重才能达到5%，才能称为支柱性产业。因此，未来文化产业发展的空间巨大（见图1－1、图1－2、图1－3）。

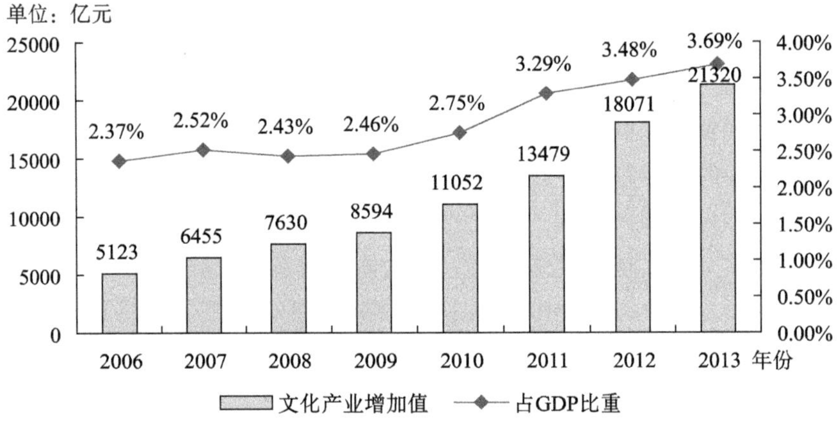

图1－1 2006—2013年中国文化产业增加值占GDP比重变化情况

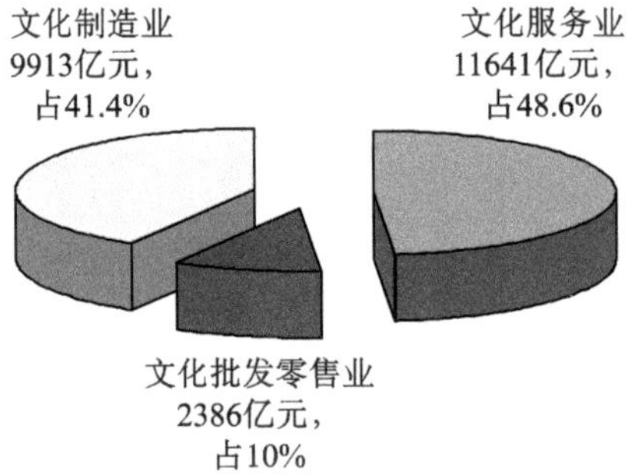

图1－2 2014年文化及相关产业增加值构成

图 1－3　2015 年我国文化产业发展重点

纵观新中国成立 60 多年的发展历程，党和国家战略重心是在结合所面对的现实和主要矛盾在逐步调整，总体上来看，先后经历了三次大的调整和转变，即：以政治建设为中心的社会主义国家政权建设和巩固时期（1949—1977 年），标志性的事件有抗美援朝，“三反”、“五反”运动、“反右运动”对中印自卫反击战、中苏珍宝岛战事和“文化大革命”，这一时期的战略重点是巩固新生的共和国政权；以经济建设为中心的社会主义国家经济发展和复苏时期（1978—2010 年），标志性的事件有对外开放，对内先后实施的农村联产承包责任制、城市经济体制改革、建立社会主义市场经济体制、建立现代企业制度等。这一时期的战略重点是解放和发展生产力，彻底解决民生问题；以文化建设为中心、文化与经济协调发展的社会主义国家经济社会和文化全面繁荣和兴旺时期（2011 年开始），这一时期的战略重点是与经济大国相匹配推动文化大国、文化强国建设。因此，目前，国家正处于“以文化建设为中心”重大战略转型调整期，文化与政治、文化与经济等如何实现协调发展是发展中面临的重大问题（如图 1－4 所示）。

经过多年的发展，我国文化产业已经初步形成了门类齐全的体系，文化内容生产、文化传播渠道和文化生产服务等方面不断发展壮大，文化产业主体部分的经营实力大为增强。如果从 2003 年算起，只用了 8 年时间，文化产业增加值就突破了万亿元大关，成为国民经济新的增长点，这在产业发展史上是个奇迹。2010 年是一个分水岭，以前年份文化产业增加值的年均增量在千亿元上下，但以后年份的年均增量超过了两千亿元。从文化产业增加值

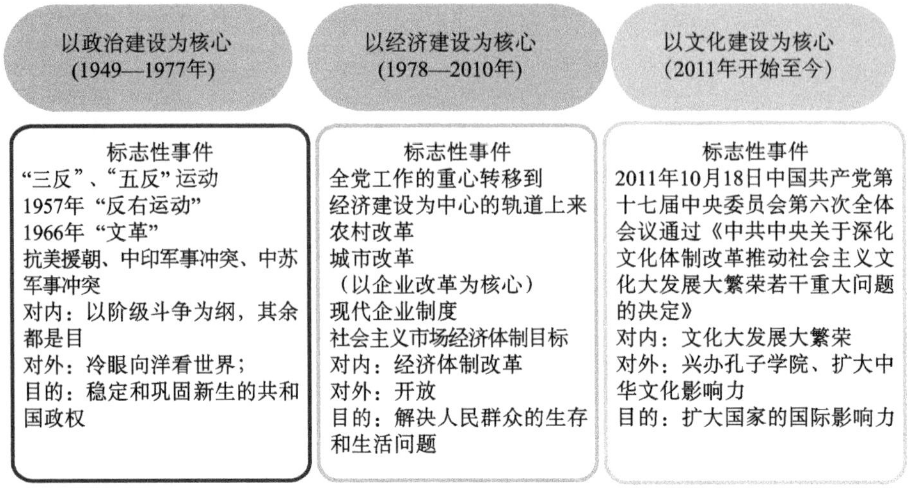

图 1－4　国家战略重心在改革探索中的转移和调整

占国民经济的比重来看，也在稳步上升。据统计，我国文化产业 2004 年实现增加值 3340 亿元，占 GDP 的 2.15%，2013 年实现增加值 21351 亿元，占 GDP 的比重为 3.63%。2014 年，文化产业占国民经济比重达到 3.77% 左右，其增长速度明显高于同期国内生产总值增长速度。从 2004 年到 2010 年，我国文化产业增加值从 3440 亿元增加到 11052 亿元，年均增长率为 23.6%。截至 2011 年年底，全国国有文化企业共 10365 户，资产总额 15966.44 亿元，全国文化产业法人单位增加值为 13479 亿元，比 2010 年增长 21.96%，国有文化企业已成为国有经济的一支新生力量。以北京市为例，从业人员达到 161 万多人，文化产业机构 17 万家，文化产业增加值达到 2400 多亿元，文化产业在 GDP 中占比达到 13.1%，仅次于金融业。目前，全国共有 91.8 万家文化产业法人单位，其中小微文化企业（指企业法人单位，不含个体工商户）77.3 万个，占全部文化企业的 98.5%。2013 年，我国小微文化企业从业人员 979.9 万人，占全部文化企业的 63.3%。我国文化产业增加值站上第一个万亿元台阶用了 8 年时间，站上第二个万亿元台阶只用了 3 年时间，文化体制改革激发了产业的活力，在许多行业增速都在放缓时，文化产业的发展增速却依然能达两位数，高于 GDP 增速，“跑赢”了其他行业，体现出文化产业作为新兴行业发展的潜力和活力，体现了人民群众对文化生活的渴望，也表明文化产业在国民经济发展中的地位已经举足轻重（见图 1－5、图 1－6、图 1－7）。

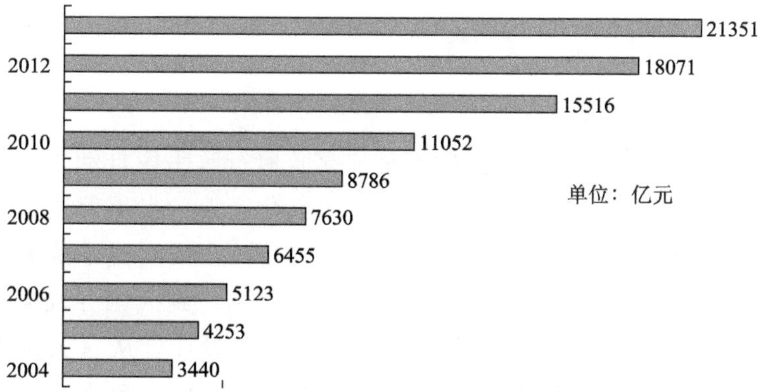

图 1－5　2004—2012 年中国文化产业增加值变化情况

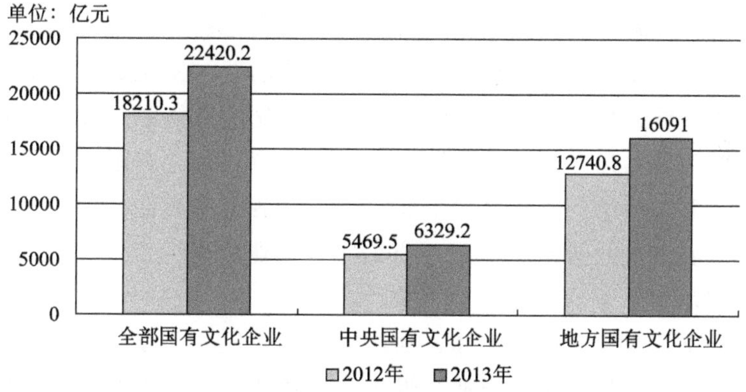

图 1－6　国有文化企业资产总额增长图

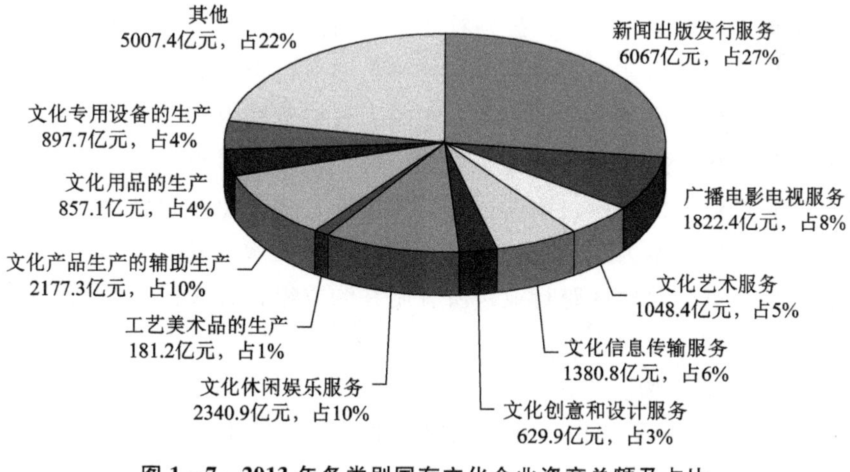

图 1－7　2013 年各类别国有文化企业资产总额及占比

（五）我国文化产业发展的特点

（1）政策推动效应显著

我国文化产业的发展很大程度上是依靠政府行政手段推动，文化经济政策体系和法规体系初步形成并逐步实施，为文化产业的发展营造了公平健康的发展环境，也为文化产业发展注入了“强心剂”。从《国务院关于推进文化创意和设计服务与相关产业融全发展的若干意见》到《国务院关于加快发展对外文化贸易的意见》，对文化产业进行了顶层设计。从《关于大力支持小微文化企业发展的实施意见》到《关于推动特色文化产业发展的指导意见》，相继出台的一系列扶持政策为文化产业发展营造良好的政策环境。在加大对社会效益突出的文化项目扶持力度，加快完善和实施有利于文化企业兼并重组、完善加强知识产权保护、文化科技创新、文化走出去等的政策措施，更好地引导文化产业发展，进一步健全文化法规体系，提高文化领域依法管理水平，为文化产业健康发展提供有力保障。在党和国家一系列宏观政策扶持和资金支持下，原有文化事业单位发展活力的激活，内在发展潜能的“释放”，文化产业逐渐成为国民经济的主导产业。

（2）以培育骨干文化企业为龙头

文化企业是文化产业的主体，加快文化产业发展，核心是要培育一批有实力、有竞争力的骨干文化企业。近年来，党和政府在推进国有经营性文化单位转企改制基础上，加快公司制、股份制改造，完善现代企业制度，加强对国有重点文化企业的扶持，鼓励符合条件的国有文化企业上市融资，加快培育一批核心竞争力强的国有或国有控股大型文化企业或企业集团，使之成为发展产业和繁荣市场的主导力量。在国家许可范围内，引导社会资本以多种形式投资文化产业，参与国有文化单位转企改制，参与重大文化产业项目实施和文化产业园区建设，调动社会资本投资文化产业的积极性。国家鼓励各类文化企业以资本为纽带进行联合重组，推动出版、发行、影视、演艺集团交叉持股或进行跨地区跨行业跨所有制并购重组，大大提高文化产业的规模化、集约化和专业化水平。

（3）在打造市场主体方面取得实质性突破

“十二五”时期新闻出版业在国家产业政策扶持下，成功组建了130多家出版传媒集团。其中，中国出版集团、中国教育出版传媒集团、凤凰出版传媒集团、中南出版传媒集团4家单位已进入全球出版企业收入50强行列，全国资产总额超过100亿元的集团有16家（出版集团11家，发行集团3家，报业集团2家），有52家出版、印刷、发行以及新媒体企业在境内外成功上市。统计表明，截至2014年年底，全国建有城乡阅报栏（屏）9万个，建成农家书屋60万家（覆盖了全国具备基本条件的行政村），全国城乡有8亿人次参加了各类全民阅读活动，国民综合阅读率从2010年的77.1%提高到2014年的78.6%。2014年我国著作权登记总量达121.1万件，比2013年增加20.2万件，增长20%。

（4）文化市场体系日趋完善

现代文化市场体系是文化产业发展的必要条件。近年来，党和政府出台了一系列文件和政策，培育多方面多层次文化产品和要素市场，提高文化资源配置的质量和效率，加强文化产品市场建设，积极发展图书报刊、电子音像、动漫游戏等传统文化产品市场，建设以网络为载体的新兴文化产品市场，培育大众性文化消费市场，打造综合性、专项性、区域性文化产品和服务交易平台。积极发展连锁经营、物流配送、电子商务等现代流通组织，加快建设一批大型现代文化流通企业和若干文化产品物流基地，拓展文化产品和服务传播消费的渠道和空间。加强了文化生产要素市场建设，有序发展文化产权、版权、人才、技术、信息等要素市场，建立健全文化资产评估体系和文化产权交易体系，发展以版权交易为核心的各类文化资产交易市场。积极推进文化资本市场建设，促进金融资本、社会资本与文化资源有效对接，着力解决文化企业融资难的问题。加强了文化行业组织和中介机构建设，积极发展版权代理、文化经纪、评估鉴定、技术交易、推介咨询、投资保险、担保拍卖等各类文化市场服务机构，健全行业规范，完善行业管理，为各类文化市场主体提供全方位服务，为文化产业健康发展营造良好市场环境。

二、新闻出版业：国家文化产业的重心

众所周知，一方面，出版活动是一种文化传承和传播活动。随着经济全球化进程的加快和科学技术的飞速发展，以新闻出版业为代表的文化产业已成为当今知识经济的重要组成部分，在经济社会发展中发挥着极其重要的作用。另一方面，出版业还是一个重要的产业门类。在我国文化产业的构成类

别中，新闻出版业是文化产业的重要组成部分，新闻出版业作为国家文化软实力的重要方面，在传播中华文明、增强综合国力等方面的重要作用更加突出。

大力发展出版业是提高我国文化软实力和国际传播力的需要。我国的文化发展从总体上讲与我国的综合国力和国际地位是不相称的。在联合国教科文组织评选的世界上最有影响力的100本书中，中国没有一本入选。中央已明确提出，要利用高新技术和先进手段提高我国文化的软实力和传播能力，满足人民群众多层次、多方位的文化需求，提高我国的影响力和竞争力。在2014年8月中央全面深化改革领导小组第四次会议审议通过的《关于推动传统媒体和新兴媒体融合发展的指导意见》指引下，2015年4月，国家新闻出版广电总局与财政部联合出台了《关于推动传统出版和新兴出版融合发展的指导意见》，为进一步推进新闻出版业的转型升级，推进传统出版与新兴出版融合发展指明了实施路径和重点方向，标志着新闻出版业数字化转型升级、融合发展已从统一思想认识步入实质性建设的新发展阶段。

从我国的实际情况来看，改革开放38年以来，作为文化产业主要构成部分的新闻出版业得到了迅猛发展。据统计，2011年我国新闻出版业产值超过1.5万亿元，全年出版图书36.95万种，期刊9849种、报纸1928种，已形成比较完整的出版产业体系。到2012年年底，除少数保留公益性出版单位外，中央各部门各单位、地方、高校出版社都已转企改制，上千家非时政类报刊出版单位转制和注册为企业法人，文化体制改革走向纵深，在此基础上，组建了100多家报刊集团和出版传媒企业集团，我国出版业管理体制机制改革取得了全面进展，出版单位企业化、企业管理科学化、出版企业集团化、出版市场国际化、出版载体数字化、民营国有联合化、出版边界模糊化的趋势越来越明显，出版企业面临更加复杂的生存环境和竞争越来越激烈的市场环境。2014年，全国新闻出版业总产出达到1.9967万亿元大关，目前，中国年出版图书数量、图书出版品种、出版总量、日报发行量均位居世界第一位，电子出版物、网络学术出版物总量居世界第二位，成为名副其实的出版大国，出版业成为我国文化产业的主力军，成为国民经济中一个重要的产业部门（见图2－1、表2－1）。

图 2－1　“十二五”期间中国新闻出版业成就

表 2－1　2008—2014 年中国出书品种与总印数的情况

年份	种数	较上年增长（%）	印数（万册）	较上年增长（%）
2008	275668	11.03	693570	10.21
2009	301719	9.45	703675	1.46
2010	328387	8.84	717051	1.90
2011	369523	12.53	770518	7.46
2012	414005	12.53	792464	2.85
2013	444427	7.35	831048	4.87
2014	448400	0.90	818500	－1.50

（一）从发展现状来看，中国已成为名副其实的世界出版大国

从历史发展的视角看，美国出版史专家约翰·曼曾统计过，1455 年以前，整个欧洲出版的图书约为 3 万种，册数也很少，装在一辆马车里就能拉走。而同期中国累计出版的图书约为 4 万种，比欧洲多出整整 1/3，出版册数更令西方望尘莫及。追根溯源，造纸术和印刷术的发明，使中国人能用更低的成本和更快的速度出版图书，出版业的发达也让中华民族长期领先于世界其他民族。据学者郑也夫研究，到 1600 年，西方拥有的图书是 125 万种，中国拥有的图书是 1.4 万种，前者是后者的 89 倍。而到了 1900 年，西方的图书种类达到 1125 万种，中国的图书种类则是 12.6 万种，同样是 89 倍。经过新中国成立以来 67 年的发展，中国出版业取得了历史性突破。

（1）我国出版业规模巨大

从目前发展现状来看，我国已发展成为名副其实的世界出版大国。“十一五”时期累计生产图书135.8万种338亿册，稳居世界之首。目前，中国新闻出版业发展方式转变基本到位，新兴业态蓬勃发展，数字出版等战略性新兴产业领域的发展达到世界先进水平。“十二五”时期，我国新闻出版产业规模持续增长，新闻出版业在转型升级、融合发展方面亦取得了较大突破，对文化产业贡献日益增大，产业实力得到进一步壮大。相关数据显示，2012年新闻出版业总产出达到1.65万亿元，较2011年增长13.6%；2013年，全国出版、印刷和发行服务实现营业收入18246.4亿元，较2012年增加1611.1亿元，增长9.7%；利润总额1440.2亿元，较2012年增加122.8亿元，增长9.3%；2014年，全国出版、印刷和发行服务业的营业收入为19967.1亿元，较2013年增长9.4%，利润总额1563.7亿元，增长8.6%。2014年，全国共出版图书44.8万种，图书出版实现营业收入791.2亿元，较上年增长2.7%，数字出版实现营业收入3387.7亿元，较2013年增长33.4%，增长速度在新闻出版各产业类别中名列第一，2015年全国图书零售市场同比增12.8%，实体书店零售市场继2014年实现3.26%的增长之后，2015年继续保持增长，同比增长0.3%，实体书店渠道新书品种数在2015年为19.7万，国民阅读率全面提升，我国各媒介综合阅读率为78.6%，较2013年提高1.9个百分点，国民图书阅读率为58.0%，提高0.2个百分点，数字化阅读方式的接触率为58.1%，提高8.0个百分点。表明全民阅读推广工作收到实效。中国建设新闻出版强国的战略目标是：到2020年，新闻出版业总产值占当年全国GDP的5%左右，基本实现人均消费图书6册、期刊3.2册；数字媒体等新兴产业的发展达到世界先进水平。新闻出版产业主要经济指标平稳增长，产业规模继续扩大，反映出在经济发展进入新常态、经济下行压力加大的情况下，新闻出版业依然保持健康发展的势头。

（2）传统出版单位转型升级更加深入，融合发展成效初显

中国互联网信息中心（CNNIC）发布的第37次《中国互联网络发展状况统计报告》显示，截至2015年12月，中国网民规模达6.88亿人，全年共计新增网民3951万人，互联网普及率为50.3%，较2014年年底提升了2.4个百分点。中国手机网民规模达6.20亿，较2013年年底增加6303万人，网民中使用手机上网人群占比由2014年的85.8%提升至90.1%。2014

年 4 月，国家新闻出版广电总局与财政部联合发布《关于推动新闻出版业数字化转型升级的指导意见》，提出用三年时间支持一批新闻出版企业、实施一批转型升级项目，带动和加快新闻出版业整体转型升级步伐。2015 年，国家先后出台了《关于积极推进“互联网 +”行动的指导意见》、《关于促进大数据发展的行动纲要》等一系列政策文件，对出版产业转型升级起到有力的助推作用。2015 年国家财政下达文化产业发展专项资金 50 亿元，共支持项目 834 项，比 2014 年度的 800 项新增 34 项，其中重点项目 478 项，一般项目 356 项，用于推动新闻出版业数字化转型升级的项目进一步增多，由 2014 年的 77 项增加至 2015 年的 98 项，并将传统媒体和新兴媒体融合发展也纳入重点支持范围，2015 年新闻出版业转型升级、融合发展取得了实质性突破。继 2013 年 6 月公布了首批 70 家传统出版单位转型示范名单，2015 年 7 月公布了第二批 100 家转型示范单位名单，转型示范单位已达到 170 家，传统出版在转型升级方面思路日渐清晰，方法和路径日趋明确。这些包括出版集团、报业集团，以及图书、报纸、期刊出版单位在内的传统出版数字化转型升级示范单位，在内容聚集、技术应用、产品创新，以及探索数字化商业模式等方面为产业发展作出表率，带动整个行业转型升级、融合发展取得实质性进展。

（3）出版业的国际影响力显著提升

一是新闻出版“走出去”取得明显成效。2014 年，图书、报纸、期刊、音像制品、电子出版物和数字出版物等实物产品出口首次突破 1 亿美元大关，两倍于“十二五”确定的出口目标。除传统的纸质图书版权外，以期刊数据库、电子出版物、网络游戏为代表的数字产品海外销售收入从 2010 年的 2.3 亿美元增长到 2014 年的近 20 亿美元，比“十二五”目标超额完成近 10 亿美元。出版单位主动走出国门参与国际竞争的意识不断增强，国际竞争力显著提升，实现了从政府助推到企业发力的转变。对于企业自身来说，走出去也越来越成为其发展的需要。2014 年 5 月，江苏凤凰出版传媒集团下属子公司江苏凤凰教育出版社有限公司以 8500 万美元收购美国出版国际有限公司，这是中国出版企业迄今为止最大的一次跨国并购，通过收购凤凰传媒获得了国际性的童书资产和销售渠道，快速打入国际主流出版市场，有力地提升了其国际竞争力。一年之后凤凰出版传媒集团长驱直入 2015 年世界出版企业 50 强排名十强之列。

二是中国图书版权输出数量屡创新高，一大批中国出版机构纷纷参与到国际版权贸易中来，不少中国出版机构都建立起了稳定的版权输出客户群，版权输出项目也由单本图书输出向成系列、成规模、有特色方向发展。数据显示，经过10多年的努力，版权贸易大幅升级，贸易逆差大幅缩小，目前中国图书引进输出比例已从2010年的3:1到2014年的1.6:1。贸易结构不断优化，输出的产品形态从过去单一的图书、期刊版权拓展到报纸、音像电子、数字版权等多种形态。版权输出的区域结构、内容结构、语种结构、形态结构不断升级，一大批中国主题内容，特别是反映当代中国价值观、中国梦、中国道路、中国模式和中国优秀传统文化的出版物进入国际市场，版权贸易不断升级，输出形式也更加多元。

（二）立足现状：中国依然不是世界出版强国

中国虽然已经成为世界出版大国，但是距离出版强国的目标还有很长的路要走，中国远未攀上世界出版业的高山之巅，中国出版业的核心技术实力和管理水平仍将长期屈居发达国家之后。不仅从综合实力方面看如此，即便从出版业方面来看现实依然如此。

（1）从国际范围的比较来看，我国文化产业发展滞后

1）国外发达国家文化产业发展情况。出版业是一个国家或地区文化创意产业的重要组成部分，据最新统计资料显示，文化产业已经占到全球生产总值的7%，约为1.3万亿美元，以创意为核心的文化产业一直是世界贸易中最有活力的产业之一。世界主要国家的情况是：

美国：确立了文化产业强国的战略，作为世界文化产业强国，美国的文化娱乐消费占家庭消费30%左右，近年来文化产业产值占GDP的18%—25%。美国政府认为，文化产业与钢铁、汽车等其他关系民生的产业部门没有区别，因此应为文化企业的经济活动创造提供一个公平合理、充分竞争的舞台。良好的政策支持同样保证了良好的市场，鼓励投资，注重创新，资助非营利性文化产业发展。美国投融资机制体制健全、主体多元、方式多样，文化产业人才培养体系较为完善，许多大专院校开设了文化产业相关的学科专业。近年来，美国的文化产业飞速发展，2009年共创造产值2784亿美元。另据美国出版商协会发布的数据表明，美国图书出版产业2014年整体销售同比增长4.6%。专业出版领域销售增长4.6%；大众出版领域销售增长4.2%。大众出版仍然是最大板块，2014年总收益为154.3亿美元。2014年，全美图书总销量增长3.7%，达27亿册，其中大众板块增长4.1%（包

含宗教出版），达 24.2 亿册。电子书整体销售增长 3.8%，达 33.7 亿美元，电子书销售并不包含订阅服务模式的销售。

日本：日本是世界文化产业第二强国，其文化产业规模已超过了本国具有国际竞争力的电子产业和汽车产业，政府从战略高度关注文化产业。21 世纪以来，由于日本以制造业为主体的经济迟迟未能走出低迷，日本经济政策制定者将目光投向文化产业。2007 年 5 月，日本政府出台《日本文化产业战略》，在国内以政策引导和扶持的方式，鼓励企业在文化产业方面的创新和走出去，同时从知识产权保护、文化产业国际标准、创新人才培养等方面为文化产业保驾护航。日本是最大的动画制作和输出国，游戏产业也在全球占三分之一左右市场份额。随着动漫、游戏产业在海外市场的成功，其衍生品市场带来了更大的经济效益。日本文化产业发展所取得的巨大成果得益于高效合理的政府推进型发展模式，政府给出了强有力的战略和政策指导，健全和完善了法律法规体系，打造了适合中介组织发展的环境，奠定了以发挥市场机制配置文化资源的基础，并通过宏观的经济计划和产业政策实现管理职能的转变以及融资渠道多元化和宣传渠道的特色化。

英国：英国将文化产业称作“创意产业”，也是第一个利用公共政策推动文化创意产业发展的国家。1997 年 5 月，英国政府为调整产业结构和解决就业问题，提出把创意产业作为振兴英国经济的重要手段，优先发展文化创意产业，经过 10 多年的发展，包含出版业在内的创意产业已成长为英国仅次于金融服务的第二大产业。创意产业年平均产值约 600 亿英镑，超过任何一种传统制造业创造的产值，英国发达、多元化的创意产业已发展成为支柱产业，实现了由以制造业为主的“世界工厂”向以文化产业为主的“世界创意中心”的成功转型。在英国，中小型企业是创意产业发展的生力军，2009 年创意产业中规模在 1—10 人的企业占 94%，11—49 人的企业占 4%，200 人以上的只占 1%。

德国：德国是图书之国，拥有 2000 多家出版社，每年新出版发行约 9.5 万本新书。2007 年德国图书市场实现了大约 96 亿欧元（约合 132 亿美元）的销售额，占本国文化产业总销售额 10% 左右，同年还向海外转让了 9000 多个图书许可证。近年来，德国文化产业蓬勃发展，成为推动经济增长最强劲的产业之一。以会展为媒介促进文化产业发展是德国的一大特色，德国作为会展大国，形形色色的书展促进了出版业的兴盛和繁荣。法兰克福国际图书展是世界最大的书展，为世界各国的出版商、代理商和经销商提供了一个洽谈版权贸易、出版业务和展书订书的平台，每年吸引了全球100多个国家和地区的业内人士前来参展。

韩国：1998年韩国政府提出“文化立国”战略以来，政府进行了大力扶持，无论在法律上还是政府机构作出的调整，都切实为文化产业服务。韩国在注重国内市场的同时，还积极拓展国际市场，文化产业已呈爆发式生长态势，韩国文化风靡全球。其中影视产品是韩国文化产业的一大支柱，大量韩剧出口并形成强大的海外影响力，播出渠道的市场化，国家的金融扶持为其提供了良好的环境，近年来不仅国内市场持续增长，出口规模也迅速扩大，每年出口规模达到10亿美元。

2）我国文化产业发展迅猛，但距离目标的差距依然巨大。我国文化产业占GDP的比重从2010年的2.75%升至2014年的3.76%，不仅与全球7%的比重差距巨大，而且与成为国民经济支柱性产业的宏伟目标差距巨大。根据发达国家的经验，人均GDP达到3000美元时，文化消费将有较大增长；人均GDP达到5000美元时，文化消费将出现爆发性增长。而我国早在2012年人均GDP就超过了6000美元，2014年达到7380美元，2015年人均GDP超过8000美元，一些东部沿海地区的城市已经超过10000美元，甚至超过15000美元，这充分表明文化消费市场潜力尤为巨大，统计数据显示，我国文化消费潜在市场规模约为4.7万亿元，而实际文化消费规模仅超过1万亿元，存在着3.7万亿元的文化消费缺口。在人均GDP同等水平下，我国文化消费规模也仅为发达国家的1/3左右。研究资料显示，在世界发达国家，文化创意产业已经成为支柱型产业之一。英国创意产业年平均产值已经超过任何一种传统制造业创造的产值，美国的文化产业产值近年来已经占到GDP的18%—25%，而日本的文化产业规模也已超过了其电子产业和汽车产业，而中国目前文化产业的比重为3.5%—4%。这表明文化消费拥有巨大的发展空间，也说明我国居民潜在的文化消费需求并未得到有效满足。

从历史角度看，尽管我国文化产业发展迅猛，但与国外发达国家相比也还存在不少问题和瓶颈制约，例如产业规模不够大、文化投资少、结构不够合理、发展不够均衡、资源使用效率不高、创新力不足，出口对于文化产业的拉动作用还很微弱，出口规模小。2014年核心文化产品出口额为220.4亿美元，相当于1353.87亿元人民币。这与我国贸易大国的地位极不相称。“十三五”时期是全面建成小康社会的决胜阶段，国家部署了文化强国建设的战略任务，其中很多与中国出版业有密切联系的。党的十八届五中全会关于“十三五”规划建议已明确，到2020年，文化产业要成为国民经济支柱性产业，这是一个催人奋进的战略目标，而一个产业要成为支柱性产业，首先要达到一定规模，公认的标准是该产业应占国内生产总值（GDP）的5%以上。2014年我国的GDP为63.6万亿元，2015年至2020年6年里，按名义GDP增长率（即现价GDP增长率）两个口径估算，到2020年GDP规模分别为106.69万亿元和110.26万亿元，保守些取个整数即100万亿元。也就是说，到2020年，文化产业增加值至少应达到5万亿元，才有可能占到GDP总量的5%。现实情况是：2014年，我国文化产业增加值约2.4万亿元，与目标值5万亿元相差2.6万亿元，距离实现战略目标差距巨大。

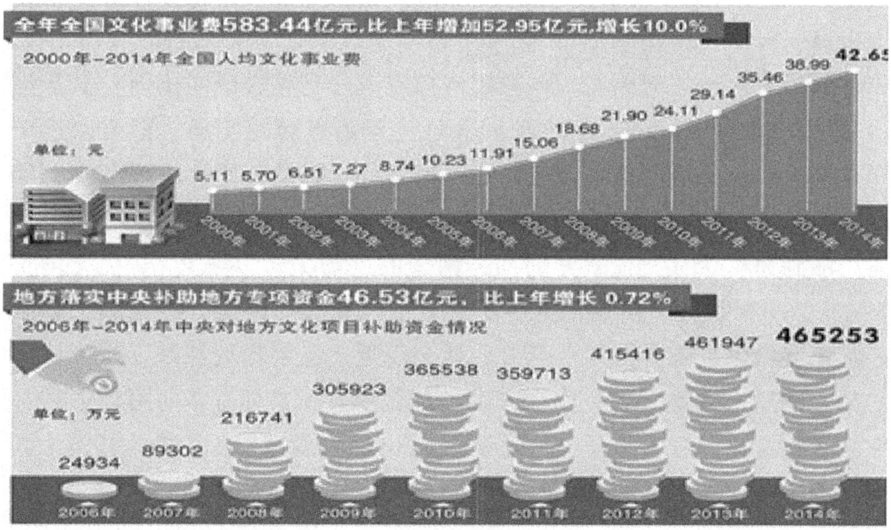

图2-2 我国人均文化事业费增长情况

（2）从国内发展现状来看，出版业发展中面临不少问题

1）图书出版绝对量大，但人均书籍消费水平低。从出版业总量来看，我国已位居世界前列，但人均出版物消费和人均印刷品占有量却相对落后。2011年，我国18—70周岁国民人均纸质图书的阅读量仅为4.39本，而同期韩国为11本、法国为20本、日本为40本、俄罗斯为55本、以色列为64本。据英国媒体2014年10月22日报道，英国出版商在2013年出版的新书和再版书共计18.4万册（其中6万册为电子书，相当于每百万居民出版2875册新书，英国人均书籍出版量高过世界上其他国家，成为世界第一。目

前，中国人均出版物消费约为35美元，而德国是300美元；人均印刷品年消费量为10—13美元，而日本为470美元，美国为316美元；人均年纸张消费量26—27公斤，而日本和美国分别为240公斤和340公斤。出版业之所以能够存在，根本因素是一代代读者孜孜不倦的阅读。如果没有阅读行为，出版业就成了无源之水，终将枯竭。

2）图书库存积压严重，生产与消费脱节严重。目前，中国每年出版的图书品种数位居全球第一，达44万多种，是美国的一倍还多。从2005年到2013年，全国出版的图书品种数从22.25万增至44万，增幅接近100%；在同一个时间区段，全国新华书店系统、出版社自办发行单位纯销售册（张、份、盒）数，增长的幅度却不到4%，也就是说，100%的品种增长，只带动不到4%的销量增加，如此悬殊的生产销售比，势必一路推高库存。据相关媒体报道，目前我国出版机构的库存码洋居然超实际销售码洋150亿元以上，实际差距比统计更惊人。存销比（库存码洋与销售额的比例）从账面的1.23:1拉大到1.77:1，此即意味着每一元销售额的实现，都要以近2元的库存额为代价。全国新华书店系统、出版社自办发行单位纯销售额从2005年的403.95亿元增长到了2011年的653.59亿元，而年末库存则从482.92亿元飞涨到804.05亿元。6年时间，两者的“剪刀差”从近79亿元增长至150亿元，库存跑赢了销售，更多图书只能在仓库中蒙尘，“死书”越滚越多，甚至有媒体提醒：再这样下去，就会逼近产业坍塌的红线。有媒体也发出“第一出版大国也是第一库存大国”的惊叹。过高库存量，可以毁掉一个行业。日本资深出版人小林一博所著的《出版大崩溃》，记录了1997—2003年间日本出版业的崩盘历程，其中一个重要症状就是高库存、高退货：图书退货率平均在50%左右，高的可达90%；而仓库里堆积如山的无效库存，令日本出版人叹惜“死书累累”。

3）管理体制机制科学化水平不高。长期以来，我国传统出版产业以劳动密集型制造为主，依托劳动力成本低的比较优势实现快速发展，并推动经济总量快速增长。与此同时，由于沉淀成本、规模经济和既得利益的作用，传统出版业发展具有较强的路径依赖。随着我国经济规模的扩大和资源要素成本的提高，如果任由产业结构定型在较低层次，就会严重制约出版产业素质的提升和质量效益提高，出版业就会丧失国际竞争优势。因此，当前亟须打破路径依赖，加快传统出版业的转型升级。未来，随着传统新闻出版单位转型升级、融合发展的步伐逐步加快，将逐步构建以互联网思维和全新的产业发展视角为指引、以先进技术为支撑、以内容建设为根本的产业发展新格局，从而实现传统媒体和新兴媒体的优势互补、一体化发展。新兴媒介助推转型升级。新媒介催生的新渠道、新模式，充分借助新媒介、新渠道、新模式助推转型升级，实现与新媒介的融合发展。

三、转型升级：迈向世界出版强国的必由之路

自 1978 年开始，我国经济发展迅速，出版企业的内、外部生存环境发生了显著变化，出版单位在走向市场化的进程中，既获得了快速发展，也面临着信息技术高速发展、新兴媒体对图书市场的冲击。目前，科技已交融渗透到新闻出版创作、生产、传播、消费的各个层面和关键环节，在改造提升传统新闻出版业的同时，还催生了一大批新的媒介形态和媒介应用，有力地推动了新闻出版业的转型升级，成为新闻出版业发展的核心支撑和重要引擎。随着图书品种的增多，读者在市场上有更多的选择，出版社之间对市场的争夺加剧。2014 年 4 月，国家新闻出版广电总局与财政部联合发布《关于推动新闻出版业数字化转型升级的指导意见》，提出用三年时间支持一批新闻出版企业、实施一批转型升级项目，带动和加快新闻出版业整体转型升级步伐。伴随着数字技术及全球范围内出现的媒体融合的大趋势，中国新闻出版业的转型表现在如下方面：

（一）从传统的计划经济体制向市场经济体制转型

1949 年建国之后，我国长期实行高度集中的计划经济管理体制，出版业也不例外，属于上层建筑和意识形态，更是实行严格的计划经济体制，强调政治属性，忽视其经济和产业属性，出版单位的设立、资金的来源、人员的招聘、书号、刊号、出版物的发行等完全按照上级主管部门下达的指令和计划办事，出版单位没有任何自主权。改革开放以来，伴随着宏观经济管理体制的改革，出版业逐步摆脱了传统的计划管理体制，逐步向市场化方向转型。体制改革使坐吃“皇粮”的出版单位转变成面向市场的企业，事业人变成了企业人，从此走向一条全新的经营道路，出版业逐渐突破束缚文化生产力发展的制度性障碍，充分发挥市场在文化资源配置中的基础性作用，确立出版市场主体，健全出版市场体系，完善出版产业政策，使整个出版管理体

制与社会主义市场经济体制相适应。

（二）传统的出版事业逐步转向出版产业

长期以来，我国出版单位大都采取事业体制，属于意识形态领域，国家对出版业实行事业单位管理或事业化单位企业化管理。改革开放以来，中国出版业逐步改变了原来国有事业单位的体制格局，开始了市场化和产业化改革的进程。自2003年起，出版管理体制改革坚持一手抓公益性出版事业、一手抓经营性出版产业，把出版单位区分为公益性和经营性两种类型，推动经营性出版事业单位转制为企业，建立现代企业制度，使其成为真正的出版市场竞争主体。一批经营性出版单位转企改制成为出版物市场主体，变成了谋求利润最大化和社会效益相结合的企业。通过改革，市场竞争环境、投融资环境、财政税收环境、国际合作环境极大改善。据统计，截至目前，全国共核销事业编制29万多个，全国共注销经营性文化事业单位6900多家。全国承担改革任务的580多家出版社、3000多家新华书店、38家党报党刊发行单位，已经全部完成转企改制；全国2103家承担改革任务的文化系统国有文艺院团（不含保留事业体制院团），已有2100家完成和基本完成转企改制、撤销或划转任务，占总数的99.86%；地方1177家首批非时政类报刊出版单位中，1147家已完成和基本完成转企改制，占总数的97.5%；中央和地方的应转企改制的重点新闻网站已于2012年年底完成全部改革任务。经过多年的改革实践和探索，在出版发行、文艺表演以及电影制作、发行和放映等重点领域，除个别单位继续保留事业体制外，绝大多数都已作为经营性文化单位转制为企业，中国出版业生存和发展的市场环境发生了巨大变化，市场化程度不断提高。

（三）出版业态更加多元化发展，传统出版逐渐向数字出版转型

科技进步特别是信息网络技术的迅猛发展，为新闻出版业发展提供了重要支撑。信息技术在全球的广泛使用，对社会经济发展产生巨大的影响。在出版业，信息技术已渗透到各个领域：编辑方面有计算机选题管理和发稿系统，校对方面有专门的校对软件，发行方面有数据库交换技术，成本核算有ERP系统，日常管理有OA系统。另外，出版单位也正在利用互联网技术发挥着信息查询、网上图书销售等作用。2014年8月18日，中央全面深化改革领导小组第四次会议审议通过了《关于推动传统媒体和新兴媒体融

合发展的指导意见》，提出将制定“互联网＋”行动计划，推动移动互联网、云计算、大数据、物联网等与现代制造业结合等要求。出版业发展呈现如下新特点：

1. 传统出版增长趋于缓慢

据统计，2012 年全国传统出版物的发展情况是：图书出版 41.4 万种，较 2011 年增长 12.53%，图书总印数 79.3 亿册，增长 2.9%；期刊总印数 33.5 亿册，较 2011 年减少 1.9%；报纸总印数 482.3 亿份，较 2011 年增长 3.2%；2013 年全国传统出版物的情况是：图书出版 44.44 万种，较 2012 年增长 7.35%，图书总印数 83.10 亿册，增长 4.87%，总印张增长 6.83%，定价总金额增长 8.95%；期刊总印数 32.7 亿册，较 2012 年减少 2.3%；报纸总印数 482.4 亿份，较 2012 年增长 0.03%；2014 年全国传统出版物的情况是：图书出版 44.84 万种，较 2013 年增长 0.9%，图书总印数 81.85 亿册，减少 1.5%；期刊总印数 31.0 亿册，较 2013 年减少 5.4%；报纸总印数 463.9 亿份，较 2013 年减少 3.8%。如上数据表明，近年来，传统出版增速呈现出逐渐下降的态势，传统出版业已经从高速增长进入中速增长阶段。

2. 实体书店生存愈益困难，网络书店发展迅猛

近年来，随着网络等新媒体技术的出现，网上阅读和网上书店发展迅速，实体书店受到巨大的挤压，一批实体书店纷纷倒闭，与此相反，网络书店却异军突起，发展迅猛。从长远发展趋势研判，随着国内受教育人群的增长和民众对于文化知识消费需求的提高，传统图书市场仍然会有持续增长的空间；另外，在图书零售市场上，图书购买需求也依靠内容供给拉动，一些热点话题带动的超级畅销书会极大刺激图书消费量的扩容。

3. 数字出版发展成为新的出版业态且增长势头迅猛

从出版业漫长的发展历程不难看到，技术往往是出版业发展的重要推动力。数字出版产业规模持续扩大，数字内容市场需求日益旺盛。数字出版作为新兴产业，已经成为继书报刊、发行、印刷复制和音像电子出版之后的又一新闻出版主体产业。随着技术应用的不断深化，数字出版逐渐形成包括电子图书、数字报纸、数字期刊、数字音乐、原创网络文学、网络游戏、数据库、手机出版等众多产品在内的较为完备的数字出版产品体系。面对数字化、互联网所带来的影响。在互联网和移动互联网的快速发展下，我国国民的消费理念、消费意愿、消费习惯、消费渠道日益多样化，为数字出版的内

容生产、技术应用、产品开发、运营模式提供了源源不断的创新动力，互联网时代，数字化已成为驱动出版产业持续变革、发展的强大动力。表现为：一方面传统出版增长缓慢，传统的出版在降速，尽管还存在持续增长的巨大空间，但竞争和洗牌会趋向剧烈。而另一方面，适应技术进步和变革的加快，数字出版异军突起，发展迅猛。近年来，西方新闻出版业数字化进程不断加快，大型出版传媒集团数字出版比重不断提升，在国内，2010 年后，随着移动互联网和移动数字终端技术发展取得突破，出版业数字化掀起了新一轮高潮。据中国新闻出版研究院《2013—2014 年中国数字出版产业年度报告》显示，从发展动态来看，2006 年，我国数字出版产业收入为 213 亿元，2014 年增长到 3387 亿元，比 2013 年整体收入增长了 33.36%，在新闻出版营业收入中所占比重由 2010 年的 8.5% 增加到 2014 年的 17%，成为我国新闻出版业所有门类中增速最快的领域，数字出版 8 年间增加 15 倍。从产值来看，我国数字出版产值从 2011 年的 1377 亿元增长到 2015 年的 4400 亿元，占新闻出版产业总收入的 20.5%，年均增长 34%，居行业第二。从产品来看，电子书产品从 2011 年的 90 万种增长到 2014 年的 160 万种，互联网原创增加至 201 万种。从趋势来看，数字阅读已经被大众所接受，2014 年数字阅读率达到 58.1%，首次超过纸质阅读。互联网期刊收入从 2006 年的 5 亿元增长至 2014 年的 14.3 亿元，8 年增加近 2 倍；电子图书（e－book）收入，2006 年为 1.5 亿元，2013 年 31 亿元，2014 年为 45 亿元，8 年间增加了 29 倍；数字报纸收入，2012 年 15.9 亿元，2013 年 11.6 亿元，2014 年 10.5 亿元；手机（移动）出版收入，2012 年 472.21 亿元，2013 年 579.6 亿元，2014 年 784.9 亿元。在互联网思维的深刻影响下，全球数字出版产业发展势头依然迅猛，传统出版转型升级步伐进一步加快。互联网企业则持续全产业链布局，移动互联网发展迅猛，成为数字出版主阵地，数字出版总产值超过纸质出版产值，2013 年国内数字出版产业整体收入规模为 2540.35 亿元，比 2012 年整体收入增长了 31.25%。其中，分项收入金额为：互联网期刊 12.15 亿元，电子书（含网络原创出版物）38 亿元，数字报纸（不含手机报）11.6 亿元，博客 15 亿元，手机出版（含手机彩铃、铃音、手机游戏等）579.6 亿元，网络游戏 718.4 亿元，互联网广告 1100 亿元。在最新发布的国民阅读调查报告中，数字阅读率增长至 58.1%，而纸质阅读率是 58.0%，即数字阅读超过了纸质阅读 0.1%。虽然只超过 0.1%，但它代表了数字技术对两千多年形成的纸质阅读习惯的改变。另有研究资料显示，截至 2015 年 12 月，我国网民规模达 6.88 亿，互联网普及率为 50.3%。工信部公布数据显示，截至 2015 年 9 月，我国的移动用户规模已接近 13 亿，使用手机上网的用户已突破 9 亿，用手机看书、看报、看视频已成为人们进行内容消费的习惯。不可否认，数字出版作为我国新闻出版业的发展重点和产业转型升级、融合发展的重要支撑的地位和作用日益凸显（见图 3－1 至图 3－5）。

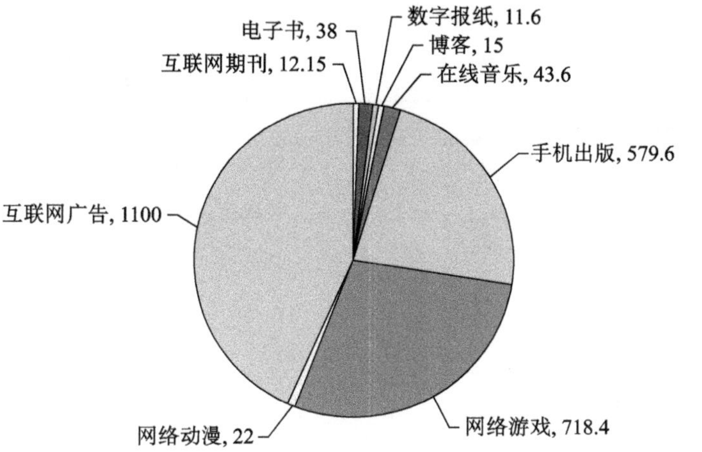

图 3－1　2013 年中国数字出版业收入结构图（亿元）

图 3－2　中国网民规模和互联网普及率

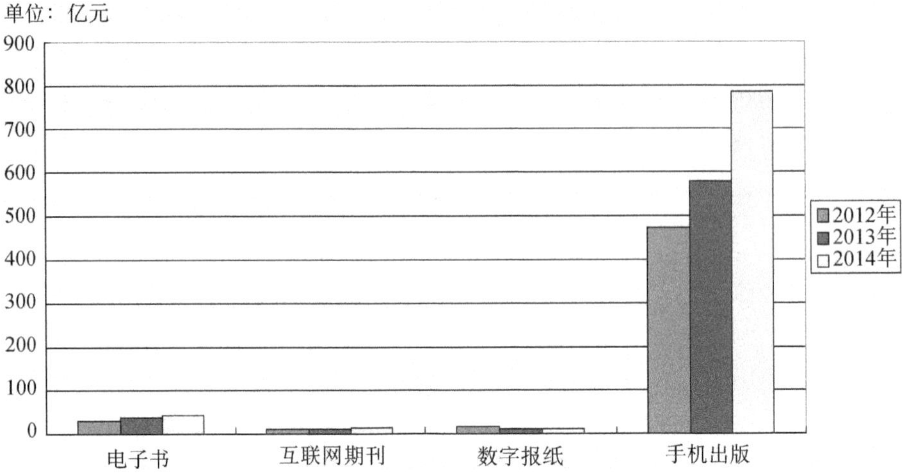

图 3-3 2012—2014 年部分数字媒体收入变动情况

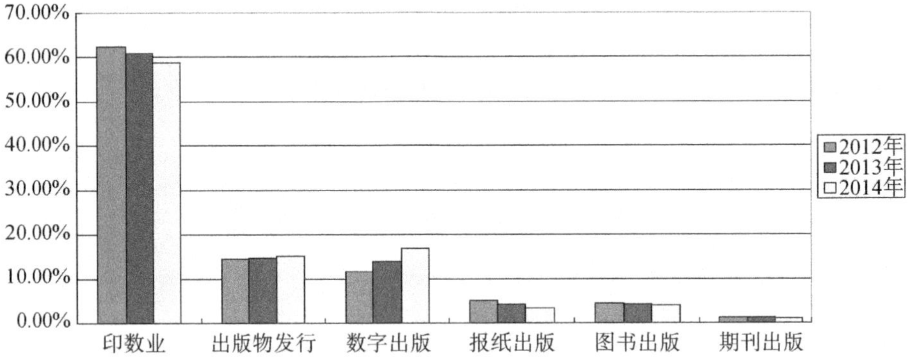

图 3-4 各类出版发展变动情况

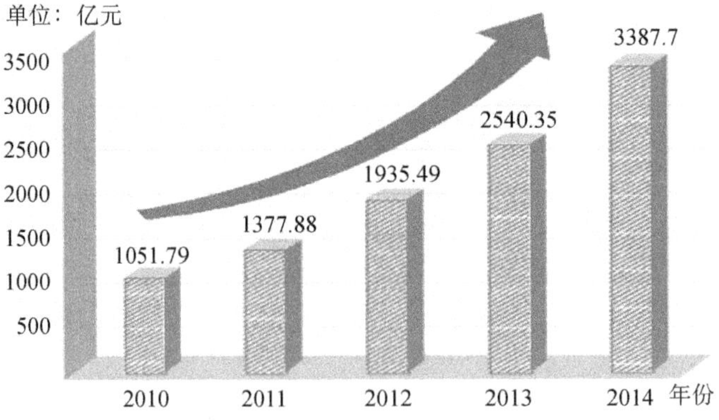

图 3-5 2010—2014 年数字出版发展变动情况

“十二五”期间，总局和财政部先后印发《关于推动新闻出版业数字化转型升级的指导意见》和《关于推动传统出版与新兴出版融合发展的指导意见》，将与数字出版相关的项目列入文化产业发展专项资金支持重点。总局先后推出《关于加强数字出版内容投送平台建设和管理的指导意见》《关于推动网络文学健康发展的指导意见》等一系列行业政策文件，为产业发展创造了良好环境。统计资料，全国现有的 14 家国家级数字出版基地中，有 11 家在“十二五”期间建成挂牌。其中，江苏国家数字出版基地扬州园区目前电子纸的产量占全球产量的 90% 以上。2013 年 6 月，国家新闻出版广电总局公布首批全国 70 家数字出版转型示范单位，2015 年 2 月，30 家中央出版转型示范单位公布。传统出版企业数字化转型升级项目的全面启动，带动了全行业加快转型升级步伐。与“十一五”传统出版单位对于数字出版的观望、纠结态度不同，“十二五”期间，传统出版单位在走数字化转型升级道路上已经取得高度共识，在资本市场上，数字出版成为被追捧的对象。2015 年 1 月，中文在线登陆 A 股市场，成为国内“数字出版第一股”。这不仅是中文在线发展历程中的一大步，也是中国数字出版行业跨出的具有里程碑意义的一小步，上市体现了资本市场对数字出版行业的认可。

（四）出版业向资本化、集团化转型

在整个出版业转企改制进行到深水区，整个出版产业形成了以集团化和股权改制为中心的新一轮改革，目前几乎所有的省份都自行建立了出版集团和发行集团，出版企业已进入依托市场配置资源大发展大跨越阶段。以资本化、集团化和品牌塑造为核心的产业价值链构建，是出版产业规模化和快速发展的规律，不少集团还通过股份制改造上市进入资本市场融资发展，出版企业的经济规模和实力有所增长。相关统计表明，2014 年国内共发生 169 起文化传媒行业并购，涉及资本约 1605 亿元，几乎每隔一天就发生一起文化传媒公司并购，既有国内的并购，又有国外的收购；既有业外传统企业转型的需求，又有互联网企业扩张的冲动；既有民营企业与国有企业的联姻，又有民营企业的“自由恋爱”。当前，出版业发展混合经济面临良好的机遇，新闻出版上市公司以及非出版环节的股份制出版企业正在酝酿实行股权激励试点。不少出版企业正在通过各种方式加强与金融机构的战略合作，服务出版业的金融体系正在形成，出版企业利用金融工具拓展文化金融新业态取得了一定成效，出版传媒企业上市融资的步伐在进一步加快，规模进一步扩

大，出版集团纷纷投资建立新媒体平台，并购新媒体公司，与新媒体公司进行战略合作，实现协同发展。

（五）出版业向国际化转型

在全球经济一体化，出版业面临着国外强势媒体的竞争和挑战。随着对外开放程度的增大，出版物市场的不同环节将受到不同程度的国外媒体集团的冲击。国际化的生产方式加剧了对文化资源配置的争夺，由于历史和现实客观情况等多方面的原因，中国出版业走出国门参与国际竞争起步较晚，参与国际竞争的能力还比较弱，但伴随着全球范围内文化产业的快速发展，中国出版业走出国门融入全球出版业的步伐正在加快，国内出版市场与国际出版市场呈现出加速融合的态势。目前，加快重组，推动融合发展，培育具有国际竞争力的大型出版传媒集团，构建现代出版传媒体系是当务之急。党的十八大以来，中国出版业不断积累经验，“走出去”的步伐日益加快，利用国际书展平台，积极参与国际市场竞争，已成为出版业今后发展的一大着力点。目前，中国参加的国际重要书展遍布五大洲 30 多个综合性和专业性书展。国内出版商参与国际书展的积极性进一步提高，出版企业与国际出版商合作更加务实，更好地学习国际出版的先进经验，快速提升我国出版企业的综合实力。中国出版企业在国际业界的地位和实力排名不断提高。统计资料表明，2003 年至 2013 年，我国文化产品进出口从 60. 9 亿美元攀升至 274. 1 亿美元，年均增长 16. 2%；文化服务进出口从 10. 5 亿美元增长到 95. 6 亿美元，年均增长 24. 7%。以“走出去”为契机，版权输出持续增长。据国家新闻出版广电总局的统计，“十二五”时期，我国已成功进入 190 多个国家和地区的出版物市场。出版物版权贸易逆差大大缩小，图书版权输出和引进品种比例从 2010 年的 1∶2. 9 提高到 2014 年的 1∶1. 6，2014 年各类印刷品出口 31 亿美元，数字出版产品海外市场收入超过 30 亿美元。2013 年版权输出 10401 项，超出“十二五”规划目标 3000 项。2014 年共输出版权 10171 项，比 2013 年增加 95 项，年输出图书版权超万种已成为常态。中国出版集团公司通过多年经营，目前已拥有遍布美、英、俄、日等多国的 28 家海外出版发行网点，已形成我国出版业跨地区、跨国、跨所有制经营的全球最大出版发行网络。在海外办社、办报、办刊、办店、办厂的中国出版企业数量如今已发展到 300 多家，一些出版企业开始直接收购海外优质出版社。2014 年，凤凰出版传媒集团以 8500 万美元收购一家美国童书生产商，实现了中国出版业有史以来最大规模的跨国并购，新闻出版企业在境外办实体的企业也明显增多，目前我国新闻出版企业在境外投资或设立分支机构超过400家，已探索出境外市场化、商业化、产业化运作方式。

（六）出版业由传统的单业经营逐步向混业经营方向转型

近年来，随着市场经济的发展，出版社的出书范围也几乎完全放开，出版业开始向混业经营的方向转变。图书、报纸、期刊、音像、电子出版物等传统出版持续发展，出版物发行呈现多元化趋势，出版产业已经从传统的“分业发展”向融合发展的方向迈进，甚至出现一批跨行业融合发展的出版集团。随着“事转企”改革的完成，出版单位逐步与主管部门脱钩，成为独立的市场主体，出版领域的混业经营和跨界发展不断涌现，以往图书市场之间的竞争是书与书之间、出版社与出版社之间的竞争，但现在战场已经转移了，书的竞争对手发生了变化，要和游戏、视频等传播形态展开竞争。以建筑类图书为例，最早全国出版这类图书的出版社仅有几家，而近几年已有100多家出版社同时出版这类图书，其中包含了地方科技出版社、各高校出版社等。具体表现在如下两个方面：

（1）从传统出版向传统出版与新兴出版融合发展转型升级

就传统出版业而言，5%以下的中低速增长将成为发展的新常态。另外，随着中国出版业数字化、网络化、信息化进程的加快，特别是移动互联网时代的到来，传统出版与新兴出版的融合蓄势待发，新的商业模式层出不穷。关于传统媒体与现代新兴媒体的融合，2013年11月12日，中国共产党第十八届中央委员会第三次全体会议通过《中共中央关于全面深化改革若干重大问题的决定》中提出要推进文化体制机制创新，强调要整合新闻媒体资源，推动传统媒体与新兴媒体融合发展。2014年8月18日，中央全面深化改革领导小组第四次会议审议通过了《关于推动传统媒体和新兴媒体融合发展的指导意见》，对新形势下如何推动媒体融合发展做出了具体部署，强调要推动媒体融合发展，要遵循新闻传播规律和新兴媒体发展规律，强化互联网思维，坚持先进技术为支撑，要将技术建设和内容建设摆在同等重要的位置。要顺应互联网传播移动化、社交化、视频化的趋势，积极运用大数据、云计算等新技术，发展移动客户端、手机网站等新应用新业态，不断提高技术研发水平，以新技术引领媒体融合发展、驱动媒体转型升级。要坚持先进技术为支撑、内容建设为根本。技术和内容是媒体融合发展的一体两翼、驱动双轮，传统媒体和新兴媒体要优势互补、一体发展，坚持先进技术为支撑、内容建设为根本，推动传统媒体和新兴媒体在内容、渠道、平台、经营、管理等方面的深度整合，着力打造一批形态多样、手段先进、具有竞争力的新型主流媒体，形成立体多样、融合发展的现代传播体系。

（2）出版业向跨界融合转型

出版产业链不断延伸，出版业跨界合作拓展新领域。一批出版物的出版传播对装备制造业、消费品工业、建筑业、信息业等各行各业都产生一定的促进作用，出版业与经济的融合更加紧密。出版企业由内容提供商向内容服务提供商转型成为潮流，大众出版商正在进入大众服务产业，专业出版商正在进入专业服务产业，教育出版商正在进入教育服务产业。出版业与其他行业的跨界合作逐渐兴起，使文化内涵与实体产业实现了有机嫁接，如地产引进书店及书店衍生服务，将读书生活融入商业文化和社区文化，出版单位与电视台、影视制作企业成立全国校园电影院线、影视创作公司，等等，跨界合作使出版业与其他行业实现了联动发展。

面对生存环境的重大变化，立足出版产业发展实际，结合市场化、数字化、国际化等对出版产业发展的影响，系统研究出版产业素质升级与转型战略是生动鲜活的改革实践向理论界提出的一个重大课题。要通过深化出版体制改革，完善出版管理体制和出版产业体系，推动出版产业结构优化升级，培育新型出版业态，创新网络出版管理机制，继续推进新闻出版单位体制改革，鼓励和支持传统出版传媒与新兴出版传媒融合发展，推动传统出版企业兼并重组，建立健全多层次出版产品和要素市场，完善出版物市场体系，实现出版业的转型升级是推动我国从新闻出版大国转向出版强国转变的必由之路。

参考文献

［1］李苑：《我国版权产业发展健康》，《光明日报》2016年1月16日第4版。

［2］鲁元珍：《文化产业：供给侧改革将带来什么》，《光明日报》2016年1月21日第14版。

［3］赖名芳：《我国版权产业对国民经济贡献率增至7.27%》，《中国新闻出版广电报》，2016年1月5日第2版。

[4] 李慧：《迈向社会主义文化强国——十八大以来文化建设和文化体制改革综述》，《光明日报》2016 年 1 月 5 日第 1 版。
[5] 张玉玲、鲁元珍：《文化产业如何创新发展——从“2015 中国文化产业年度人物”30 位候选人看文化产业发展》，《光明日报》2016 年 1 月 7 日第 14 版。
[6] 高书生：《冲刺支柱性产业，文化产业短板在哪儿?》，《光明日报》2015 年 12 月 17 日第 13 版。
[7] 鲁元珍：《国外文化产业发展面面观》，《光明日报》2015 年 12 月 17 日第 13 版。
[8] 李慧：《做文化强国的主力军》，《光明日报》2015 年 1 月 15 日第 14 版。
[9] 杨君：《提升消费原动力新闻观察员》，《光明日报》2015 年 9 月 10 日第 14 版。
[10] 童之磊：《文化产业要释放“双创”新动能》，《光明日报》2016 年 2 月 1 日第 11 版。
[11] 温源、文惠卡：《能给文化消费市场带来啥》，《光明日报》2015 年 9 月 10 日第 14 版。
[12] 尹琨：《数字出版业：从“滩涂”进入“蓝海”》，《中国新闻出版广电报》2015 年 11 月 24 日头版。
[13] 王晓晖：《推动文化产业成为国民经济支柱性产业》，《求是》2015 年第 23 期。
[14] 郭建宁：《建设社会主义文化强国》，《前线》2015 年第 12 期。
[15] 魏芳：《走出去：国际舞台讲好中国故事》，《中国新闻出版广电报》2015 年 12 月 29 日。
[16] 张玉玲、鲁元珍：《“文化 +”蓄势发力——2015 年中国文化产业发展报告》，《光明日报》2015 年 12 月 29 日第 15 版。
[17] 郭永辉：《“文化 +”与文化产业的崛起》，《光明日报》2015 年 11 月 23 日第 7 版。
[18] 温源：《2015 年文化产业关键词》，《光明日报》2015 年 12 月 29 日第 15 版。
[19] 王飚：《2015 年数字出版：收官之年亮点频现》，《中国新闻出版广电报》2015 年 12 月 24 日。

[20] 赵自芳、严红枫：《以文创产业促经济转型升级——访杭州市委常委、宣传部长翁卫军》，《光明日报》2015 年 11 月 26 日第 13 版。

[21] 李娜、刘国亮：《打破传统产业升级的路径依赖》，《人民日报》2014 年 12 月 25 日第 7 版。

[22] 章红雨：《新闻出版对文化强国建设作用凸显》，《中国新闻出版广电报》2015 年 11 月 16 日第 1、4 版。

[23] 国家新闻出版广电总局：《深化新闻出版体制改革实施方案》，2014 年 10 月。

[24] 柳斌杰：《出版产业要成为文化产业的核心力量》，《中国新闻出版广电报》2016 年 1 月 8 日第 6 版。

[25] 张来明、赵昌文：《以创新引领产业转型升级》，《光明日报》2016 年 1 月 27 日第 15 版。

[26] 慎海雄：《用创新精神推动文化繁荣发展》，《人民日报》2016 年 1 月 29 日第 7 版。

[27] 张玉玲：《文化产业：中国经济新亮点》，《光明日报》2015 年 10 月 15 日第 8 版。

[28] 金元浦：《文化产业成为重要经济增长点》，《人民日报》2015 年 11 月 1 日第 5 版。

[29] 杨亮：《如何突破文化消费瓶颈》，《光明日报》2015 年 6 月 25 日第 14 版。

[30] 刘坤：《掌上文化消费能有多大市场?》，《光明日报》2016 年 3 月 3 日第 15 版。

[31] 李慧、刘坤：《文化产业如何成支柱——解读“十三五”规划纲要文化产业发展亮点》，《光明日报》2016 年 3 月 24 日第 14 版。

[32] 柳斌杰：《出版产业要成为文化产业的核心力量》，《中国新闻出版广电报》2016 年 1 月 8 日。

[33] 张来明、赵昌文：《以创新引领产业转型升级》，《光明日报》2016 年 1 月 27 日第 15 版。

上篇

总 报 告

一、产业素质：基本理论

出版业作为国家文化产业的核心组成部分，具有经济和文化双重属性。伴随着社会主义市场经济体制改革的逐步深入，我国出版业也进入了艰难的产业转型和产业升级时期，出版业也进入了由比较优势向竞争优势转变的关键时期，面对出版业市场化、数字化、现代化和国际化的发展趋势，我国出版产业素质已经不能满足其持续发展的需要，推动出版产业全面升级，成为在新常态背景下实现出版业健康发展的突破口。

党的十八届三中全会提出要建设社会主义文化强国，增强国家文化软实力，进一步深化文化体制改革，完善文化管理体制，建立健全现代文化市场体系，推动出版企业跨地区、跨行业、跨所有制兼并重组，提高出版产业规模化、集约化、专业化、国际化水平。

长期以来，在传统的计划经济体制下，我国出版业属于事业和意识形态领域，出版物市场主体缺乏活力，出版单位缺乏自主管理能力，出版从业人员缺乏市场观念等问题极为突出。改革开放 38 年以来，社会主义市场经济体制逐步形成，出版业开始了市场化、产业化改革的步伐，特别是当前我国出版业正处于转型时期，深化出版业体制改革，加快推动我国出版业的转型升级对出版业持续发展来说已迫在眉睫。本部分主要内容是在梳理国内外相关理论文献的基础上，对产业素质的基本理论进行比较全面的介绍。

（一）产业素质：基本理论

1. 出版业及产业素质文献研究综述

（1）相关概念的界定

1）出版业。根据国家新闻出版广电总局对新闻出版业的界定，我国出版业主要包括以下几个部分：①图书、报纸、期刊等纸介质传统出版业；②数字出版等非纸介质战略性新兴出版业；③动漫、游戏出版业；④印刷、复制业；⑤新闻出版流通、物流业等。

随着社会环境的不断发展，出版活动的各个环节都已形成了各自相对独立的板块。在各个板块之间又有着相互重合、互相补充等不可分割的联系。例如，根据出版环节来划分，我国出版业主要由编辑出版行业、印刷行业、发行行业组成。其次，根据产业链来划分，我国出版业主要由图书出版行业、期刊出版行业、报纸出版行业、音像和电子出版物出版行业等组成。

2）出版产业素质。产业素质一词在西方经济学中并没有被清晰的界定，但自20世纪90年代初开始，随着中国经济增长方式的转变，越来越多的中国学者开始关注和探讨产业素质升级这一问题。

产业素质是指产业系统的性质或质量，产业素质能够综合反映产业发展水平、发展质量或发展阶段，它是产业发展所蕴涵的人员素质、技术素质、管理素质、要素素质等一系列因素的聚合。产业素质体现产业结构的本质，产业结构是产业素质的外在表现，产业素质越高，产业的劳动生产率就越高，因而便越能从规模扩大和效益提高两个方面促进产业的进一步发展。

出版产业素质是指出版产业系统的性质或质量，是出版产业结构的本质，是决定出版产业系统整体功能的主要依据，是提高出版产业竞争力的关键因素，即包括管理制度素质、技术素质以及人员素质。

（2）转型环境下我国出版业面临的问题研究综述

王关义等（2012年）对我国出版业的转型与升级提出了具体的建议。即从传统计划经济体制向市场经济体制的转型，从单纯依靠国家财政和国有商业银行投资的单一渠道向多元化投资渠道转型，从传统的外延规模扩张式发展向内涵式发展的转型，从面向国内市场的封闭经营模式向面向国内、国际两个市场的开放经营模式转型。①

陈焕仁（2009）总结了我国出版业转型时期的主要有如下几个特点：第一，出版理念呈现文化回归。即计划经济体制下，出版业多注重的是出版的规模和产量，转型之后，在市场经济规律的调控下，出版市场表现为买方市场的特点，因此，出版企业更重视出版物的文化属性；第二，出版的社会属性明显增强。体现在出版物对社会的影响力方面，即公共文化服务方面；第三，出版体制改革有重大突破。我国出版过去一直作为文化事业单位，其具有事业性质。随着国家新闻出版广电总局对出版业进行转企改制的完成，我国出版业在体制方面的改革具有较为显著的突破。第四，出版产业格局出现重大调整。表现在发行集团已成为出版业重要的产业组织形式，跨区域的出版合作加速。

宋永刚（2013）强调，企以才治、业以才兴，人才是企业获得和维系市场竞争优势的关键资源，是企业的核心竞争力，也是出版企业长远发展的根本保证。②

苏雨恒（2013）提出了我国出版业亟待解决的突出问题主要有以下三个方面：其一，出版业自身的创造力不足、生产力水平低，缺乏内在动力和活力，出版机构缺乏核心竞争力，未形成自身的业务特点；其二，原创、高水平出版物的出版，必须建立在整个社会发展达到相对先进水平的基础上，我国虽然在某些领域发展较快，甚至已居世界前列，但整体来说，我国存在创新能力较弱，重大发明和科技进步数量不多等现象；其三，出版业如何应对数字技术、信息网络技术的挑战。③

陈海燕（2013）总结了目前我国出版业缺乏人才的 8 种类型：经管人才、高级财务专才、投资与金融人才、数字出版人才、高级策划创意人才、营销专才、法务人才以及国际化人才④。

以上文献分别从宏观和微观的角度对我国出版业转型升级时期所面临的问题进行了探讨，特别是关于出版从业人员素质升级提出了具体的要求与相关建议。

（3）图书出版从业人员素质升级研究综述

① 王关义等著：《中国出版业发展若干问题研究》，中国财政经济出版社 2012 年版，第 6 页。
② 宋永刚：《转型背景下的出版企业人才队伍建设》，《现代出版》2013 年第 5 期，第 26 页。
③ 苏雨恒：《关于出版业转型升级的认识与思考 》，《中国出版》2013 年第 15 期，第 34 页。
④ 陈海燕：《出版转型期的人才需求》，《编辑之友》2013 年第 4 期，第 7 页。

随着出版业转型升级的步伐加快，越来越多的图书编辑开始意识到其自身的素质急需提高，有关这方面的研究主要以期刊文献为主。

闵捷（2011）认为，编辑素质的转型应该从编辑人员自身的知识储备、出版专业技能以及思想意识等方面的转变。

杨薇（2013）探讨了科技出版领域图书编辑向数字化出版转型的几个方面，诸如增强数字出版意识，提高与数字出版相适的素质和能力，强化专业策划和内容整合能力。①

卢妙清（2013）提到，出版企业在对从业人员进行培训时存在缺乏整体规划意识、培训内容针对性不强，课程设置随意等问题。她认为应当对出版从业人员进行人性化的培训，形式可多样，同时还应聘请强有力的师资队伍。

王欢（2012）认为，在编辑从业人员培训内容方面，应当遵循应用性、复合性、侧重性、适时性的原则。

刘波涛（2011）认为，专业编辑人员应当正确认识数字出版；坚守内容为王的定位，整合内容资源；积极探索数字出版的运营管理模式。

耿宏（2013）、吴莉菲（2012）、李瑞琪（2013）、张矛（2013）、付丽萍（2012）等在我国出版业转型与升级的环境下，以图书编辑为例，分别提出了图书出版从业人员应当熟悉和掌握数字出版技术，懂得市场营销，具备创新意识等具体的对策与建议。

（4）产业素质研究综述

刘增恒（1994）较早地对产业素质问题进行了探讨，他深入分析了中国产品和服务水平低、经济总体效率低、技术装备和管理水平低、产业组织结构分散、产业结构水平低等问题及其产生的原因，并提出了促进中国产业素质提高的战略思路。该文提出了产业素质的问题，并认识到中国产业素质不高的严重性，找出了解决之策，对加快中国经济增长方式转变具有一定的理论指导意义。然而，该文并未对产业素质的概念进行严格的界定。原道谋、马瑞瑾（1995）从个人素质的基本概念出发，推及企业素质的概念，文中指出："企业系统的整体素质取决于构成该系统基本部门的内涵及其相互合作与制约的运行机制。"

管怀鎏（1997）对产业素质进行了比较全面的研究与探讨，将产业素质

① 杨薇：《科技图书编辑如何实现数字转型》，《出版参考》2013 年第 18 期，第 23 页。

定义为产业系统的性质或质量，体现产业结构的本质，产业结构是产业素质的外在表现。产业素质越高，产业的劳动生产率就越高，因而便越能从规模扩大和效益提高两个方面促进经济增长，反之，则将严重地束缚和制约产业经济的有序、健康、持续发展。按照现代产业经济理论，他认为产业素质主要包括产业组织合理化水平和产业技术水平两个方面，所谓产业组织合理就是能将产业资源进行合理的配置，并得到有效的开发和利用，达到不被浪费的理想状态，而技术水平主要体现在技术的装备情况和劳动者素质两个方面，技术装备方面说的是产业或产业内部的企业在新的工艺或生产中对工具、设备、仪器、技术等所能运用和制造的能力和水平，而劳动者素质主要是说在现有技术水平下其产出能力的大小和接受新技术、新工艺的能力。

张耀辉从区域竞争力角度来审视产业素质的内涵，他将产业素质的含义归纳为以下四点：首先是质点素质的提高，就是以企业创新能力为主的企业整体能力提高过程；其次是结构的改善，结构的变化可以使弱的质点组合出强大的功能。衡量产业结构改善的指标有产业的集中度、产业的关联度和产业分工状况；再次是产业转换能力，产业的转化能力越强，经济发展就越稳定持久；最后是公共投入支持能力，产业素质的提高得益于良好的公共环境建设，公共基础设施的完善有利于企业减少在基础设施方面的投入，最终节约成本，增强企业竞争力。

以上是关于产业素质的解释，总的来说，刘增恒的观点是相对更全面的观点，他更强调微观企业素质；管怀鎏则看重产业素质对产业发展的重要作用，但后者更强调产业素质与产业结构之间的内在关系。

吴玉萍、王永保（2005）从宏观经济发展的角度，整合出了一个基于产业系统演化的区域产业素质理论。该文从静态和动态两个层面对产业素质升级进行了分析，并认为通过静态层面的分析可以定性或定量的对某一区域的产业素质进行分析，而通过动态层面的分析可以明确区域产业素质的演变机理和决定因素，并结合静态层面的分析，从而找到产业素质升级的对策。

何凤霞（2007）运用多元回归分析方法对区域产业素质和产业结构升级之间进行了明确地定量分析，认为区域产业素质对区域产业结构升级具有促进作用。因此，促进区域产业素质升级是促进区域产业结构升级的重要保障。

关于我国出版产业素质的相关研究，山东大学的刘光裕（2002）曾经这样说："据我所知，出版经济常常不为研究者所重视……"出现这种状况的原因不外乎有两个：一是我国现行的政治体制赋予出版产业浓郁的意识形态属性，出版产业更多扮演的是传播知识、宣传政治、教化人民的角色。因此，这一敏感的领域并没有受到多数研究者的青睐；二是由于历史上对出版业从经济学角度进行研究的人较少，因此我国关于出版经济的文献资料凤毛麟角。

从20世纪末开始，我国关于出版业的产业化发展的研究开始兴起，因为这一阶段是我国经济体制实现由计划经济体制向市场经济体制转型的重要时期，在这一阶段政府不断建立和完善市场经济体制；同时在经过几代人的艰苦努力后，中国终于成功叩响WTO的大门，出版产业从此面临着来自经济全球化带来的激烈竞争。所以，为了探索出版产业发展的新思路、新技术，适应出版产业面临的新问题，理论界与出版第一线从业人员对出版产业化发展进行了百家争鸣与探讨。冯志杰（2002）全面系统总结了出版产业发展研究的已有成果，主要包括对出版产业化经营的研究、对出版产业组织制度优化的研究，对出版内容、技术创新的研究等等。

原国家新闻出版总署署长柳斌杰在《中国出版》杂志2003年第1期上发表题为“提高创新意识，加快改革发展”的文章中强调：“出版业是一个特殊的产业，既有意识形态的特殊性，又有一般产业属性；既是宣传思想阵地，也是文化传播载体，也是知识经济的基础产业。必须要把它变成一个产业去看待。”他认为必须解决好三个问题才能更好地发展出版产业，首先是包括精品战略、“走出去战略”和跨越式发展战略等出版产业的发展战略问题；其次是出版产业的技术创新问题；最后就是出版产业的管理经营问题。解决好这三个问题，才能加快出版产业的改革发展。

学者于国华（1999）阐述了一系列发展中国出版产业的措施，主要从经营管理、产品特色、技术创新、人才管理、企业文化等几个方面进行比较详尽的阐述列举，张忠晔也在其发表的“关于出版产业化若干问题的探讨”一文中对构建出版产业提出了初步的设想，认为政策、资本、组织结构、智力等方面的支持是目前我国出版业改革与发展顺利进行的必要条件。徐诚（2001）以青岛出版业为例，指出这种区域出版业的现状、存在的问题、面临的机遇，从而对区域出版业发展的前景进行了描述，那就是出版业要从朝阳产业向支柱型产业迈进。

陈金川、李旭（2002）认为应该从人才培养、科技创新、出版体制、经营管理四个方面进行开发和研究以促进中国出版产业发展，适应21世纪出版产业发展面临的新形势。高亢（2001）指出，人才是出版产业在新经济时代的激烈竞争中取得胜利的关键，企业用人机制、激励机制的创新为出版产业的人才引进、发展提供了制度保障，出版从业人员自身的学习能力、接收新知识的能力在人才素质的提升过程中起到了关键作用，从业人员要主动转变观念，积极看待新事物的出现，不断加强学习、更新知识结构，积极提升适合出版产业发展的专业素质、政治素质、技能素质。

王关义（2010）分析了中国出版业在体制机制改革的大背景下实现了六个方面的转型，立足出版产业现代化、市场化、国际化和数字化的大背景下从人力资本、出版技术、管理制度三个方面提出了出版产业素质升级的思路。夏德林在“出版产业升级要迈‘四道坎’”一文中指出全面升级出版产业素质，需要积极塑造市场主体；大力开展知识创新；适时推进产业重组；不懈建设人才高地。

2. 相关理论综述

（1）产业发展理论

产业发展理论主要是通过对产业发展过程中存在的各种问题的研究，以发现产业发展的规律，找出产业发展的影响因素。本书主要介绍以下两个方面的内容：

1）产业结构演变理论。随着经济的发展，产业结构也发生着相应的变化，例如，在纵向方面由低级向高级演进，在横向方面由简单向复杂发展，产业结构不断完善，以适应经济发展的需要，推动产业的进步。代表性的产业结构演变理论有两个，一个是配第—克拉克定理，它是有关经济发展中就业人口在三次产业中分布结构变化的理论，由科林·克拉克于1940年提出。该理论的思想基础是配第关于国民收入和劳动力之间的流动学说，其核心思想是随着经济的发展，社会的进步，第一产业劳动力的相对比重逐渐下降；第二产业劳动力的相对比重不断上升，经济进一步发展，随着人均收入水平的进一步提高，第三产业劳动力的相对比重也开始上升，该理论不仅适用于一个国家经济发展的不同阶段，而且适用于不同国家在同一时点上横断面上的发展。

库兹涅茨法则是另一个重要的产业结构演变理论。库兹涅茨采用现代统计方法从劳动结构和部门产值结构两个方面对人均产值和结构变动的关系进行分析和考察后，从而得出新的理解和新认识。分析得到的结果是：随着经济的发展，农业部门的 GDP 在整个国家 GDP 中的比例不断下降，同时从业人员占整个国家劳动力的比重也不断下降，而工业产业的从业人员占整个国家劳动力的比重基本保持不变或是稍微有所上升，但是工业 GDP 所占比重却是不断上升的，持续增长的。与此相反，虽然服务行业的从业人员占整个国家劳动力的比重不断增加，但是整个服务行业的 GDP 占整个国家 GDP 的比例却并没有随着劳动力比重的上升而上升，总的来说，是基本保持不变或是稍微有所上升。

实践表明产业结构的变化主要受技术升级与产业链延伸的影响。产业技术不断升级和产业链的延伸是在新的产业形势没有出现的情况下推动产业升级的两种方式，对传统产业的改造离不开新技术的出现，产业技术的升级就是通过新技术的出现来提升产业自身的质量，从而推动产业的发展，催生新业态的出现，可以说产业技术的升级是产业升级的一种表现形式，如数字出版产业、光学电子产业等。另一种就是通过向产业价值链的上游或是下游进行产业活动的延伸，增加产业附加值，从而完成产业结构由低级向高级转变的形态，达到产业升级的目的。

2）区域分工理论。

①比较优势理论。该理论包括绝对优势理论和相对优势理论。1776 年《国富论》出版。亚当·斯密在该部著作中通过分析国际分工与经济发展之间的关系，提出了绝对优势理论。该理论认为在产品生产和产业发展上每个国家都存在适宜自身发展的绝对优势，从而进行专业化生产，然后相互之间进行贸易交换，这样每个国家都有利可图。

继《国富论》之后，1817 年大卫·李嘉图所写的《政治经济学及赋税原理》成为第二部最著名的政治经济学著作。该著作以劳动价值论贯穿其全部理论体系，通过运用两个国家、两种产品的模型，提出并阐述了相对优势理论。该理论主要阐述的内容是：由于每个国家或地区的劳动生产率都存在或多或少的差异，即使一个国家存在生产所有产品的优势，也不需要全部生产而只需要生产其最有竞争力的产品，相比较而言对于那些在生产上存在劣势的国家或地区，可以生产劣势最小的产品，而不是就要坐以待毙，完全不生产，这样通过国际分工和国际贸易，彼此都能获得自身利益，这一理论成为各国组织生产、参与国际分工的理论依据，并不断得到发展和完善。

②新贸易理论。这是 20 世纪 80 年代初以美国经济学家保罗·克鲁格曼为代表的经济学家提出的关于国际贸易的原因等一系列问题的理论。该理论

认为，贸易不是生产要素禀赋或是技术的结果，而是为了既满足消费者的多样化需求又获得规模效益、扩大市场的一种途径，即使各国之间需求、供给、技术都一致的情况下，也会产生产业内贸易，并且国家之间的差异越大，产业内的贸易量就越大，反之则越小。因此不同国家即使存在相似的技术开发能力，其生产的产品仍然会存在差异，这就促使技术水平相当的国家为了追求产品的差异化而进行贸易活动，满足消费者的差异化需求。同时，该理论还认为，现实中市场的有效性有待进一步考察，由于存在不完全竞争和规模效益递增的现象，所以各个国家或地区在贸易过程中制定战略性政策就有了依据，为国家或地区创造了竞争优势的可能，比如，一些产业部门，其技术创新能力比较强，具有生产规模效应，政府就可以通过政策调控，经济支持，让这些产业部门通过知识外溢获得产业效益，进而推动整个国家经济的发展。

③产业集群理论。作为一种组织形式，产业集群就是将在工作中具有密切联系的公司、供应商、专门化的制度和协会集聚起来，共享集群内的公共设施、市场环境，降低交流成本、运输成本、寻找成本等空间交易成本，建立起一种充满活力的非正式关系，通过分工协作达到生产要素最优化使用的目的，形成规模效应，增强区域产业竞争力，这种竞争力还体现在竞争的压力下，企业不断进行技术创新和管理能力创新，而这种创新很容易外溢到产业集聚内的其他企业，这种外部效应是产业集群获得竞争优势的一个重要原因。也正是这种强大的竞争优势，成为国内外学者研究的热点，在国家产业规划或区域产业规划中受到广泛重视。

但是产业集聚效应能否产生，主要看这个区域内的企业或产业的关联程度，是否对提升现有的产业技术或是延伸现有的产业价值链有积极的推动作用，所以在发展产业集聚时，要根据产业定位，选择和引进与现有企业或产业具有密切关联程度的企业或产业，增强产业的发展的潜力，提升产业竞争力。

（2）市场理论

市场的自我平衡和自我协调能力是维系经济正常运行的基础。马克思在前人丰富理论的基础上提出了世界市场理论，成为政治经济学的重要组成部分。关于市场的分类，从地域上划分，有为国内市场和国外市场，从社会财富形态划分，就有产品市场、劳动力市场、资本市场、技术市场、信息市场等，从运行态势上分有买方市场和卖方市场。而市场容量的大小就取决于社会需求量和社会分工的发展。马克思指出："市场的大小有两层意思：第一是消费者的数量，他们的人数；第二也包括彼此独立的行业的数量。"消费者的数量越多，并且他们购买商品所拥有的价值额越大，这个商品的市场越宽广，社会分工是市场的起源和基础，所以市场容量与社会分工成正比关系。

在市场中，买者和卖者构成了市场的主体，表现为供求关系，市场就是供求关系的交汇点，市场的运动就是供给与需求的相互联系相互协调的过程。由于各种原因供给与需求并不能完全一致，这就需要市场机制的调节作用，所谓市场机制实际上就是价格和供求之间相互调节的耦合过程。市场化的手段有两个，一个手段是指国家调控的市场经济体制的建立，从而形成一个统一的市场机制，健全市场体系运作。另一个手段是市场经济体制在短期内转变双轨过渡体制的改革过程。

特别是，建立了以市场为基础的管理系统，侧重于市场经济的全面推进，使所有社会和经济生活的基本特征向市场轨道整体转变。按照市场的原则，该组织的行为以市场为导向，以实现资源和要素的优化配置，从而提高社会效率，推动社会进步。其主要内容是：促进各类市场的发展迈出了一大步，在所有经济领域和环节，形成了完整的市场机制，市场的各种参数的正常运行，通过市场运作，在各种经济组织产权制度改革，提高市场的基础上，按法律规定重新确认所有权的财产，形成真正的商品交易。

从理论发展的角度来看，区域市场化界定的逻辑起点是对市场化的准确界定。盛洪（1992）深入探讨了与市场化改革相关的问题，并提出中国进行的体制改革就是市场化改革，开启了中国市场化改革的探索起航工作。胡金林和王长征（1998）认为，所谓的市场化就是市场中的经济主体为了最大效率的利用产业资源、增强产业效益而向高效的市场机制转变的一种行为。陈宗胜（1999）认为，市场化就是指市场机制在经济发展中对资源的配置作用进一步增大，经济的发展更多的是依赖市场机制的调节作用，是市场机制从形成到不断走向成熟完善的过程，比较全面的分析和研究了市场化。樊纲和王小鲁（2001）认为，市场化就是要转变传统的计划经济，向以市场机制发挥作用的市场经济转变的过程，该转变过程不是简单的改变规章制度就能实现，而是要通过社会、经济、法律等多方面的改革才能实现。李炳炎（2005）将我国的经济改革称为"市场化改革"，其目的要建立现代市场经济体制。岳凯敏（2005）则认为市场化是指通过引入市场机制，发挥市场力量来合理配置、优化组合公共产品和公共服务。综上所述，在比较分析的基础上，樊纲、王小鲁和陈宗胜等学者对市场化的理解更符合本文的研究需要，即市场化是指从计划经济向市场经济转变的过程，随着市场化改革的深入，市场机制也从建立逐步走上成熟，并不断得到完善发展，市场机制在产业经济发展中的作用越来越突出，经济发展更加高效，对市场机制的依赖程度增强，但是市场化也带来许多问题，比如市场的盲目性、滞后性造成产业发展具有短期性和逐利性。

（3）人力资本理论

产业升级的本质是人的升级。人力资本理论是在对经济学的研究过程中产生的，是由美国经济学家舒尔茨和贝克尔创立的，该理论认为人力资本是蕴含于一个人身上的知识、管理、思想、技能等的总量，是劳动者通过正规教育、培训或是其他获得技能和知识的机会成本总和，该理论认为人作为一种能动性的资源是一切生产活动中最主要的资源，人力资本理论也就成为经济学、管理学中最核心的理论，在经济发展中，人是最有创造性的要素，人力资本的创造作用要远远大于物质资本的创造作用，对于人力资本的投资也是随着国民收入的增长而增长的，其增长速度要大于物资资本的增长速度。人力资本的核心内容或是主要任务就是提高人口素质，以满足经济发展、技术进步的要求，而提高人口素质的最基本最主要的途径就是教育，通过教育可以让人学习知识、掌握技能，因此人力投资也可以看作教育的投资，人力资本投资的经济效益要大于物质投资的经济效益，人力资源作为生产三要素之一，其可以分为不同知识层次的技术人员，高知识层次的人力资源的创造效益远远大于低知识层次的人力资源，所以通过教育可以将低水平的人力资源提升到高水平层面，创造更大的经济效益，实现人的最大价值。尽管教育在提升人口素质上具有重要的意义，但是教育投资也不能盲目，而要以市场供求关系为依据，根据人力价格的上下波动调整教育投资战略，实现既满足市场的需求又节约投入成本的效果。

人力资本管理就是建立在人力资源管理的基础之上，它是将人力资源管理的各个环节、要素重新洗牌组合，最大限度地开发人的潜能，实现投资效益最大化的过程。该理论注重投入与回报的相互关系，主要分为量的管理和质的管理。所谓量的管理，是指根据人力和物力资源的数量和变化情况，通过计划、组织、协调，将两者的比例控制在最佳状态，实现两者的有机结合，充分发挥两者的结合效应；所谓质的管理主要是指运用现代科学方法，从人的思想、行为、心理上进行教育引导，提高人力的知识素养和心理素养，保证个人或群体在思想上、行为上和心理上的协调、健康发展，给予充分发挥人的主观能动性的机会，更好地完成组织的目标。

2010年6月6日，中共中央、国务院印发的《国家中长期人才发展规划纲要（2010—2020年）》中对人才定义为“人才是指具有一定的专业知识或专门技能，进行创造性劳动并对社会作出贡献的人，是人力资源中能力和素质较高的劳动者。”这里指出人才不是一般的人，而是素质较高的劳动者。

（4）技术创新理论

20世纪40年代经济学家熊彼特以马克思的思想“科学技术是生产力，是历史上最高意义的革命力量”为基础首次提出技术创新理论（Technical Innovation Theory）。他认为：“创新就是一种新的生产函数的建立，即将生产要素与生产条件重新组合，并将其投入生产中，产生新的生产效益。”根据创新理论的发展，大体可以将其内容归纳为以下几点：生产出消费者从未见过的新产品或是开发出未使用过的新功能；引进该生产领域中从来没有使用过的新方法、新技能；实施蓝海战略，开拓那些国家或是特定生产商们尚未涉足的新市场；开辟新的供应渠道，从新的供应商那里获得原材料和半成品；打破原有的垄断组织形式创造新的满足生产运作的组织形式。

创新是一种机制，这种机制是不停运转的，一个简单的技术或工艺发明并不能称为创新，只有那种投入到实际生产的技术或发明，并对原有的生产体系具有破坏性的作用才能称得上是创新。它有两个发展范式和发展系统：

1）“线性范式”和“网络范式”。在熊彼特的影响下，“线性范式”是形成于20世纪70年代的研究学说。该范式局限于单个企业内部的技术创新，只是简单的描述了技术创新的线性过程：发明——开发——设计——中试——生产——销售。学者们通过进一步的研究发现信息的相互流通和企业之间的相互协作对创新具有重要的意义，因为这样可以降低企业在创新过程中由于信息的不及时和市场的不确定而多走弯路的风险，所以研究的范围从单个企业扩大到企业与外部环境之间的联系上，由此“网络范式”便开始兴起，1998年阿西姆（Asheim T.）对“线性范式”与“网络范式”的特征进行了比较。

2）区域创新系统与集群创新系统。“国家创新系统”理论的形成得益于“网络范式”在国家层面的应用，随着全球化的发展，经济意义上的“区域状态”开始取代“国家状态”。由于区域范围内积聚有关键的商业联系，从而区域成为真正的利益主体。但是通过进一步的实践，研究人员发现创新系统效果的好坏与创新主体在空间上的格局有密切的关系，地方性的创新体系要比跨国性的技术联盟具有更强的竞争力和持久力。那是因为地理上的临近，使得他们具有相近的文化认同和相互信任等，这些因素强化了创新网络的凝聚力。

随着创新系统的不断发展，研究者开始在产业集群的基础上进行创新系统的研究。从概念的定义看，区域创新系统和集群创新系统都是在产业集群的基础上建立的。罗斯菲尔德（Rosefield，1997）认为，从区域集群的角度看，区域创新体系指的是地域上相对集中的又相互独立企业组成的集合群。阿西姆（Asheim，2002）认为区域创新系统是由支撑机制包围的区域集群。从两位学者界定的这两个概念，我们可以得出结论，区域创新体系和集群创新系统主要有两点不同：首先，前者可能是更分散的行业，不一定集中在某一个特定的行业，而后者主要集中在一个特定的行业；第二从地域上看，前者的可能范围具有比较大的弹性，而后者往往是在较小的范围内。

（二）产业素质及其升级分析

1. 产业素质的内涵界定

刘增恒（1994）是国内最先提出“产业素质”这一概念的学者，他认为：“产业素质是一个整体概念，它既反映微观经济的服务、产品企业、事业单位和产业组织的质，也反映宏观经济的产业结构的质，还反映他们之间的因果关系。产业素质的高低主要体现在适应市场需求变化的产品服务的质量、花色、品种、性能、物质消耗，成本费用等方面。”

管怀鎏认为：“所谓产业素质，就是产业系统的质量，它是决定产业系统整体功能的主要依据，是产业结构的本质。按照现代产业组织理论，产业素质主要包括产业组织合理化水平和产业技术水平。”为本书界定产业素质提供了借鉴。产业组织合理化水平是产业素质高低的重要标志，直接影响经济发展方式和速度。看一个产业组织合理化水平的高低，主要看这个产业中资源是否得到合理配置，是否被有效地开发和利用，是否做到物尽其用、不被浪费。而衡量产业素质高低的另一个重要标志就是产业技术水平，即产业的技术进步状况和达到的现实水平，产业技术装备状况和劳动者素质这两个方面是衡量产业技术水平的标准。

管理制度从宏观上保证了产业发展的战略方向，通过对人、财、物的有效管理，合埋配置优化资源，将产业资源效用发挥到最大，具有全局性、前瞻性。而技术从人类的早期起，就和宇宙、自然、社会一起，成为人类生活的四个环境因素，一直以来，它在改变社会面貌的过程中起到很重要的作用。而人作为一切活动的核心，是一切生产创造活动中最活跃的要素，是知识创造的源泉，人才资源是产业发展的第一资源，在出版业转型改革的关键时期，出版产业素质的升级关键在于从业人员素质的升级。

因此，根据归纳总结前人的理论和笔者对产业素质的研究，对出版产业素质做如下界定：出版产业素质是指出版产业系统的性质或质量，是出版产业结构的本质，是决定出版产业系统整体功能的主要依据，是提高出版产业竞争力的关键因素，即包括管理制度素质、技术素质以及人员素质。出版产业素质升级就要完善管理体制机制，科学创新研发新技术，提高出版产业从业人员的基本素质和专业素质。实现出版产业由粗放型向集约型，由量到质的发展方式转变，适应经济全球化、人力资源流动、技术进步以及制度变迁带来的机遇与挑战，推动出版产业健康、协调发展，走出一条产业集约化发展道路，增强出版产业发展的市场竞争力，只有这样出版产业才能在市场经济中立于不败之地，因此，面对出版产业发展的问题，出版产业素质升级显得尤为必要。

2. 产业素质的特征

（1）系统性

产业素质的系统性是指，产业素质描述的是产业系统的性质或质量，各个产业以及组成产业的企业是作为产业系统中的一个结点而存在的，这些不同结点构成了产业系统，这些结点的不同性质或质量的综合作用决定了产业系统的性质或质量，产业素质系统性特征要求我们在对某一个产业进行研究时，必须以产业系统为基本依据。

（2）层次性

产业素质的层次性是指，构成产业系统的产业结点和构成产业的企业结点，他们形成并共同构成了产业系统的不同层次。在产业层次主要考察各结点之间的关联性特征，在企业层次主要考察组成某一产业的产业组织特征。

产业素质的层次性特征要求我们在研究某一具体产业问题时必须进行分层次研究，把握产业层次各产业和产业内企业层次的关系。

（3）质的规定性

产业素质是产业系统整体的性质和质量的描述，对产业系统产出和效益具有决定性的内在规定性概念，这种质的规定性特征要求我们在研究产业素质问题时要认清产业素质的本质，区别于其他事物的特征，把握产业发展的特点，从根本上认清产业素质对产业发展的内在规定性，从而解决产业发展的根本性问题。

（4）动态性

任何事物都是在变动中发展的，产业素质也不例外，同样也具有动态性特征。产业素质的这种动态性导致产业结构的变动性。产业素质的动态性特征主要体现制度素质、技术素质和资源素质三个方面，制度素质的变化体现在产业政策的变更，经济制度的变迁以及新经济政策的出台。而技术创新环境的改善、新技术的发明、新工艺新设备的使用都是技术动态性的体现，而资源素质的变化主要有资源使用方式的改变，人才资源的流动。这些具体事项的变化决定了产业素质的动态性，随机影响产业结构的变化。

3. 产业素质升级的影响因素

产业系统性质的改善或综合质量的提高是产业素质升级的两个方面，产业产出和效益的提高与资源的节约是产业素质升级的最直接表现，产业素质升级就是从生产要素的优化组合、技术的创新以及管理体制的创新来实现产业的发展。通过分析不难发现影响产业素质升级的因素是多方面的，既有宏观层面的也有中观层面的，还有微观层面的，这些影响因素不是单方面的，而是融为一体交互影响着产业素质的升级。

（1）宏观层面

1）经济发展水平。经济发展水平是指一个国家发展的规模、速度和所达到的水准，某一时期的产业结构水平和生产效益水平综合体现为经济发展水平。历史的发展经验告诉我们，经济发展水平影响一个产业的结构演进，和一个国家主导产业的改变。因而在分析产业素质的影响因素时，首先要分析经济发展状况，这里所说的经济发展状况主要分析的是构成要素：GDP 产值即 GDP 构成和人均 GDP 值。分析 GDP 的构成就是要将各产业的发展概况及其比例关系进行初步的了解掌握，这对进一步研究产业素质具有重要的基础意义；通过对人均 GDP 的分析，可以概括性地分析社会购买力状况即市场需求状况，从而合理安排生产，达到供需平衡，这是分析产业产出，减少库存的重要因素。

2）人文社会状况。人是最具有活力的生产要素，是生产活动的核心，他从供给与需求两个方面影响产业素质。从供给角度看，作为生产要素的人力资源是产业生产要素的基础条件之一，是一个企业生产中最关键的因素，尤其在出版产业中是直接影响产品质量的源头；从需求角度来看，作为消费者，他对产业产出物的需求是促使产业发展的动力，没有人口需求的保证，就没有企业存在的必要，文化和社会历史所具有的潜移默化的影响作用往往通过对生活于其中的人的影响而影响产业素质的升级。

3）制度环境。制度环境是一系列用来建立生产、交换与分配基础的政治、社会和法律规则，具有相对的稳定性。制度环境是对产业活动制定的基本规范，是一个国家宏观调控的重要手段，可以实现资源的合理调配，因此它对产业素质能产生全局性的和深远性的影响。保障产业协调发展的必要条件是要具有完善的制度环境，具体来说有国家层面的政策（财政政策、货币政策等）和地方层面的发展思路、方针和政策等。

4）科技环境。科学技术是第一生产力，随着知识经济、网络经济、信息经济等新业态的发展，科学技术的地位就更加重要，培育科学技术成长与发展的土壤——科技环境的重要性在经济全球化发展中日渐凸显。科学技术环境是由科学创新环境、技术保护环境、科学技术实现产业化转化的环境等组成的一个整体。科学技术环境为新技术的发明与创新创造了必要的环境，为新技术快速实现产业化提供土壤，对产业技术素质的升级起到了决定性的作用。产业技术素质的升级又必然带来资源素质条件的改善，比如说对黑马软件的使用节省了编校人员的时间，提高了工作效率，节省了人力资本。

5）国际竞争环境。和平、合作与发展仍是时代的主流，同时，加入世界贸易组织为我国对外贸易与交流创造了一个稳定的国际贸易环境。随着经济全球化发展，国际竞争环境发生了巨大变化。国际竞争环境是促进国际交流顺利进行的重要平台，国际市场的划分、国际分工的变化、国际新秩序的建立都是促进一个国家出口贸易的重要保障，是带动一个产业高水平发展的重要机遇。国际竞争环境的变化对各国的管理水平、技术水平、人员素质水平都提出了重要挑战，只有加强国际交流才能引进新理念、新技术、新知识，实现管理体制创新、技术创新、人员创新，推动整个产业素质升级。

（2）中观层面

1）产业组织状况。产业组织理论主要是研究企业结构与行为、市场结构与组织以及市场与企业之间相互作用和影响的学问。产业组织状况主要就是指现实经济生活中，产业内企业之间、企业与市场之间的各种各样的关系，这些关系的变化与发展不仅影响企业的生存与发展，还影响着市场与产业本身的生存与发展，而且最终还会影响到产业对国民经济发展的贡献。产业组织状况是产业素质尤其是制度素质最直接结果的表现，它还是制定产业组织政策的基本依据。

2）产业结构与产业关联状况。产业结构与产业关联状况是反映产业间关系的重要方面，在本文研究产业素质时，着重以关联产业之间的关系为对象。根据产业关联理论，我们知道主要的关联方式有以下几种：该产业的前向关联产业状况，该产业的后向关联产业状况，该产业旁侧关联产业状况，他们以不同的供求关系影响该产业，从而对产业素质升级产生影响。

3）产业体制与政策状况。产业体制与政策既是产业管理制度素质的主要内容，又对产业管理制度素质的升级产生影响。产业政策包含产业结构政策、产业组织政策和产业布局政策。产业结构政策是政府市场需求调节资源在产业间配置的构成及其关联性政策，涉及调整产业结构和解决供需矛盾两个问题；产业组织政策是通过选择合理的产业组织形式来调控产业内资源配置结构的政策，从而解决规模经济与资源竞争的矛盾，它对于升级产业素质具有决定性作用，是产业效率的重要保障；产业布局政策是调节生产要素在空间上配置的政策。产业体制是指产业组织形式的制度，是调节生产力与生产关系的重要保障，合理的产业体制与政策有利于资源的合理配置，而资源的合理配置是产业效率实现的前提，是产业管理制度素质升级的基本表现。

（3）微观层面

企业是产业的细胞，企业素质是产业素质的基础，是产业素质的基本落脚点。而且产业素质的升级必须体现在企业素质的升级上，没有企业素质的升级，产业素质的升级是不可能实现的。概括起来可以从三方面来考察：

1）企业管理状况。产业是由企业组成的一个整体，产业的发展受企业发展的影响，在这个信息化时代企业发展的好坏很大部分取决于企业的管理水平。产业资源是通过企业管理来实现它的使用、分配并最终转化成产品的，因此企业管理影响产业的发展。同时企业管理状况还会影响技术素质的升级和制度素质的变迁。通常情况下从企业战略管理、人力资源管理、财务管理、信息化管理、生产管理、销售管理以及科技管理等几个方面来考察企业管理状况。企业占有和使用资源的能力往往是通过这些管理手段来起作用的，在某一产业中所有企业管理能力的综合会影响这一产业的资源使用情况。如果一个企业没有战略管理或缺乏统筹谋划，必然导致资源的不当利用，进而降低整个产业素质。

2）企业技术状况。高新技术的发展带动了新兴业态的出现，提高了企业生产效率与产品质量，企业通过对技术的重视与投入，进行技术革新和工艺流程创新，可以实现企业整体技术水平的升级，从而可以带动整个产业技术水平的升级。

4. 产业素质升级的模式：比较与分析

一般来说，产业素质升级模式的选择影响产业的发展，所以在选择产业素质升级模式时要站在产业发展的战略高度，以优化产业结构、增加产业效益为目标，提升产业素质，促进产业发展，其选择的基本着眼点和根本目的都是围绕产业发展这个大局。具体来说，产业素质升级模式的指导思想及依据主要看产业自身素质和产业素质升级模式的特点。产业自身素质主要是指产业的管理水平、产业的技术水平、产业的资源状况；决定产业素质升级模式能否适应产业素质发展的重要方面是所选模式的特点，要对症下药，产业素质升级模式的选择必须要符合产业自身状况，才能真正实现产业素质升级。笔者认为，可以依据以下三方面内容及基本标准来衡量产业素质的合理性：即是否能优化产业结构，是否能保证产业组织合理化，产业能否科学持续发展。只有符合这三个基本标准的产业素质升级模式，才具有可行性。

总结产业升级的动因，可将产业升级的模式概括为如下三种：

（1）政府推动型

在该模式下，推动产业素质升级的主体是政府。在产业素质升级方面，政府可操作的层面有综合行政立法、经济政策和产业政策制定。具体来说经济政策包括货币政策、财政政策、收入分配政策、价格政策等；产业政策主要有产业结构政策、产业组织政策、产业发展政策等；这种模式具有计划性和宏观性，在这种模式下，通过发挥政府职能，制定政策性措施，采用合理的宏观调控手段，发挥产业的集聚效应，充分利用有限的资源、技术，推动产业的发展。但是随着市场经济的发展，这种模式不能提供及时的市场信息，加上政府对企业的约束，使得一些具有活力的生产要素不能及时补充到企业的发展中。

（2）市场牵引型

在市场牵引型的产业素质升级模式中，作为产业经济的微观主体，企业是其经济活动的核心主体，企业的发展变化影响产业素质变化。在利益的驱动下，收益高的产业经济活动才是企业追求的目标，为了求得最大的投资回报，他们进行广泛的市场调查，了解消费者的需求，然后据此合理安排相关资源进行组织生产。由于在这种模式下，企业的生产行为是发生在市场需求的变化上，使得企业追求短期效益，呈现出逐利性和短期性的特点，但是这种模式的好处是通过市场机制的调节作用，合理组织产业资源，提高资源利用率，但前提是保证市场信息充分流通，管理水平充分市场化，同时由于这种模式的短期性的特点，建设周期长，投资大的产业得不到充分的发展，一些生活必需品还会出现短缺的状况。

（3）技术拉动型

所谓技术拉动型的产业素质升级模式，是指由于技术的进步，技术环境变化，而出现了新型态势的产业模式，产业结构随之发生相应的变化，造成产业素质的现状不能适应这种变化的局面，那么只有通过升级产业素质来满足产业结构的转变和发展的需要。其实无论是是体制拉动型还是市场牵引型都需要技术拉动型，在体制推动型模式中，主要以构建完整的产业技术体系和技术升级为目标，进行技术政策措施的完善和支持力度的倾斜，科研投入的增加和科技专业人员的增加是这种模式下的具体表现；在市场牵引型的模式中，技术对产业的拉动作用主要体现在制造工艺和生产技术水平上的升级，例如对技术研发生产的投入力度加大。

面对数字出版时代的到来，欧美国家对出版产业素质升级选择了三种模式：一是依托高新技术拓宽出版业的经营领域，实现跨行业经营；二是利用数字技术发展复合出版物，带动出版产业成功升级；三是对传统出版产业与新兴媒体进行兼并重组，开拓新的业务领域。

（三）研究背景与方法

1. 研究背景

改革开放 38 年以来，作为文化产业的重要组成部分，我国出版业的市场化程度日趋提高。尤其是在图书的年出书品种和码洋方面，产业规模的发展速度较快，产业质量逐步提高。伴随着出版业体制改革的不断深入，出版企业在经济上做到独立经营，从根本上脱离了政府的资金支持，进入社会主义市场经济中，其市场竞争意识逐渐加强。转企改制之后，出版企业从传统的出版事业向出版产业化方向转型。一些生产规模较小，资金不足的出版企业则纷纷开始将资本整合，通过组建新闻出版传媒集团，走上了上市融资的道路。出版企业在兼顾社会效益的同时，更加注重经济效益。因此，如何在出版物市场中占有较大的市场份额，为出版企业带来最大的经济利润已经成为当前出版企业需要考虑的问题。

人力资源是第一资源，新闻出版业是主要依靠人力资源发展的智力密集型行业，在坚守党的意识形态阵地、做好文化传承知识传播，以及实现文化产业成为国民经济支柱产业的历史任务中，新闻出版人才队伍发挥着基础性支撑性的作用。出版业作为文化产业的重要构成部分，其发展的最根本动力是人才。在出版业转型与升级的同时，出版业发展中的人员素质存在不少突出问题，主要表现在：转企改制、兼并重组过程中，人才流动性加大，薪酬体系等对优秀人才的吸引力不足甚至呈下滑趋势，传统出版单位没有形成适应现代企业运行用人机制和人才管理机制；缺乏市场营销能力、创新能力、经营管理能力、掌握数字出版技术等出版专业人才；在对外交流方面，缺乏具有国际视角、熟悉国际法律知识、国际版权贸易能力的出版专业人才，具有国际化视野的行业领军人才和高级经营管理人才数量明显不足，复合型、外向型人才队伍规模偏小；开展内容生产与传播的数字出版人才急需培养，支撑民文出版、全民阅读等公共文化服务体系的专业化人才队伍亟须壮大；满足和适应新闻出版各类岗位需求的高校专业人才培养任务紧迫，人才培养跟不上行业改革发展对人才的有效需求；人才培养模式不能完全适应行业改革发展需求，培训师资队伍、教材建设有待进一步完善，远程教育、在线学习等信息化教育方式亟待提升；行业人力资源管理理念有待转变，信息化水平有待提升，科学规范、特色鲜明的行业人才评价体系有待建立；人才培养投入力度不足，滞后于新闻出版业改革发展的投入，未能形成多元化多渠道的人力资源开发和投入机制。上述出版专业人才的缺乏已经成为制约我国出版业向出版强国转变的首要问题。

“十三五”时期，是我国新闻出版业全面深化改革、转型升级融合发展的决胜阶段，也是推动我国由新闻出版大国向新闻出版强国迈进的关键时期。新闻出版业转型和升级要围绕“四个全面”的战略布局，特别是文化产业成为国民经济支柱性产业的宏伟目标，一是在建设文化强国的进程中，新闻出版业将继续扮演重要角色，人力资源的基础性、战略性、决定性作用进一步凸显；二是服务于“一带一路”、“网络强国”、“中国制造2025”等重大战略，外向型人才、复合型人才、高技能人才等需求将会大大增加；三是随着新闻出版业数字化转型升级、融合发展及新闻出版“走出去”等战略的实施，国家数字复合出版系统、数字版权保护技术、行业标准等重大工程、重点项目的研发推广示范应用，对提升新闻出版人才队伍规模和质量提供了新的机会与途径；四是公共文化服务体系建设中，全民阅读、数字农家书屋等任务的实施，为大批从事新闻出版公共服务的人才提供了用武之地；五是国家实施人才强国战略，深化人事制度以及新闻出版职称制度改革，为新闻出版人才培养、使用提供了更加良好的成长环境。

（1）以出版业为核心的文化产业成为国民经济的支柱性产业

自古以来，文化就被誉为民族的血脉，是人民的精神家园。为实现全面建成小康社会，实现中华民族伟大复兴的宏伟目标，必须推动社会主义文化大发展大繁荣，提高国家文化软实力。同时，文化实力和竞争力是国家富强、民族振兴的重要标志，推动文化事业全面繁荣、文化产业快速发展，增强文化整体实力和竞争力是推进文化强国建设的必要保证。

经济基础决定上层建筑，随着国民经济的迅速发展和居民生活水平的提高，广大群众更加注重精神层面的追求，对文化产品的消费呈现出多方面、深层次、高要求的特点，文化产业成为国民经济新的增长点，成为推动经济发展方式转变的重要力量。为推动我国文化产业的发展，增强文化软实力，党的十七届六中全会明确提出“建设社会主义文化强国”的战略目标，而出版业是文化产业的重要组成部分，是文化产业发展的中坚力量，出版业发展的好坏直接影响文化产业成为国民经济支柱性产业的进程。党的十八大报告中也明确提出了推动文化产业成为国民经济发展的支柱性产业这一新要求，文化产业成为支柱性产业上升到国家战略层面。出版业转型升级是增强国家文化软实力的需要，当今世界各国之间的竞争已经不再局限于军事实力和经济实力的比较，而是更强调文化软实力的竞争。即以科技、文化、创新、人才等在内的综合国力的竞争。其中，文化是一个非常重要的内容，因为文化决定了社会的意识形态，其对国家的发展起着至关重要的作用。出版业又是文化产业的重要组成部分，在国家间文化软实力的竞争发挥着巨大的作用。

（2）出版业转型与升级过程中出现不少新问题制约了出版业的持续发展

从历史的角度看，推动出版从业转型升级是出版产业发展的需要。不可否认，近年来，我国文化产业总产值占 GDP 的比重不断升高，出版业取得了长足的发展，出版业对文化产业的贡献程度较为明显。例如，就数字出版产业来说，根据中国新闻出版研究院组织实施的“第十一次全国国民阅读调查”统计，受当前数字技术对传统出版业的影响，2013 年，我国成年国民数字化阅读方式接触率持续增长，首次超过半数，达到 50.1%，较 2012 年增长了 9.8%。其中，90% 的数字化阅读方式接触者表示不打算购买纸质版的出版物，这一数据连续四年持续上升，表明数字出版对人们阅读习惯的改变正在不断加深。但在出版产业转型与升级过程中也出现了许多问题，严重制约了出版产业的长远发展。出版产业的市场主体并没有完全塑造出来，数字版权保护机制不完善，社会经济发展水平的提高使得出版业的生产并不能满足人民群众的各种需求，选题内容不符合市场的需求，这一系列问题都制约出版业的持续发展。从国际出版业来看，虽然近年来我国对外图书贸易不断增长，但是由于文化的差异，中国图书在国外市场上并不畅销，同时由于各个国家文化背景的不同，对中国文化热衷的内容也不同，出版产业在国际化的经营中面临出版内容选题的困境。产业集中度和产品差别化程度与国外发达国家相比仍有差距，科技创新能力差，研发投入力度不足，没有形成统一的市场体系，在国际出版市场上的影响力和传播力不够。因此，提高我国出版从业人员的素质，是时代发展的需要，是更好地满足人们日益增长的精神文化需求，也是推动出版产业的持续发展的客观需要。

（3）推动出版业升级是产业发展实践向理论界提出的一个重大课题

中国出版业在改革和体制转化中逐步实现了战略转型，经历了从传统计划经济体制向市场体制转型、由传统的出版事业向出版产业的转型，出版单位也从单一的媒体形态转向多媒体形态发展，由劳动密集型、知识密集型产业向现代知识和资本密集型的数字出版转型，逐步从面向国内市场转型为国内、国际两个市场，同时出版业由国家垄断向市场调控方向转变，在出版业的转型中，支撑其发展的人员要素、管理体制、技术设备等已不能满足于当前的需要，成为出版产业持续发展的瓶颈，必须突破这个瓶颈才能实现出版业的持续发展。所以产业发展中面临的问题，需要理论界对出版业素质升级战略展开理论研究和探索，有针对性地提出推动我国出版业彻底转型升级的对策与建议。

2. 研究方法

本书以科技部软科学重大项目——“中国出版业转型与升级战略研究”课题组（以下简称“课题组”）对全国28个省（自治区、直辖市）出版从业人员的问卷调查得来的数据作为支撑。书中关于出版从业人员素质升级的研究对象主要是图书出版从业人员。课题组调查了全国28个省（市、自治区版）出版从业人员（包含图书、音像和电子）和图书发行从业人员（包含新华书店、民营书商）的素质现状。其中，对出版社从业人员在全国调查的范围包括北京、天津、辽宁、河北、山东、江苏、河南、湖北、湖南、江西、广东、广西、贵州、新疆、四川、陕西、内蒙古、西藏、黑龙江、安徽、宁夏、甘肃、吉林、云南、山西、海南、浙江、福建等28个省（自治区、直辖市）的总共121家出版社，回收有效问卷共计2572份。对书店从业人员在同样范围内前后调查了总共200家书店，回收有效问卷共计2025份。课题组此次在全国调查的范围较广，采集的数据较多，样本具有一定的代表性。因此，本书以调查得出的数据为依据，分析了图书从业人员的素质状况，针对素质升级中存在的问题，提出相应的解决办法。

研究方法如下：

（1）文献研究法

利用文献法对国内外出版业发展状况和出版从业人员素质升级相关的研究结果进行总结分析，发现我国出版从业人员素质升级过程中存在的问题，对此提出对策与建议。

（2）问卷调查法

对课题组在全国28个省（自治区、直辖市）从事图书出版相关行业单位和个人发放的问卷进行数据分析，深入了解图书出版从业人员素质升级的具体情况。

（3）座谈会研讨法

在对出版单位进行调研的过程中，课题组成员对一部分出版从业人员进行了面对面的访问。了解到出版从业人员较为真实的素质状况，在写作时力求用实际案例对其进行分析和总结。

二、我国出版业素质：现状评估

为了全面了解我国出版业素质的现状，找到出版业素质方面存在的问题，“中国出版业转型与升级战略研究”课题组开展了“我国出版产业转型与素质现状”调查，本次调查前后持续半年之久，抽样调查了全国28个省、自治区和直辖市，问卷涉及出版管理部门、出版社、报社、期刊社和书店五种不同类型，包含了不同区域、不同所有制、不同规模的出版单位，共发放调查问卷8000份，回收有效问卷6328份，对中国出版业素质现状的评估正是基于对调查问卷的总结和分析。

（一）发达国家与我国出版业发展状况

1. 国外出版业发展状况

（1）美国出版业状况

众所周知，美国的出版业水平处于世界前列。1901年，美国年度出书8000种，20世纪初期和中期是美国出版业的繁荣时期，以出版精装书为主的商业出版社基本垄断了美国图书出版业。纽约、费城、波士顿是当时的出版中心。1977年，图书和期刊的年度营业额之和突破100亿美元，1985年美国出版业的年度营业额以平均3.5%的年增长率稳步上升，全国出版从业人员近30万人，年度图书与期刊的出版品种、销售量与营业额均居世界最前列。

1986年，美国有出版机构5.7万家，其中商业出版社1.8万家，其余为报社和非营利性出版机构。商业出版社中，年度出书100种以上的大型出版社有150家左右，年度出书50—100种的中型出版社约有1000家。主要的大型出版公司有：时代出版公司、西蒙与舒斯特出版公司、麦格劳—希尔出版公司、麦克米伦出版公司（美国）、艾迪生—韦斯利出版公司、哈珀与罗出版公司、霍顿·米夫林出版公司。

鲍克公司的统计数据显示，2008年，美国图书出版企业大约有1.3万家，全年共出版图书56万种。美国书业研究集团对美国图书业调查情况显示，2008年美国图书总销售额为403亿元，较上年增长1%。2009年美国占有世界图书出版市场份额的26.6%，紧随其后的是西欧发达国家。尽管美国只有3亿多的人口，但其图书出版企业的数量却很多，年出书数量大体上与我国相当。

在国民阅读方面，2009年5月美国鲍克公司发布的消费者调查数据显示，2008年，在13岁以上的美国人中有45%的人阅读了图书，其中有三分之一的读者年龄大于55岁。而在2009年美国劳工部统计局发布的《美国国民时间使用调查》显示，15—19岁的美国人周末阅读时长仅为5分钟，玩游戏或者使用电脑进行其他休闲活动的时长达到1小时左右。从以上数据可以看出，随着互联网的普及与应用，越来越多的美国年轻人阅读图书的数量在逐渐减少，这与我国的国民阅读现状较为相似。

《鲍克图书馆与图书业年鉴》的统计结果显示，2013年美国的新书出版总计为192633种，与2010年、2011年、2012年的新书出版186344种、190533种、185933种相比均有所增长，这也被视为2008年国际金融危机令美国出版业步入冰冷期后，开始呈现逐步回温之势，2013年美国数字出版有明显放缓之势。2013年美国电子书出版为232401种，较2012年的215113种仅增加了8.03%。而2012年数字出版较2011年增幅却高达37.9%；2014年，全美图书总销量增长3.7%，达27亿册，其中大众类图书销量增长4.1%（包含宗教类），达24.2亿册。从销售情况看，自2010年以来，美国图书业销售情况一直呈持续下滑状态，2013年并未扭转这一颓势。美国出版商协会与美国书业研究集团对美国1616家大、中、小型出版公司的销售数据和渠道等情况进行调查统计，所得数据显示，2012年和2013年美国图书业销售总额分别为271亿美元、270亿美元，同比下降0.37%，但从数量上看，2013年图书销售量为26亿册，比2012年相比增长了1亿册，由此可见，美国在世界图书出版业中有着十分重要的地位。

（2）英国出版业状况

英国是世界上出版业最发达的国家之一，也是世界出版强国。根据2006年的统计，英国出版业总值达到了18.1亿英镑，比2002年增长8.4%，销售数量达到4.72亿册，比2002年增长7.4%，平均每册的价格是3.84英镑，比2002年增长1%，低于每年2%的通货膨胀率，英国国内图书市场总价值居世界第5位，位居美国、德国、日本和中国之后。从人口总数来看，这4个国家分别是英国的6倍、1.3倍、2倍和22倍。美国国内图书市场价值占世界图书市场总价值的30%，而中国和英国则分别占5%。英国图书市场和法国、意大利等国家的图书市场规模相当，在英国各类出版媒介中，图书出版占的比重是最小的，占英国出版市场收入的22%，报纸和杂志分别占44%和34%，但是，图书出版却是增长最快的，在国际贸易中也占据最大的份额。

尼尔森提供的数据显示，2010年，英国新书出版种数为15.2万种，与2009年的15.7万种相比，新书的出版种数略微的下滑。在图书销售情况方面，根据英国出版商协会调查的数据。2010年英国图书销售量约为7.4亿册，同比下降3%，但图书销售额同比增长2%，为31.15亿英镑。在图书出口方面，2009年英国图书出口额并没有受到世界经济危机的影响，而是呈现稳步增长的趋势，这与英语作为世界各国之间的沟通手段是密不可分的。总体而言，英国图书市场的规模在不断地扩大，并且发展的速度较为稳定。

根据国际出版协会提供的数据，2013年，英国出版184000种出版物（包括再版），总量居世界第3位，排在中国和美国之后，但仍居欧洲首位。英国平均每100万人占有出版物2875种。从出版收入上看，英国也位居世界前列。2013年，英国出版市场净收入34亿英镑，比2012年下降两个百分点。2013年全球发达经济体的出版市场仅有美国和德国有所增长，其他国家如法国下降3%，意大利下降6%，西班牙下降10%，都经历了市场萧条。2013年英国出版商电子书销售同比增长19.2个百分点，但实体书店销售方面却有5.2%的降幅。从长远来看，自2009年至今，图书销售额总体上浮了6个百分点，其中纸质书销售额下降6.3个百分点，而电子书销售额则显示出明显的增长，涨幅达305.5%。

英国是世界上最大的图书出口国之一，是继美国之后的第二大版权输出国，英国出版商35%以上的收入都来自海外市场，主要是版权销售和合作出版的收入，估计有3亿英镑左右。英国虽然版图狭小，人口只有6200万人，却是出版大国和出版强国，出版业市场化程度最高的国家之一。全英国注册的出版社有两万余家，活跃的出版社（公司）约2400家。

出版业是英国创意产业中最大的子行业。出版社主要集中在伦敦，其次是爱丁堡、格拉斯哥、牛津、剑桥。主要的大型出版社有：培格曼出版公司、培生教育、朗曼出版集团公司、麦克米伦出版公司、企鹅集团（英国）、联合图书出版公司、柯林斯出版公司、海纳曼出版集团公司、国际汤姆森出版公司、格拉夫顿图书公司。主要的政府出版机构是皇家出版局，著名的大学出版社有：牛津大学出版社、剑桥大学出版社。

在国民阅读方面，英国政府为推动成人阅读，从2005年开始，发起了名为“快速阅读”的项目，即在每年的世界图书日前后，分批次出版由各大书店和出版机构推荐的图书品种。这些被推荐出版的图书每本厚度100页，大号字体印刷，排版疏朗，封面设计简洁清晰，便于快速阅读。英国政府以此作为吸引1200万名阅读能力较低的工人和更大范围内的从来不读书的人的手段，让他们能够轻松地静下心来浏览阅读。为了推广这个项目，“快速阅读”系列图书每本定价只有2.99英镑，英国教育和技能部还拨款500万英镑发行1英镑面额的购书优惠券，力求让更多的人都积极地加入到世界读书日的活动中来。[①] 这一措施为提高英国全民阅读率发挥了较大的作用，同时也为我国全民阅读率的提升提供了有益的借鉴。

（3）德国出版业状况

一提到德国出版业，相信不少读者会立刻想到法兰克福国际书展，其实，这与德国发达的图书出版业在全球的地位密不可分。目前，德国有3000多家出版社，从业人员约23500人。[②] 书店4500家左右，中盘商、发行商70多家。德国联邦统计局发布的统计数据显示，2008年德国国内生产总值（GDP）为24894亿欧元，图书进出口总额为31亿欧元，占GDP的0.12%。2009年，初版和再版图书为9万种左右，同比降低1.2%，延续了2008年的

① 肖东发，张文彦，于文，李武：《借鉴国外出版创新经验，提升我国文化软实力》，《编辑学刊》2012年第2期，第8页。

② 王瑞玲：《德国出版考察与分析》，《出版参考》2013年第33期，第42页。

缩减情况，但降幅较慢。这表明尽管受到金融危机的影响，德国出版业依然凭借着扎实的基础，呈现出稳步增长的趋势。

在国民阅读方面，2008 年法兰克福书展提供的数据表明，近 1/3 的德国人每年阅读 18 本书以上，家庭藏书量最高的国家是德国，高达 300 本，他们认为印刷图书和电子图书并不是互相排斥的，电子图书的发展丰富了人们的阅读形式，无处不在的书店、图书馆仍然是德国人的精神之根。① 通过年阅读图书量和家庭藏书量的数据可以看出，德国国民阅读水平较高，这与其国民的文化素质水平以及国家对文化教育水平的高度重视有着密切关系，同时，即使在当前电子图书比较盛行的时期，德国国民阅读习惯依然保持着传统的纸质图书阅读方式，这也意味着电子图书与纸质图书将会在出版物市场中并存。

（4）法国出版业状况

在读者需求日益多元的大背景下，法国图书出版出现了品种持续增长，印数下降的趋势。2013 年，法国出版商协会会员出版图书总数突破 9.5 万种，比 2012 年增长 10.6%。如果将法国登记注册的 5000 多家图书出版机构都作为调查对象，那么法国年图书出版品种可能超过 10 万种。同年，法国图书总印数下降了 9.3%，平均印数减少 18.1%，平均印数已不足 6000 册。再版书一直是法国各出版社的出版重点。2013 年，法国再版书品种占出版总品种的 51.2%，成为再版率的新高点。从总印数上看，再版书占 38.3%，与 2012 年比例基本持平。

2. 中国出版业发展状况

（1）传统出版业的发展现状

据国家新闻出版广电总局在 2012 年的统计资料显示，截至 2011 年年底，我国共有图书出版社 581 家，其中北京有 230 多家，占全国图书出版社总数的近 40%。我国图书出版单位在全国各地区分布相当不均衡，主要集中在东部发达地区，其中以北京为首，占据了全国图书出版社总数的四成。不可忽视的是，造成上述各地区出版产业分布不均衡的主要原因与各地区的经济发展水平有着密切的关系。

2012 年年底，全国共出版图书 41.4 万种，出版期刊和报纸分别为 9867

① 赵丹、李新宇：《近现代德国阅读文化发展概况》，《电子世界》2013 年第 6 期，第 170 页。

种、1918 种。根据国家新闻出版广电总局发布的《2012 年新闻出版产业分析报告》显示，2012 年，我国出版、印刷和发行服务的营业收入为 16635. 3 亿元，较上年增长了 14. 2%，增加值约为 4617 亿元，较上年增长了 14. 8%，利润总额为 1317. 4 亿元，较上年增长了 16. 8%。随着我国出版业全面深化体制的改革，我国出版业继续保持了较平稳的发展趋势。具体表现在以下几个方面：

1）文化产业总体规模。2013 年，我国文化产业的增加值达到 2. 1 万亿元，约占 GDP 的 3. 77%，比上一年增加了 0. 3%。2014 年我国文化产业增加值为 24017 亿元，占 GDP 的 3. 77%。在经济下行压力加大的情况下，文化产业的增长速度仍为 12. 5%，高于 GDP7. 4% 的增长。可见，我国文化产业总体规模正在逐步扩大，对社会经济的发展具有一定的带动作用。伴随着 2012 年底我国出版单位转企改制的基本完成，一批出版事业单位转变为出版企业，其在管理上自主经营、自负盈亏，真正成为独立的市场主体。要想扩大企业的生产规模和提高企业的经济利润，则必须与数字出版等高新技术进行产业融合，出版的跨区域、跨媒体发展将成为我国出版业今后的发展趋势。

2）出版产业经济总量规模。据中国新闻出版研究院的研究报告显示，2012 年我国版权产业的行业增加值为 35674. 15 亿元，占全国 GDP 的 6. 87%，核心版权产业的行业增加值为 20598 亿元，占全国 GDP 的 3. 97%；2013 年，我国版权产业行业增加值逾 4. 27 万亿元，占全国 GDP 的 7. 27%，版权产业对国民经济的贡献一直保持平稳增长态势，版权产业对促进国民经济和社会发展的重要作用日益凸显，成为经济增长的新亮点。

2014 年 2 月 17 日，国家新闻出版广电总局与中国新闻出版研究院联合发布的《2013 年出版物发行产业发展报告》显示，截至 2012 年年底，我国共有各类发行单位 12. 5 万家，较上一年增加 2. 6%，发行网点为 17. 2 万余处，较上一年增加 2. 4%，出版物发行产业的从业人员为 94. 7 万人，较上一年增加 0. 7%。

3）图书出版总量规模。以图书出版业为例，根据国家新闻出版广电总局对我国新闻出版行业近三年的统计结果显示，2010—2012 年，我国共出版图书分别为 32 万种，37 万种，41 万种。其中，营业收入的增长率虽有下滑，但总体上呈现稳步增长。利润总额年增长率较上年相比，增长速度较快。由此可看出，我国图书出版业在最近三年间出版的生产速度不断加快，且总体生产规模显著扩大，已成为名副其实的出版大国（具体情况见表 2－1）。

表 2－1　　2010—2012 年我国图书业的基本情况

年份	品种（万种）	较上年增长（%）	营业收入（亿元）	较上年增长	增加值（亿元）	较上年增长（%）	利润总额（亿元）	较上年增长（%）
2010	32.8	8.8	537.9	16.2	215.1	14.1	77.2	3.1
2011	37.0	12.5	664.4	19.8	225.3	4.8	94.2	22.2
2012	41.4	12.0	723.5	12.3	225.2	13.3	115.2	22.3

数据来源：据 2010—2012 年《新闻出版产业分析报告》的数据整理。

2009 年，中国的图书出版的销售收入已经跃居全球第二位，但只有高等教育出版社一家位居全球出版业 50 强排名榜（2009 年和 2010 年的排名分别是第 39 位和 40 位）。[①] 可以看出，目前我国已经成为当之无愧的出版大国，但与国外著名的出版集团相比，我国离出版强国的目标还是有很大的差距。

4）出版物发行产业的总体情况。国家新闻出版广电总局与中国新闻出版研究院共同发布的《2013 年出版物发行产业发展报告》显示，截至 2012 年年底，我国共有各类发行单位 125467 家，较上一年增加 2.6%；出版物发行从业人员为 94.7 万人，较上一年增加 0.7%。全行业总销售额为 3286 亿元，较上一年增加 12.3%；利润总额为 196.03 亿元，较上一年增加 5.9%；全行业平均销售利润率为 6%。其中，在 125467 家各类发行单位中，按所有制形式划分，国有 10331 家，占 8.3%；民营 114972 家，占 91.6%；外资 164 家，占 0.1%。由此可见，在我国出版发行行业中，以民营发行的单位数量居多，同时也体现出我国出版物市场的开放程度较高。

5）出版业直接从业人数方面。2012 年，我国新闻出版直接从业人数为 477.4 万人（不含数字出版、版权贸易与代理、行业服务与其他新闻出版服务），较上一年增长了 2.2%。其中，图书出版从业人员为 6.71 万人，占我国整个新闻出版直接从业人数的 1.41%，排名第五位。期刊出版从业人员为 11.16 万人，占我国整个新闻出版直接从业人数的 2.34%，排名第四位。报纸出版从业人员为 26.31 万人，占我国整个新闻出版直接从业人数的 5.51%，排名第三位（见表 2－2）。

---

① 张新华著：《数字出版产业理论与实践》，知识产权出版社 2014 年版，第 51 页。

表 2-2　　全国新闻出版业直接从业人数的产业类别构成

产业类别	人数（万人）	较 2011 年增减（%）	占比（%）
图书出版	6.71	-0.15	1.41
期刊出版	11.16	5.18	2.34
报纸出版	26.31	6.30	5.51
音像制品出版	0.46	-9.80	0.10
电子出版物出版	0.22	15.79	0.05
印刷复制	359.62	2.21	75.32
出版物发行	72.64	0.28	15.21
出版物进出口	0.31	-6.06	0.06
合计	477.43	2.15	100.00

数据来源：《2012 年新闻出版产业分析报告》。

6）出版业版权贸易情况。2011 年我国版权输出与引进存在巨大的差额，我国图书在欧美等发达国家的市场占有率较低。并且，比较周边的日韩等亚洲国家的图书输出与引进情况来看，我国也存在着一定的差距，这极大地阻碍了我国文化软实力的提升。不可忽视的是，2012 年，我国版权引进品种与输出品种比例已经由 2011 年的 2.1∶1 降为 1.9∶1，但与发达国家出版业依然存在较大的差距，如表 2-3 所示。

表 2-3　　2011 年中国与其他国家图书输出与引进情况

项目＼国家或地区	美国	英国	德国	俄罗斯	新加坡	日本	韩国	中国澳门	中国台湾	中国香港
中国对外输出	766	422	127	40	131	161	466	366	1644	366
中国引进版权	4553	2256	881	55	200	1982	1047	1	1295	345
差额	-3787	-1834	-754	-15	-69	-1821	-581	365	349	21

数据来源：根据 2011 年全国新闻出版产业基本情况的数据整理。

7）出版企业市场化意识逐渐凸显。到 2012 年年底，全国各出版单位基本完成转企改制，出版单位从传统的事业性质转变为具有独立经营性质的现代化企业。出版企业在兼顾社会效益的同时，更加注重的是经济效益，这一举措激活了我国出版从业人员的市场化意识。

大多数出版单位实现了从传统的外延式发展向内涵式发展的转型，由以往依靠图书品种的外延型数量扩张逐步转向依靠再版、新书开发等内涵型增长的方向转变。[①] 即单纯依靠年出书品种数量及在市场占有率的份额来增加经济利润转变为提高再版、单品种图书全产业链营销等内容的深层次加工来获取最大利润。

（2）数字出版业的发展现状

《2013年中国数字出版产业年度报告》显示，2012年，我国数字出版产业整体收入1935.49亿元，比上一年增长40.47%。网络广告、网络游戏与手机出版的年产值分别占据了我国整个数字出版产业总收入的前三位。其中，数字报纸、电子图书则保持了高速的增长势头，增长幅度均超过30%。但是，数字报纸、电子图书、电子期刊的总收入却占整个数字出版业的比重较小。这意味着，传统出版业向数字出版产业转型过程中，其市场的发展潜力巨大，具有较大的增值空间。我国数字出版产业的快速发展正逐渐成为我国出版产业新的增长点，具体如表2-4所示。

2014年我国数字出版产业收入为3387.7亿元，比2013年增长33.36%，数字出版产业收入在新闻出版产业收入的总比由2013年的13.9%提升至17.1%。其中互联网期刊收入14.3亿元，电子书45亿元，数字报纸10.5亿元，博客33.2亿元，在线音乐52.4亿元，网络动漫38亿元。

表2-4　　2010—2012年我国数字出版产业总收入

年份	2010	2011	2012
总收入（亿元）	1061.79	1377.88	1935.49
比上年增长率（%）	32.82	29.77	40.47

数据来源：根据2010—2013年《中国数字出版产业年度报告》的数据整理。

（3）国民阅读的现状

在国民阅读方面，由中国新闻出版研究院组织实施的“第十一次全国国民阅读调查”的数据显示，2013年，我国成年国民图书阅读率为57.8%，较上一年提升了2.9个百分点；数字化阅读方式的接触率为50.1%，较上一年提升了9.8个百分点。国民人均纸质图书阅读量为4.77本，报纸阅读量为70.85期（份），期刊阅读量为5.51期（份），电子书阅读量为2.48本。在本次调查中，有52.8%的国民认为自己的阅读数量很少或比较少，认为自

① 王关义：《对体制转换与出版强国建设的宏观思考》，《科技与出版》2011年第5期，第73页。

己阅读数量很多和比较多的仅为10%。其中，有66.3%的成年国民认为有关部门应当举办读书活动或读书节。据中国新闻出版研究院“第十二次全国国民阅读调查”数据显示：2014年数字化阅读方式（网络在线阅读、手机阅读、电子阅读器阅读、光盘阅读、Pad阅读等）的接触率为58.1%，较2013年的50.1%上升了8.0个百分点，首次超过了图书阅读率。2014年我国成年国民电子书阅读率为22.3%，较2013年的19.2%上升了3.1个百分点；电子报的阅读率为10.0%，较2013年的8.5%上升了1.5个百分点；电子期刊的阅读率为8.0%，较2013年的5.0%上升了3.0个百分点。可见在国民阅读方面，虽然我国国民阅读率较往年有所提高，但与国外发达国家的国民阅读率相比还有相当大的差距。例如，有媒体报道资料显示，2011年，我国人均读书4.3本，比韩国的11本、法国的20本、日本的40本、以色列的64本少得多。因此，提高我国国民阅读率，不仅是国民文化素质水平的体现，更是出版从业人员肩负的重要使命。到“十二五”末期，我国新闻出版业的直接从业人员超过460万人，新兴媒体发展迅速，经国家新闻出版广电总局批准成立的互联网出版企业已达700多家，版权贸易与代理、行业服务与其他新闻出版服务的从业人数都有较大增长，总规模超过1000万人，我国出版从业人员队伍规模不断壮大。

（二）我国出版业素质状况

1. 我国出版业管理制度与政策

新中国成立以来，国家高度重视新闻出版业发展。当时的《中央人民政府组织法》中规定，政务院下设四个委员会，其中的文化教育委员会的职责被确定为指导文化部、教育部、卫生部、科学院、新闻总署和出版总署的工作，当时就设有出版总署，统一管理全国的出版事业，改革开放以来，先后成立国家新闻出版署、国家新闻出版总署、国家新闻出版广电总局，中宣部专设出版局，从党和政府组织架构层面健全和规范党对新闻出版业的管理。改革开放38年以来，从总体上看，我国政府管理模式大致经历了管制型政府、引导型政府、责任型政府和服务型政府四个阶段。这四个阶段的不同特征和内在演变说明，我国政府逐渐由以往的“全能主义政府”向“有限有为政府”转变，新闻出版业也不例外。党和政府对新闻出版业的政策也逐渐发生变化：一是由计划型政策向市场型政策转变；二是由硬性管理政策向软性治理政策转变；三是由封闭半封闭型政策向开放型政策转变；四是由单一媒体政策向全媒体政策转变。伴随着新闻出版业市场化、产业化、国际化、数字化等发展趋势，中国政府不断建立和完善出版管理制度，通过立法和制定法规，对出版行业依法进行科学管理，一套完整的出版管理法规体系已初步形成，出版管理步入了法治化轨道，出版市场更加繁荣。

为推动出版业健康发展，中国已颁布的出版法规包括综合性和专题性的法规超过 1000 件，初步形成了一套较完整的出版法规体系。重要的出版法规、制度可简要列述如下：

2005 年《国务院关于非公有资本进入文化产业的若干决定》（国发〔2005〕10 号）以及《国务院关于鼓励和引导民间投资健康发展的若干意见》（国发〔2010〕13 号）文件的出台，吸引了大量社会资本和外资进入文化产业领域，文化产业市场更加活跃，但是也使得文化产业市场鱼龙混杂。

2009 年 9 月，由国务院颁布的《文化产业振兴规划》中明确了文化产业的地位和作用，建立并完善文化产业的市场主体，加强对文化资源的市场化开发和使用。作为我国第一部文化产业专项规划，为我国文化产业发展明确了目标方向，对加快文化产业发展有着重要意义。

2011 年 3 月，国务院第 147 次常务会议通过了《出版管理条例》，并自公布之日起施行。该条例共计九章七十四条。该条例的施行，加强了对出版活动的管理和监督，规范了出版单位的设立和出版物的出版，保障了公民依法行使出版自由的权利，加快了出版进出口业务的发展，繁荣了出版产业经济。

以前的书号管理制度具有计划指令性的特点，其规定出版社的书号发放是按照一个出版社的编辑人员的数量，一次性定量供应发放。2008 年国家新闻出版总署启动了“网上书号实名申领”试点工作，规定“出版单位在图书出版活动中按书稿实名申领书号，一书一号”。即出版社只有手上有书稿，才能通过向相关部门申请，并审核通过后方能拿到书号，到 2009 年，书号实名申领在全国全面推行开来。彻底打破了以前那种计划性一次拨付书号的方式，有效地控制了出版社之间书号买卖的行为，推动了出版产业市场化的体制改革，进一步完善了出版产业的制度，实力雄厚的出版社不会因为缺少书号而影响其发展。从源头上避免了问题书、黄书和坏书的出版，提高了图书出版的质量。

2009 年，国家陆续出台一系列政策措施，出版业改革全面提速。4 月，新闻出版总署出台的《关于进一步推进新闻出版体制改革的指导意见》，明确了改革的路线图和时间表；11 月，总署又下发通知明确要求，地方出版社和高校出版社在 2009 年年底前、中央各部门出版社在 2010 年年底前完成转制，否则将予以注销。到 2010 年年底全国 580 家出版社全部完成了改革。

从 2001 年的《关于深化新闻出版广播影视业务的若干意见的通知》到 2009 年《关于进一步推进新闻出版体制改革的指导意见》，再到《关于进一步推动新闻出版产业发展的指导意见》等一系列相关文件都明确鼓励跨行业、跨地区、跨媒体、跨所有制运营，掀起了跨地区合作、重组兼并的产业集团开端。

2010 年 8 月 16 日出台的《关于加快我国数字出版产业发展的若干意见》（新出政发〔2010〕7 号），加快推动了数字出版产业的发展。2011 年新闻出版总署印发《新闻出版业“十二五”时期发展规划》，明确提出加快体制改革和机制创新，加快构建出版公共服务体系，加快发展出版产业，加强对出版产品创作生产的引导，顺应数字化、信息化、网络化趋势，推进新闻出版业转型和升级，统筹国际国内两个大局，推动出版业“走出去”，积极参与国际竞争，为建设出版强国打下坚实基础。

2012 年 1 月 9 日新闻出版总署出台了《关于加快我国新闻出版业走出去的若干意见》，首次从国家层面对新闻出版业走出去进行全方位布局。该文件的出台为提升我国新闻出版业的国际竞争力、传播力和影响力提供了政策性保障。

2. 我国出版业技术素质状况

首先，从技术装备上看，在科学技术发展迅速的时代，我国出版业积极走向光和电的时代，引进新设备、研发新技术，广泛使用新技术、新装备。自从出版编辑人员开始使用 DTP 技术，传统出版的编辑和部分制作过程也被衔接在一起，编辑人员的大量人力和时间被节省下来，同时，一些原在印刷厂完成的工作也被转移到出版社来；彩色印刷，精致出版物的出现得益于 CTP 的使用；绝版书、短版书出版困难的问题被日后如 POD 技术的广泛应用解决了，使得传统书籍朝着多品种方向发展。传统的纸质书本不具有互动成分的特点，更不会有声音动画等效果。随着日本开发的一种叫 INTACTA CODE 的编码系统技术的推行，这个包含一个软件程式的软件，通过将一般电子档案，包括图片、文件、音乐档案等进行编码，形成黑白图点代表。当使用者在电脑上安装一个解码软件，并用扫描器扫描该图片，档案的本来面目就会呈现在电脑上。此类技术让出版社可以在书籍上印上若干张这样的黑白图，呈现出丰富的图像、动画、音乐等效果，实现了纸张的互动性并伴有声音动画等特点的效果。同时，我国的激光照排技术引领时代先锋。近年来，出版社在校对中广泛推广使用黑马校对软件，提高了工作效率，随着计算机的广泛普及，出版社开始实现由传统审纸稿向审电子稿的转变。同时一大批图文编辑软件（如 Word、Excel、Photoshop 等）的使用，使编辑加工工作变得更加方便、快捷和高效。

其次，从数字化出版发展看，随着互联网的普及，以及数字出版技术的发展，近年来，网络出版日受关注，数字出版总量规模逐年上升，从 2009 年的 799.4 亿元增长到 2011 年的 1377.88 亿元，年均增长率为 36%，发展速度极快，发展势头强劲。在数字出版产业的分类中，互联网广告、网络游戏和手机出版的收入始终排在前三名，成为数字出版产业收入的主要来源。其中互联网广告的收入增长速度最快，由 2006 年的 49.8 亿元增长到 2011 年的 512.9 亿元，复合增长率为 59.41%，如表 2－5 所示。

表 2－5　　2006—2011 年中国数字出版产业收入情况　　单位：亿元

数字出版分类	2006 年	2007 年	2008 年	2009 年	2010 年	2011 年
互联网期刊	5＋1（多媒体互动期刊）	6＋1.6（多媒体互动期刊）	5.13	6	7.49	9.34
电子书	1.5（电子图书）	2（电子图书）	3（电子图书）	14（电子图书 4＋电子阅读器 10）	24.8（电子图书 5＋电子阅读器 19.8）	16.5（电子图书 7＋电子阅读器 9.5）
数字报纸	2.5（网络报＋手机报）	1.5＋8.5（网络报＋手机报）	2.5（网络版）	3.1（网络版）	6（网络版）	12（不含手机报）
博客	6.5	9.75	—	—	10	24
在线音乐	1.2	1.52	1.3	—	2.8	3.8

续表

数字出版分类	2006 年	2007 年	2008 年	2009 年	2010 年	2011 年
手机出版	80	150	190.8	314	349.8（未包括手机动漫）	367.34（未包括手机动漫）
网络游戏	65.4	105.7	183.79	256.2	323.7	428.5
网络动漫	0.1	0.25	—	—	6	3.5
互联网广告	49.8	75.6	170.04	206.1	321.2	512.9
合计	213	362.42	556.56	799.4	1051.79	1377.88

最后，从出版业的信息化管理看，随着计算机网络的应用与普及，出版社的管理、编辑、发行工作中处处都离不开计算机的使用，从而促进我国出版业管理水平的提高。同时，计算机也已经广泛应用于出版单位内部包括图书出版、图书销售、成本核算、财务管理、人事管理，特别是图书质量管理等多个应用管理系统中。编辑部门也实现了人工和机器共同运作的局面，出版单位陆续开辟网上业务，积极筹划建设自己的网站，进行图书上网，网上销售图书业务。图书发行的订、发货业务已基本实现了计算机管理，覆盖全国的图书发行计算机网络即将建成，全国各大中心城市实现了图书条形码计算机销售结算。

3. 我国出版业从业人员素质状况

人员素质主要是指从事某项工作应具备的知识、技能以及思想道德方面的品质。出版业从业人员的素质则主要包括基本素质、专业素质和思想政治素质。其中，基本素质是指从业人员应具备的文化知识、语言文字功底、判断力等；专业素质是指出版从业人员在从事的专业岗位上，应具备的专业理论知识、专业技能、创新能力等；思想政治素质则指的是出版从业人员在思想政治方面与党的思想始终保持一致，需要具备良好的职业道德，较强的文化使命感和社会责任感，并且具有团队合作意识等。

（1）总体状况

在新闻出版业印刷、发行、出版策划服务领域，已经形成国有、民营、外商投资等多种所有制形式共同发展的新格局，2011 年，全国新闻出版业直接就业人数为 115.04 万人（不包含音像制品出版、印刷复制、数字出版、版权贸易与服务、行业服务与其他新闻出版业务单位就业人员），较 2010 年增长 9.5%。其中图书出版业 6.7 万人，增长 5.2%；报纸出版业 24.8 万人，增长5.6%；期刊出版业10.6万人，增长21.7%；出版物发行业72.4万人，增长0.1%，但是电子出版物出版从业人员仅为0.19万人，减少13.64%。

由于我国出版业正处于传统计划经济向市场经济转型时期，出版从业人员素质升级成为出版业转型的关键点。目前，我国出版从业人员的素质远远不能满足出版业持续发展和参与国际竞争的需要。例如，出版从业人员的思想观念比较落后，数字出版技术能力较弱，缺乏企业经营管理能力的专才，掌握市场营销能力的人才较少，缺乏国际出版贸易等专业知识。因此，本书关于出版从业人员素质升级，主要是针对传统出版从业人员在具备基本素质和思想政治素质的基础上，着力出版从业人员的专业素质升级，即增强出版从业人员的创新意识，提高出版从业人员的数字出版技术能力，加强出版从业人员经营管理能力和国际合作等。随着出版业近年来的快速发展，只有加快出版从业人员素质升级，培养一批具有高素质的、复合型出版专业人才，有利于我国出版业的健康有序发展，同时也是提升出版企业核心竞争力的根本动力。

（2）具体状况

1）书店和出版社从业人员的学历结构不合理。从书店的调查数据来看（见图2－1），拥有大专学历的从业人员占45.76%，本科学历从业人员占29.32%，中专学历的从业人员占12.34%。从图2－2中的数据可看出，出版社从业人员的学历结构以本科为主，占56.42%，相当于出版社整体从业人员的一半以上，其次是硕士学历的从业人员占30.95%。

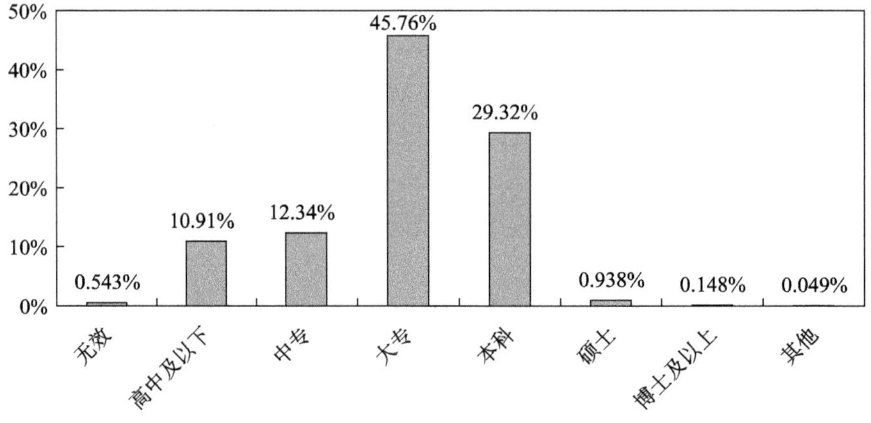

图2－1　书店从业人员总体学历情况

数据来源：“中国出版业转型与升级战略研究”课题组。

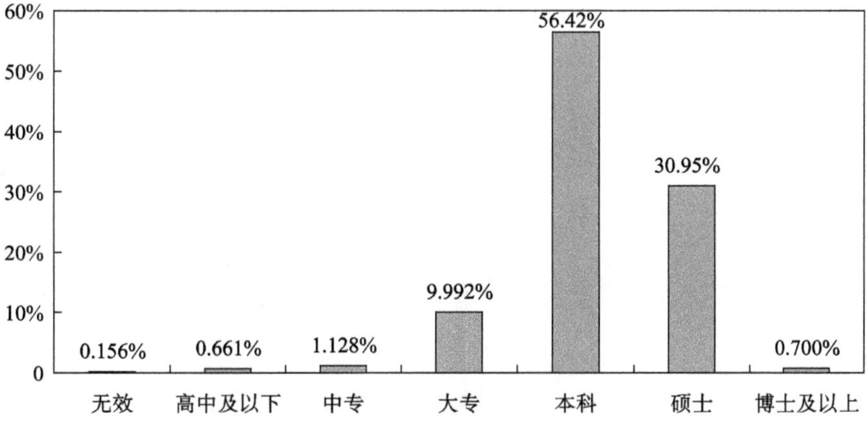

图 2-2　出版社从业人员总体学历情况

数据来源："中国出版业转型与升级战略研究"课题组。

以上数据显示，书店和出版社从业人员的文化程度偏低。我国书店从业人员的学历水平以大专学历为主，出版社从业人员的学历水平则以本科学历为主。虽然学历并不能代表一个人的一切，但学历还是在很大程度上决定了从业者对工作岗位的胜任程度，特别是出版工作是一项知识产业，其生产的产品是精神文化内容。因此，现代出版企业更需要高学历的出版从业人员。就书店从业人员来说，应对其开展适当的在职或脱产培训，大力引进本科学历人才，使本科学历的人才占书店从业人员的主体。出版社在聘用新人时，应注重应聘人员的学历情况，聘用更多具有硕士学位的出版从业人员为宜。

2）出版单位转企改制后，出版从业人员自身培训经费缺乏。如图 2-3 所示，出版社从业人员自身承担一部分专业技能培训和学习费用认可的态度情况，有 35.81% 的从业人员持一般认可态度，居首位。其次是 25.97% 的出版从业人员持较认可的态度，有 9.68% 的从业人员完全认可。因此，可以看出持有一般认可态度以上的从业人员约占整个从业人数的 72%。

如果需要个人承担一部分培训费用，那么一年里累计的培训费用最多能够承担多少？其中绝大多数的出版社从业人员认为最多能够承担 0.5—1 万元，占整个从业人数的 59%。同时，有 25.27% 的从业人员认为最多能够承担 0.5 万元以下的费用，这些从业人员选择的最主要原因是工资水平本身不高（如图 2-4 所示）。在出版社从业人员的月收入情况方面，每月工资收入在 3000 元以下的占 56%，这一数据占整个从业人员的一半以上（如图 2-5 所示）。

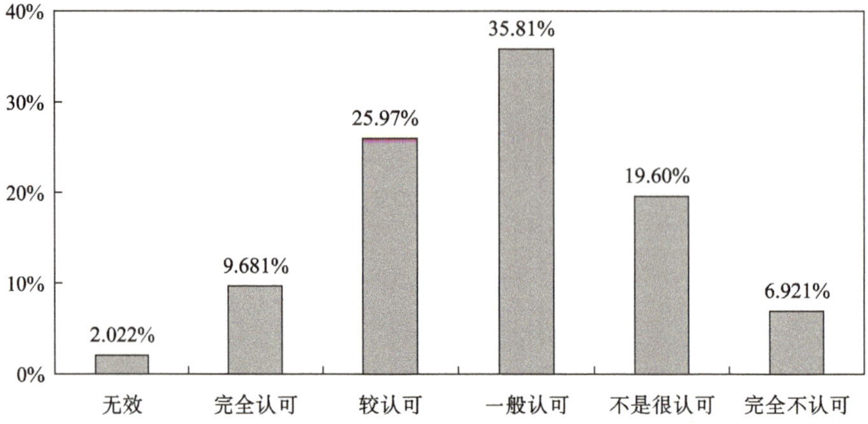

图 2－3 出版社从业人员自身承担一部分培训费用的认可态度

数据来源："中国出版业转型与升级战略研究"课题组。

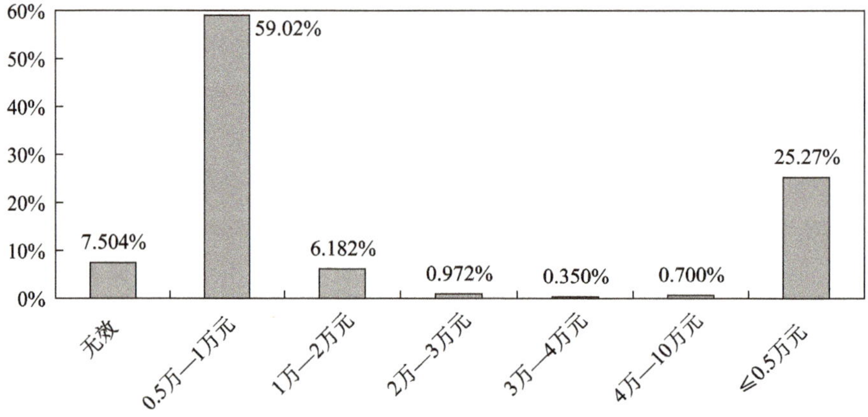

图 2－4 出版社从业人员一年累计的培训费用个人最多承担情况

数据来源："中国出版业转型与升级战略研究"课题组。

综上所述，鉴于是提升实际工作中的专业素质，大多数出版社从业人员认为培训费用理应由国家或者出版企业进行相关的补贴和扶持。对于绝大部分出版社从业人员来说，他们对于提升专业素质而需要自身承担一部分费用的态度是比较认可的，并且个人最多承担的费用不超过 1 万元为宜。同时，我们也不能忽视还有一部分的出版社从业人员认为随着物价水平的不断提高，人们的工资水平尚不能承担较多的费用用于提升自身专业素质的培训。

3）培训周期不稳定，培训内容与实际需求存在矛盾。根据对出版社对

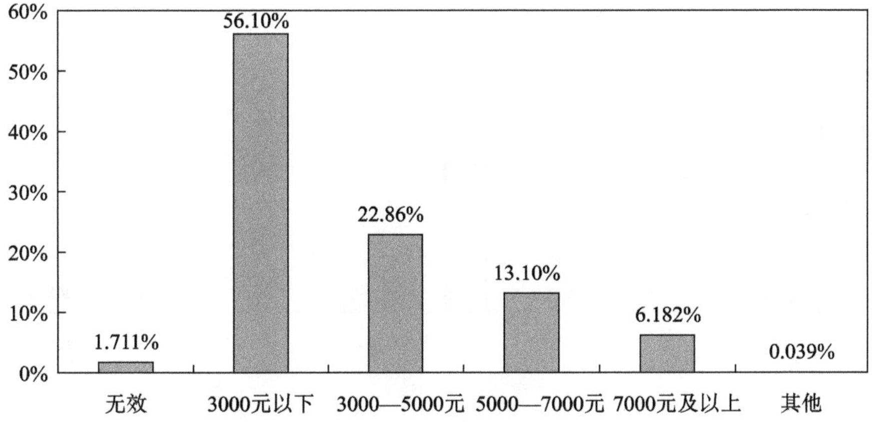

图 2－5　出版社从业人员的月收入情况

数据来源："中国出版业转型与升级战略研究"课题组。

从业人员多久培训一次的调查统计，约有 34% 的出版社对从业人员的培训周期缺乏规律性。一年只培训一次的出版社占总体数量的 15%，出版社对从业人员培训的周期缺乏规律和一年培训一次的出版社之和占总数的 49%，这说明有接近一半的出版社对从业人员的继续教育缺乏重视（如图 2－6 所示）。另据书店对从业人员多久培训一次的调查统计，有 34.35% 的书店从业人员认为其所在书店的培训周期缺乏规律性，半年培训一次的占 19.74%，3—4 个月培训一次的为 14.66%，一年培训一次的约为 13%（如图 2－7 所示）。

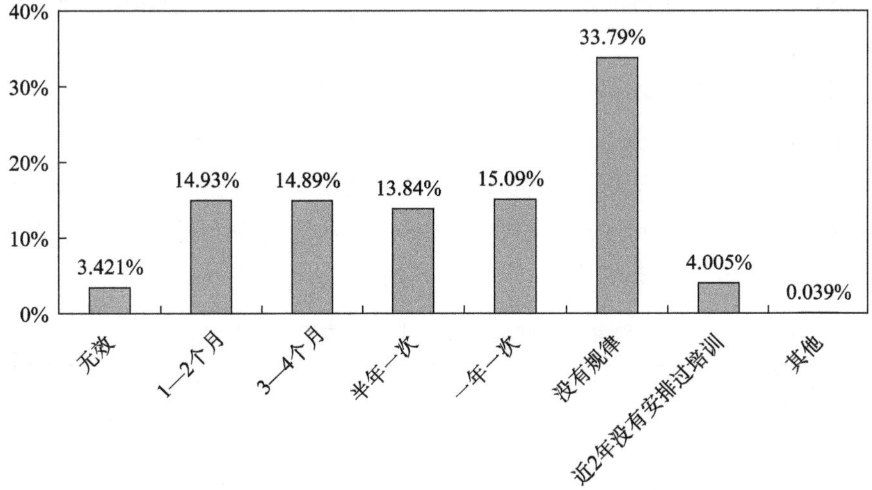

图 2－6　出版社培训间隔时间

数据来源："中国出版业转型与升级战略研究"课题组。

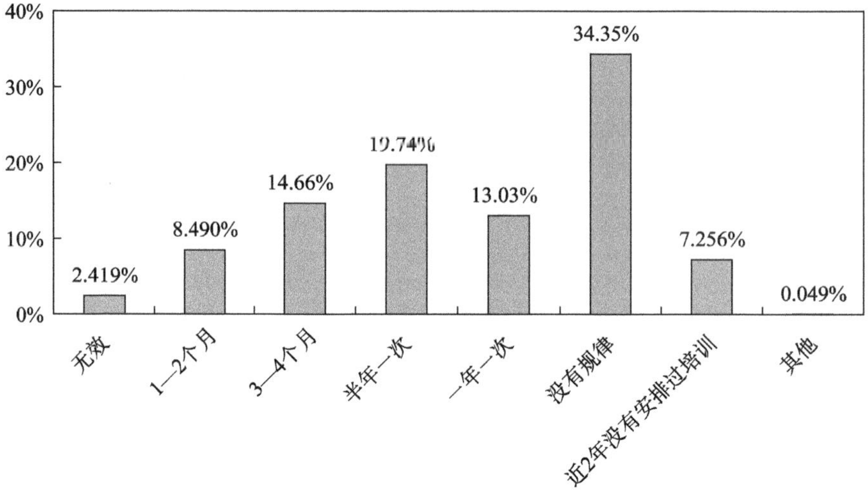

图 2-7　书店培训间隔时间

数据来源："中国出版业转型与升级战略研究"课题组。

此外，出版企业对专业技能培训体系存在的缺陷，以出版社从业人员调查的情况为例，有近三分之一的从业人员认为出版社在培训经费方面投入不足，占整个出版从业人员的 34%。其次有 31% 的从业人员认为理论性培训太多，实务性培训不足。有 25% 的从业人员认为工作太忙，没时间参加培训。认为行业和外部培训太少，企业内部培训过多的占 24%。有 23% 的从业人员认为专业技能培训走形式，没有实质内容。有 22% 的编辑从业人员认为缺少参加培训的机会。

同时，以书店从业人员调查的情况为例，超过三分之一的从业人员认为其所在书店培训经费投入不足，占整个书店从业人员的 39%。约有 32% 的从业人员认为书店在职业技能培训走形式，缺乏实质内容。有 31% 的从业人员认为其理论性培训太多，实务性培训不足。认为行业和外部培训太少，企业内部培训过多占 30% 左右（如表 2-6 所示）。

表 2-6　出版社和书店在职业技能培训体系方面存在的缺陷　单位：%

序号	培训体系存在的主要缺陷	出版社	书店
1	培训经费投入不足	34	39
2	专业技能培训走形式，缺乏实质内容	23	32
3	行业和外部培训太少，企业内部培训过多	24	30
4	理论培训太多，实务性培训不足	31	31

续表

序号	培训体系存在的主要缺陷	出版社	书店
5	编辑人员缺少参加培训的机会	22	10
6	培训内容与实际需求错位，无法解决现实问题	15	10
7	工作太忙，没时间参加培训	25	17
8	缺乏有能力、高水平的培训教师	15	18
9	国家政策对于技能培训的重视不够	6	8
10	技能培训渠道过于单一	17	18
11	出版单位缺乏职业技能提升的相关激励制度	20	21
12	其他	2	4

（数据来源：中国出版业转型与升级战略研究课题组）

虽然国家新闻出版广电总局在行政上要求新闻出版行业的从业人员每人每年必须不得少于 72 个小时的继续教育时间，为了完成上级主管部门的行政规定，一些出版企业在培训形式上大多较为老套，培训的内容多为老生常谈的事情，案例较老，并且，出版企业缺乏有规律的对从业人员进行定期培训。这就使得真正对培训有需求的从业人员失去了参加培训的积极性，从而产生了实际需求与培训内容脱节的现象。

4）工作岗位和所学专业匹配度较低。课题组调查的数据显示，如图 2－8 所示，出版社从业人员在所从事的工作岗位和所学的专业匹配度情况来看，

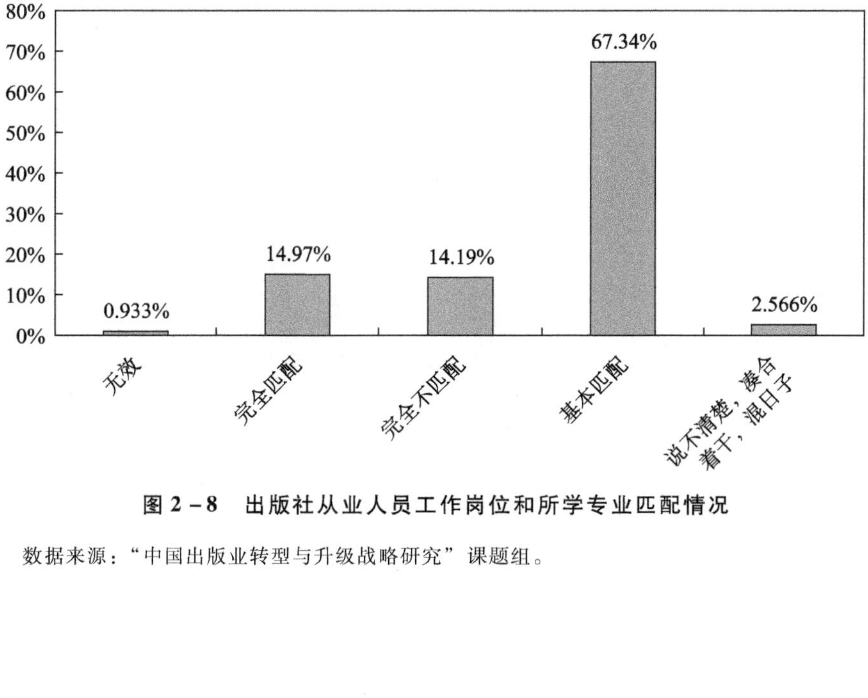

图 2－8　出版社从业人员工作岗位和所学专业匹配情况

数据来源：“中国出版业转型与升级战略研究”课题组。

仅有15%的从业人员认为所从事的工作岗位和所学的专业完全匹配，认为基本匹配的占67.34%，认为完全不匹配的占14.19%。此外，认为现有知识基础和职业技能完全满足工作岗位要求的仅占10.54%，认为基本满足的占56.57%，还很欠缺的占25.23%（如图2－9所示）。

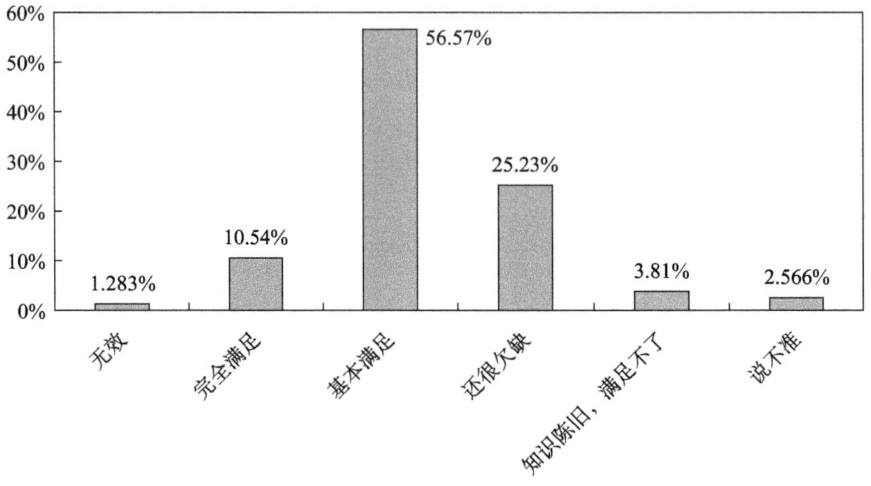

图2－9 出版社从业人员知识基础和职业技能满足工作岗位的情况

数据来源："中国出版业转型与升级战略研究"课题组。

如图2－10所示，书店从业人员在所从事的工作岗位和所学的专业匹配度情况来看，只有12.26%的从业人员认为完全匹配，认为基本匹配的从业人员占51.13%，认为完全不匹配的占26.51%。其次，如图2－11所示，在

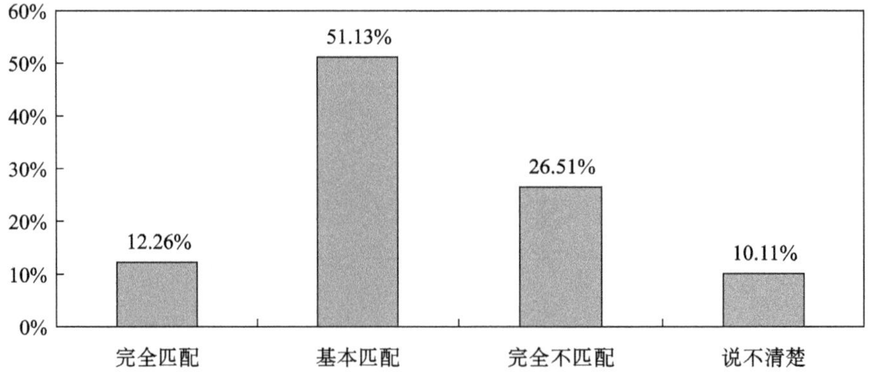

图2－10 书店从业人员工作岗位和所学专业匹配情况

数据来源："中国出版业转型与升级战略研究"课题组。

现有知识基础和职业技能满足工作岗位要求情况方面，认为完全满足工作岗位要求的仅占16.81%，认为基本满足的占60.13%，认为还很欠缺的占14.46%。

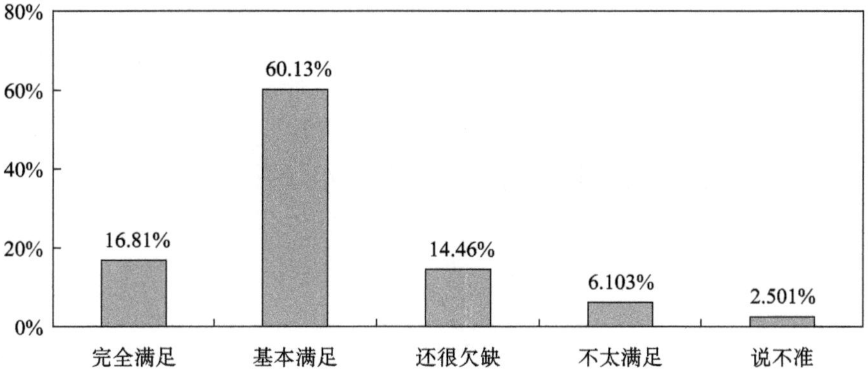

图2-11　书店从业人员知识基础和职业技能满足工作岗位的情况

数据来源：“中国出版业转型与升级战略研究”课题组。

上述对出版社和书店从业人员工作岗位与所学专业匹配程度的情况显示，出版社从业人员与书店从业人员在出版实际工作中存在的问题相同。即所学专业能够完全满足工作岗位需求的从业人员较少，占全体员工总数的比例较低。因此，随着数字出版技术的快速发展，出版从业人员迫切需要提升专业素质，从而满足工作岗位的需求。

三、我国出版业素质：问题分析

原国家新闻出版总署在“十二五”时期的发展规划中提出：到2020年，新闻出版产业总产值要占到当年全国GDP的4%以上，成为国家经济发展的重要产业；数字出版等新兴战略性产业的发展达到世界先进水平，公共服务水平进一步提高，实现由出版大国到出版强国迈进。为实现这一宏观目标，我国出版业进行了市场化、国际化、数字化、现代化的改革。改革中虽然取得一定的成绩，但与国际出版强国相比在管理制度、技术创新和人员素质等方面还存在很多不足。

（一）管理制度方面的问题分析

1. 转企改制不彻底，市场化程度仍比较低

随着转企改制的推行，众多出版单位从事业单位转变为企业。据统计，“十一五”期间，经营性图书、音像出版单位基本完成转企改制，1251家非时政类报刊出版单位转制或登记为企业法人，10多万家印刷复制单位、3000多家国有新华书店完成转制，100多家新闻出版企业集团成功组建。投融资体制改革取得重大突破，45家新闻出版企业成功上市，总市值达到5700亿元，新闻出版业增加值占国内文化产业核心层增加值的60%以上，出版业成

为国民经济的活跃板块。虽然这些出版单位进行了转企改制，但就出版社而言，多数仍然存在产权不明、政体不分等问题，出版物的属性决定了出版单位的体制机制，大多数出版社只是在形式上转企成功，内部运行管理仍然是先前的模式，作为意识形态领域，政府部门对出版社的经营仍保留有一定的干预权，出版社的管理仍带有一定的行政色彩，妨碍了出版产业在市场经济中的自由竞争和发展。

（1）在宏观政策性问题上，出版业市场化、集团化过程中存在不少问题

在政企关系上，由于我国市场经济起步较晚，没有形成充分的市场主体，造成出版资源要素流动性差。为了加快市场化改革、加快建设集团化出版联盟，出版产业升级选择了以政府推动的产业发展路径，在这种路径下，政府对出版企业保留有一定的行政监督权，使得集团化的出版企业既要实行现代的企业管理制度，又要行使政府的行政管理职能，造成双轨式发展，企业并没有实现真正的管理自主；在产权关系上，我们所说的产权是指财产所有权。财产所有权是指所有权人依法对自己的财产享有占有、使用、收益和处分的权力。包括资产所有权和法人所有权，出版集团一般都是国有独资，只有搞明白产权关系，才能解决由谁来代表国家行使所有权；在身份上，出版企业的转企改制，并没有彻底改变出版企业的身份，反而变得模糊不清。事业单位企业化管理或是企业单位事业化管理的模式严重阻碍了出版集团的发展。必须改革这种体制，才能突破出版集团发展的瓶颈。

（2）图书库存严重

图书库存严重影响出版产业的利润，由于我国实行寄售制的图书出售体制，出版社承担了退货成本，销售商不承担任何风险，这就成为图书退货率居高不下的直接原因，加之按照出版产业多印总比少印好传统的思想，导致图书出版产业库存只增不少，使我国出版产业面临着巨大的库存压力。

（3）数字版权管理规章制度不够完善

作为从事文化内容生产和传播活动的出版行业具有其特殊性，因此其生产经营活动必须获得相关部门的审查许可，遵循准入退出制度，这方面比较完善、成熟的法规条文已经在传统出版领域建立并得到很好的实施。但在作为新业态的数字出版领域，面对很多新问题，很多制度、流程不规范不成熟，使得对从事数字出版活动的监管不易实施，很多未经允许的单位也在经营数字出版，造成数字出版市场混乱。

2. 人力资源管理制度落后

（1）旧有的事业单位的人事管理制度色彩依然浓厚

虽然出版社基本完成了转企改制工作，但是其管理还存在很多行政事业单位传承下来的思想与制度，这在一段时间内不可能彻底废除，这种人事管理制度的弊端是人事招聘受上级主管部门的行政指令性配置，没有自主权，招聘的人不论能力如何，条件如何，一旦行政主管部门拍板敲定，就要无条件接纳，同时职员的退出比较难，这种分配制度招进来的人员只能进不能退，除非犯有重大过失，它完全排斥了市场的调节作用。导致工作效率低下，人员素质整体不高，产品质量与产出能力低，阻碍了出版产业的长期发展。

（2）薪酬激励制度有违公平

薪酬激励机制是激励员工积极工作的必要手段，但是转企改制后的出版企业存在严重的薪酬不合理、不平等的现象，转企改制后的出版企业存在编制内和编制外两种用工体制，对待这两种员工实行了两种薪酬激励机制，但是编制外员工的薪金比编制内员工的薪金少，编制内的员工一般可以拿到高于社会平均值的薪金，而编制外的人员就低于社会平均值，收入分配十分不合理，而且编制外的人员也没有职位晋升的机会，这种同工不同酬的薪酬激励制度，没有充分发挥市场机制的作用，对于那些创造更多价值、作出更多贡献的年轻人不够公平，影响了很多年轻人、有能力的人的工作积极性。同时现在出版业从业人员的薪金体系并没有形成统一的行业标准，很多出版社对经营管理层的人员已经实行年薪制，但是大部分具有垄断性质的出版社的工资数额并不透明，导致员工无法从薪金中获得满足感，加上对其他出版社的薪酬标准无法获知，成为人才无法合理流动的一个原因。

（3）出版贸易处于劣势，国际竞争力弱

随着我国综合国力的增强，国际地位的提升，我国出版业积极实施“走出去”战略，积极推动图书、报纸、期刊等出版物走向国际市场，加快出版产业国际化的步伐，出版物对外输出数量不断增长，但从出版总产值来看，出版物贸易仍处于逆差状态，这种长期逆差的状态说明中国出版产品在国际上的影响力、竞争力不强。数据表明，2009 年，我国版权出口数量仅是进口数量的三分之一，到 2011 年版权出口数量也只有进口数量的二分之一，表明我国版权在输出方面仍然处于劣势。从历年的统计数据上看，中国的出版语种以中文居多，但是真正能直接阅读中文文献的人还是少数，使得中文出版物在国际上的影响力不大，阻碍了中国出版物进入国际主流社会的步伐，究其原因不外乎是国际化竞争体制机制没有形成，缺乏必要的市场监管和政策指引，见表 3－1、表 3－2。

表 3－1　　2007—2011 年中国图书、报纸和期刊进出口数据表

年份	出口	进口	出口数量	进口数量	出口金额	进口金额
	种次	种次	（万册、份）	（万册、份）	（万美元）	（万美元）
2007	1155765	818233	1027.83	2385.99	3787.46	21105.40
2008	947204	703787	801.81	3452.54	3487.25	24061.40
2009	900344	811265	885.16	2794.53	3437.72	24505.27
2010	954954	879714	945.64	2881.87	3711.00	26008.58
2011	914726	1119975	1144.18	2979.88	3905.51	28373.26

表 3－2　　2007—2011 年中国版权贸易进出口数据表

年份	2007	2008	2009	2010	2011
输出种数	2593	2455	4205	5691	7783
引进种数	11101	16969	13793	16602	16639
输出引进比例	1:4	1:6.9	1:3	1:2.9	1:2

数据来源：2007—2011 年《中国新闻出版产业分析报告》。

（二）技术素质方面问题分析

1. 技术装备更新换代慢

大数据时代环境下，数字技术的快速发展已成为推动我国出版业改革的动力。数字技术在出版领域的普及与应用，使得出版物的载体和表现形式发生了巨大的改变。因此，传统出版业正面临数字技术所带来的巨大冲击，主要体现为以下几个方面：一是数字技术改变了传统出版业的整个产业链，这对出版物的生产者来说提出了新的挑战。例如，亚马逊为出版物的内容生产者提供了自助出版的服务，这就意味着出版物的编辑加工和制作不再需要经过传统出版社的出版环节。作者可直接通过亚马逊的自助出版平台对其作品进行数字化编辑加工和制作，同时还可按需印刷生产出属于个人的出版物。二是数字技术改变了出版物的传播模式和载体形态，这对出版企业的数字化出版技术水平提出了更高的要求。例如，在传播模式方面，豆瓣、新浪微博以及各门户网站等的读书社区平台可对出版物内容进行有效宣传和推荐，使出版物在上市之前就受到读者的广泛关注，以此刺激读者的购买行为。三是数字技术改变了出版物的营销模式。随着数字技术和互联网的普及与应用，出版物的流通渠道和销售环节被逐渐简化，出版物的营销模式也发生着巨大的改变。例如，在传统出版业中，出版物的销售数量需要对各个出版物经销商进行征订。四是按照征订的图书数目进行地面店的铺货。而在数字出版技术中，出版物生产者只需根据互联网上读者的需求信息进行铺货。例如，可以根据网店销售信息（以京东、当当、亚马逊三大网店，以及北发网为主）来决定出版物的发货，这些数据充分反映了读者的需求情况。

就出版业的现实情况来看，全国大部分出版社，尤其是一些小型出版社，出版技术装备以及工艺仍然处于传统的阶段，或是虽然有所更新，仍然不能满足现代社会技术更新的速度，存在一定的滞后性，很多出版编辑使用的软件不能得到及时的更换，使得编辑校对的效率低下，有很多技术装备要五至六年才能更换，大大削弱了信息化、技术创新带来的丰富成果。比如很多计算机设备一般要五年以上才能更换，使得出版工作的效率大大降低。

2. 数字技术研发力度不足，缺乏创新

近年来，技术的创新推动了数字出版产业的快速发展，智能手机的多种应用得益于开放的安卓系统和 APP STORE 应用平台的推广使用，拓展了手机的增值空间，E－ink 电子纸技术使得电子阅览器升级换代，但与国外在数字出版核心技术研发领域的成就相比，我国还存在很多不足。

首先是对于数字出版的核心技术研发不够重视，数字出版领域的核心技术是推动数字出版产业发展的关键，但是这种具有直接推动作用的革新性技术研发并没有达到相关企业的重视，使得出版产业链上各环节跟风者居多，导致同质化现象严重；其次，对于已经开发好的核心技术，商业化应用不足，2011 年数字报纸、电子图书、互联网期刊的总收入为 28.34 亿元，虽然一直保持持续增长的势头，但是总量较少，仅为数字出版总收入的 2.06%。这说明纸质出版物数字化使用率偏低，很多出版内容没有进行多平台应用与

多终端内容的开发。

3. 信息化管理落后

出版产业的市场化改革，必定带来更加激烈的竞争，那么管理效率的高低就决定一个企业乃至一个产业的效益。在这个信息化的时代，对于我国大多数出版社来说，管理效率的低下随着市场竞争与出版总量的递增日益突出，管理的不规范与决策的随意性随着人员规模、出版规模的不断增加而攀升，造成资源的不断浪费，成本的不断增加。虽然近年来，国内有一些出版社开始实施 ERP，但是更多的出版社还是停留在一般的信息管理阶段，对编务、印刷、财务、人事、版权、出版、发行等管理在计算机应用方面还是处于单机状态，部门之间相对独立，缺乏沟通，对很多重要数据和资源不能做到共享，制约了信息的流通，致使很多资源的浪费，造成工作效率低下，成本费用上升。

掌握现代信息技术的能力较为薄弱，以出版社从业人员为例，调查显示，56.6% 的从业人员认为现有的知识基础和职业技能基本满足工作岗位的需求，其中大多数人认为在使用现代信息化手段方面，迫切需要提升专业软件和网络技术的知识水平。随着互联网的迅速发展，人们的生活习惯、思维方式以及阅读方式发生了巨大变化。网络的便捷性，使得人们可以在任何时候，任何地点选择其需要的信息进行快速阅读。数字技术使得传统出版物的载体形态发生变化，传统的纸质出版物逐渐被数字出版物所代替。例如，数字报纸和电子杂志的出现。科技媒介的融合在其中扮演了至关重要的角色。对于出版从业人员来说，如何将生产的内容更广泛、更快速、更便捷地传播出去，创造产业价值，这是当前出版从业人员需解决的问题。

4. 懂得数字出版技术的专业人才缺乏

人才是第一生产力。对图书出版业来说，在图书出版的各个流程中，编辑是最为核心的一个环节。只有编辑在确定图书选题以后，图书出版的各项环节才能得以展开。因此，出版行业对编辑人员的素质要求相对于其他行业来说要求更严格。作为编辑，不应只是掌握自身专业的基础知识，更应该是杂家，应该熟悉和了解不同文化的属性。

在大数据时代下，编辑在掌握专业基础知识的同时，更需要掌握市场营销、数字信息技术、微传播（主要指微博、微信）等新媒体技术的营销手段。从服务行业的角度来说，出版是一种内容服务行业，其服务的主体是对精神文化有需求的读者。出版企业要想在激烈的市场竞争中生存，则必须根据读者的个性化需求提供相应的产品或信息服务。因此，只有顺应时代的潮流，我们优秀的中华文化才能传承下去，才能在世界的舞台上发扬光大。

（三）从业人员素质方面问题分析

1. 不少出版从业人员思想观念比较陈旧

由于国情的需要，出版企业改制之前，主要为事业单位性质，出版从业人员的职务等级与政府行政人员的职务等级对称，例如，编辑部门的主管领导统称为编辑部主任，其从业人员的工资待遇也是参照政府事业单位的薪酬和福利来设计。受到政府部门在政策上和经济上的支持，出版企业对其生产的出版物并没有做先前的市场调研，其出版物市场呈现出卖方市场的特点。

转企改制之后，出版单位从事业性质转为企业性质，出版企业经营者成为独立的法人，具有独立经营权，对企业的经营结果实行自负盈亏。但是，在出版企业转型升级的同时，出版从业人员的思想观念并没有及时转变，尤其是对出版物的市场竞争意识缺乏重视。因此，出版从业人员应深入到市场经济环境中，改变传统思想，将出版物看作商品，根据出版物市场的需求即时调整产品策略。编辑在强调内容为王的同时，更应加强渠道为王的意识。过去是“酒香不怕巷子深”，而在当今信息社会的环境中，由于出版物市场上各类信息较为繁杂，新的出版物信息很容易被淹没。因此，“酒香也怕巷子深”，产品再好，如果没有好的营销策略，最终依然很难到达读者的手中。

2. 从业人员队伍总体结构不合理

（1）从业人员构成以本科为主，高学历的比例较低

在年龄分布上，出版编辑人员趋于年轻化，但是出现人员断层现象，由于论资排辈现象严重，以及“老人”们被返聘的现象也多有发生，使得出版企业不能循序渐进地补充新鲜血液，年轻的优秀人才缺乏进入出版产业的机会，传统出版业的思想观念不能顺应时代潮流，不能轻易接受新技术新工艺的普及。他们如果不能适应新思潮、新技术带来的发展，也会被市场淘汰。

（2）出版从业人员专业背景比较集中，互补性差

由于出版学起步较晚，尚处于新的学科。因此，科班出身、接受过完整出版专业系统培训的出版从业人员不多。很多出版从业人员大多是半路出家，对出版行业的认识和了解都是通过在实际工作中慢慢摸索，总结得出来的经验。由于学历几乎大部分集中在本科上，因此大多数从业人员只有单一的专业背景，缺少跨专业的优秀人才，同时，既对编辑业务比较专又广猎外语、计算机、营销等知识的人才偏少，出版产业核心领军人才实属凤毛麟角，没有形成规模效应，与传统出版业不同，随着数字出版产业的蓬勃发展，其从业人员及其管理人员不仅仅是要简单的懂得出版知识，管理知识，更需要有一定的计算机网络软、硬件专业技术知识，需要对数字出版物的制作以及数字出版业的信息化商业运作模式有所了解。但各出版单位眼下大多主要由计算机专业背景的人员或是只有出版专业知识的人员从事数字出版，这些人员或出版专业知识或计算机专业知识相对缺乏；另外，许多传统出版单位在数字出版赢利模式不清晰的情况下顾虑重重、举步难进的状况，一定程度上也阻碍了现有人才的尽快成长。

（3）单一型人才较多，复合型人才较少

在出版企业中，单一型人才具体是指传统从事案头工作的编辑从业人员，他们具备较强的专业学科知识，熟练掌握出版物生产的各个环节。复合型人才则具体是指在具备较强的专业学科知识以外，还熟悉现代企业经营与管理能力，掌握市场营销能力，具有读者意识、市场意识、创新意识等能力的出版专业人才。由于复合型人才要求的综合素质较高，出版业属于盈利较弱的行业，因此，对于引进具有较高经营管理能力等专业人才的难度较大，出版企业很难支付高额的薪酬和较好的待遇来聘用这些专业人才。而在出版企业内部，由于单一型人才较多，其固有的思想观念较难转变，复合型人才由于种种因素培养起来的时间较长。尤其是在经济落后的偏远地区，复合型出版人才更是稀缺。

（4）人力资源配置不够合理

以图书编辑为例，近年来，图书策划编辑、图书项目经理人、版权经纪人等适应当前出版业形势而产生的新职位。但就目前而言，这些职位在很多传统出版企业里并未形成规模，这其中最大的原因就是人才队伍不合理性。受传统出版业人事流动规律的影响，一些受过出版专业系统培训的，且具有新想法的新进员工，往往不能直接应聘图书策划编辑，必须按照传统的出版

从业人员培训流程，从最基础的图书校对，编辑加工稿件开始。这前几年的磨炼对于出版新进员工来说，很可能会使其在思想意识上发生改变，特别是在创新意识方面存在着降低的可能性。而在出版社内部公开招聘选拔的图书策划编辑，虽然从事出版行业多年，具备较为丰富的图书出版经验，但是由于年龄等客观原因，他们往往在新技术面前处于被动的状态。这就使得年轻有想法的从业人员不能将有创意的点子运用到图书选题和策划过程中，而从业多年的图书编辑在图书策划的创新方面又较为缺乏。

1）出版业市场化转型，缺乏市场营销能力的出版专业人才。人类社会正在从工业社会向知识经济社会转型。知识经济社会消费的重要特征就是个性化和多样化，不管是物质产品的消费还是精神产品的消费都是如此。随着出版产业的发展规模不断扩大，出版物品种不断丰富，我国出版业迎来了史无前例的繁荣阶段。在出版业不断前进的同时，其也面临着从未经过的考验。政府对出版业市场的逐渐开放，使得民营资本纷纷涌入到了传统出版业市场中。由于民营出版文化公司数量的增加，其为出版业市场增添了不少的活力，但也使出版业市场化竞争进一步加剧。这就要求传统出版从业人员不能将市场营销活动看作独立的出版环节，而是应该将其渗透于整个出版的过程中。例如从图书最初的选题策划开始，到图书的编辑加工，装帧设计，再到图书最终销售的环节都应涉及市场营销的意识。

2）出版品种较多，但缺乏选题创新能力的出版专业人才。据国家新闻出版广电总局统计的资料显示，2011 年，我国仅出版的图书约为 37 万种，截至 2012 年年底，我国仅出版的图书就达到 41 万余种。这表明我国已是名副其实的出版大国，图书品种较多，但是内容优秀的图书比较少，对外出口能力较弱，距离实现出版强国的目标还有很大的差距。例如，在少儿科普读物的市场中，我国目前少儿科普图书主要以国外优秀的科普读物居多，这与国外本身具有较为优越的科学技术环境存在着较大的关系。本土的优秀科普读物相对来说比较少，优秀的少儿科普读物作者队伍尚未建设起来。

3）出版数字化，数字技术方面人才的缺乏。数字出版是指利用数字技术进行内容编辑加工，并通过网络传播数字内容产品的一种新型出版方式，其主要特征为内容生产数字化、管理过程数字化、产品形态数字化和传播渠道数字化。课题组在对出版社从业人员的调查统计中发现，出版从业人员认为自身在发展数字出版的过程中，应该具有如下几种能力：①重新整合专业资源的能力占 67%；②数字技术方面的能力和知识占 60%；③具备执行数字化标准和开发运营数字化平台的能力占59%；④个性化定制服务的能力占52%。以上数据也表明，我国出版从业人员在数字技术方面的意识逐渐增强，但掌握数字技术方面的能力还是较为缺乏的。在如今这个信息大爆炸的时代，大数据营销已然成为今后出版物营销的一种趋势。掌握现代信息化方面的技能，能够为出版物提供更多的市场机会，促进出版物的销售，为出版企业带来最大的经济利润。

（5）出版人才不能适应出版国际发展的需要，版权贸易人才奇缺

对于出版从业人员自身来说，则需要精通出版业务的整个流程，并且熟悉国际法律知识。自我国1992年加入伯尔尼公约和世界版权公约以来，尤其是在2001年加入WTO组织以来，我国与世界各国的版权贸易来往日益频繁，国际经济文化交流的频率逐渐增加。国际出版业务复杂多变，需要既熟悉世贸组织规则，又懂得国际法律知识，既熟悉版权贸易知识，又懂得国际出版的人才，更需要能够在国际争端中专门谈判的人才，同时还需要具有国际出版理念和从业经验的专家，但是在我国出版企业，这种人才匮乏现象令人担忧，在一些重要的国际版权贸易会上，我国出版企业花费了大量的资金引进国外优秀的作品，而国内优秀的作品则因为缺乏懂国际出版法，使得我国许多优秀出版物不能顺利的输出到世界各国，从而失去了展示中华文化的机会。

课题组对出版社调查的数据显示，38%的人认为同国际出版业竞争时为一般具有优势，约35%的人认为是处于劣势，并且担忧同国际出版业的竞争（见图3－1）。而另一项关于我国出版业在应对国际同行竞争时最缺乏什么样的出版人才的调查，根据各自选项的所占比重，具体为：具有国际视野和战略的人占78%，精通出版业务的人和熟悉国际法律知识的人才分别占有35%，具有较强公关能力的人占28%，高新技术人才占26%，图书翻译人才占19%，精通外语的人才占18%（如图3－1所示）。

3. 人才流动性大

以前作为事业单位的出版社，拥有机关事业的通病，安逸呆板，缺少活力，加上编辑出版工作是个细致活，需要足够的定力与耐力，所以很多富有朝气的年轻人进入出版社后，不能适应这种体制的约束与沉闷的工作，遂纷纷跳槽到其他行业，导致出版人才整体上更新慢。此外，随着中国加入世贸组织，以及国家倡导出版产业国际化发展，尽快与世界接轨，中国更以积极

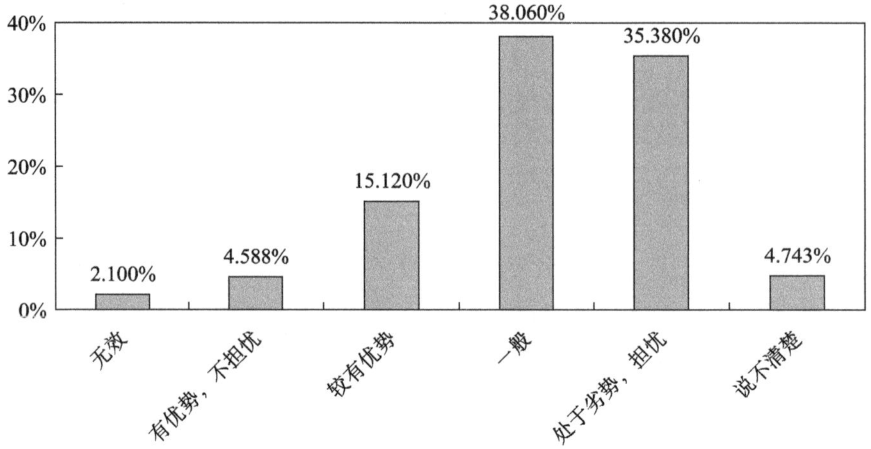

图 3－1　我国出版业从业人员同国际出版业竞争情况

数据来源："中国出版业转型与升级战略研究" 课题组。

的态度实施"引进来"与"走出去"战略，很多外资出版企业和办事机构入驻中国，带来新一轮的人才竞争，使得人才竞争变得更加激烈，对国内出版资源和出版人才的严重流失造成了巨大的冲击。加之国外出版企业高薪酬的吸引力度，使得我国很多优秀的人才纷纷供职于这些国外出版社，成为他们在中国的出版代理人，抢占中国出版市场。

根据北京众达朴信管理咨询有限公司发布的《2011 年出版行业薪酬福利调研报告》数据显示，2011 年出版行业主动离职率中位值达到 15.8%，处于各个行业中位值以上。原因是虽然近年来我国出版业实行转企改制，出版企业的内部机制和运营环境得到很大的提高，但激励机制还没有发挥出太大的效应，薪酬福利待遇和职业生涯发展是造成行业离职率居高不下的主要原因，这是未来出版企业需要解决的主要问题之一。

4. 人才教育和培训工作机制尚未完善

虽然很多高等院校设有出版、传播、编辑、发行等专业，同时为响应国家文化大发展大繁荣的号召，一些高校设有出版专业硕士，但是这些专业在课程设置上比较单一，学科交叉性差，加上师资安排不尽合理，所以培养出的人才只具有这一学科的相关知识，对相关学科的知识知之甚少，比如说出版专业的学生很难学到管理的知识，同时，这些专业在人才培养上只注重理论的灌输，没有为学生提供比较多的实习机会，学生走上工作岗位的动手能力相对较差；同时企业对培训的重视程度不足，没有形成系统的培训格局，培训的针对性比较差，培训的内容与工作的需要相差甚远，培训师资缺乏，没有统一的培训标准和指南，培训资金投入不足，很多培训为了完成当年的任务而培训，为了考试而培训，为培训而培训，培训的效果达不到预期，培训方式和教学内容比较陈旧落后，同时在培训过后，没有完善的培训考核制度，对培训的工作没有进一步的认识。对培训的不足不能进行相应的改正与弥补。

四、我国出版业素质升级对策与建议

伴随着我国综合国力的提高，文化产业的总产值在国内生产总值中所占的比重也在逐年提高，推动文化产业成为国民经济的支柱性产业的奋斗目标也正在日益逼近。出版业作为文化产业的重要组成部分，推动出版业的转型与升级，成为文化产业大发展大繁荣的关键环节。当前，传统出版业正处于转型升级的关键时期，面对发展中的新问题，从制度、管理、技术、人员等方面着手，提升素质，对于持续推动我国出版业的转型升级至关重要。

（一）制度与管理素质升级的对策与建议

1. 完善出版业转型体制改革

（1）完善保障出版业发展的法规体系和法律制度

围绕保障和促进出版业发展的需要，认真研究，完善出版单位法人制度建设，制定合理的市场准入和退出机制，完善新媒体服务制度和主管主办制度等相关法律法规。转变政府管理职能，让政府更多地扮演服务出版业发展的角色。

（2）进一步完善出版市场体系

完善的市场体系是出版业顺利发展的必要环境，让出版企业充分享受市场机制带来的优点，增强出版业的市场竞争能力，必须加快建设和完善统一开放、竞争有序的出版市场体系，保障出版企业竞争有序的发展，让除了公益性出版单位外的其他出版企业真正做到自主管理、自负盈亏，建立现代企业管理制度，成为自我约束、自我发展的市场主体。

（3）完善宏观产业政策，加强宏观调控

充分发挥政府主导的职能，制定促进产业发展的规划，加强对重点项目的支持力度，对数字出版等新业态的发展提供政策性的倾斜，强化出版协会的功能，定期整理出版业发展的数据，及时发布产业发展的信息，并对发展前景进行预测，以便及时调整产业结构，调整发展战略，推动产业转型升级。

（4）加强政府行政管理，鼓励参与国际竞争

继续推进实施大产业战略，发挥政府主导作用，通过跨媒体、跨行业、跨区域合作，建立大型跨国出版集团，发挥出版集团的资源整合能力，优化行业资源，进一步扩大经营规模。制定国际出版竞争机制，鼓励出版产业参与国际市场竞争，加强与国外出版产业方面专家的交流，认真听取他们的意见，借用“外脑”增强图书出版策划能力，加强图书策划向国际化水平迈进，让中国的图书更好地融入世界。

2. 创新出版管理理念

（1）转变人力资源管理理念

1）树立全局性的人力资源管理理念。作为现代企业管理中的重要组成部分，人力资源战略管理是企业战略的核心，是实现企业战略目标，获得最大收益的关键。通常出版企业通过制定人力资源战略来实现经营管理的可持续发展。但是怎样开展人力资源工作，如何制定人力资源规划，是企业需要解决的重要问题。人力资源战略涉及人才资源开发、人才结构优化、薪酬战略、人才使用战略等方面，是一项全局性的工作，不是仅仅由人力资源部门或是少数管理者就能简单完成的，它需要企业中每个人都要参与到这项工作中来，各级管理者都成为人力资源的管理专家，全程参与招聘、绩效管理、人员留用、培训规划等各项活动中，直接参与，相互配合。树立企业核心价值观，让员工认同企业价值观，增强员工的向心力和凝聚力，形成企业无形的资产。

2）实现人力资源战略的协调性。人力资源战略主要包括人才结构战略、

人力资源开发战略、薪酬战略等多个方面，它是企业形成持久竞争优势的保障。具有“纵向契合”和“横向契合”两种协调性，所谓“纵向契合”就是要求人力资源管理战略规划要以支撑企业的整体战略发展为目的，满足企业的业务战略、市场战略、组织建设、文化建设等工作实施的需要。而所谓的“横向契合”就是指人力资源战略要实现其自身的计划招聘、培训优化、绩效考核、薪酬等部分或要素之间的协调。

3）改革创新人事管理制度。20世纪末以来，出版产业拉开了改革的序幕，在市场经济转型的大背景下，人事管理制度的改革逐步深化，但由于双轨经济的发展，出版社中仍然保留有计划经济遗留下来的人事管理制度，更加科学化、现代化的人力资源管理制度并没有得到完全实行。随着出版产业转企改制的基本完成，实行聘用制的范围将进一步扩大。在这个改革过程中，要逐步淡化“事业编制”与“企业聘用”的界限，积极推动企业聘用的员工成为企业骨干力量，激发新员工工作的积极性，鼓励新员工脱颖而出，成为企业的中坚力量。充分发挥聘用制的灵活性和机动性，让出版从业人员充分认识到自己的绩效和个人发展与企业发展密切相关，激发他们开拓市场的积极性，树立社会责任感。实现同工同酬，逐步缩小编制内员工与编制外员工工资的差距。根据市场产出效益与社会贡献等综合评价员工的整体收入标准，实现无差别对待，减少员工的不满情绪。实行严格的考核制度，改变以往作为事业单位的出版社从业人员的懒散，调动聘用制和旧体制下的从业人员工作的积极性，增强他们的创造能力，激活企业生产的活力。聘用制的灵活性为员工与聘用单位的发展提供了比较宽松的环境，适当增加员工的流动性，为出版社输送新鲜血液，培养出版企业和员工之间的密切关系，同发展共命运，为建设企业的创新体制创造条件。

（2）树立国际化的管理理念

图书出口不是出版业“全球化”的最终目标，出版企业要具有全球化的管理能力，对市场有深入的理解，并建有全球的业务网络，才能在出版产业链中获益最大。出版产业想在国际上占有一席之地，就必须加强国际化的管理能力，与国外市场接轨，了解国外市场需求。

1）在选题策划方面。出版社从业人员应转换思维视角，尤其编辑人员要把读者作为出版的主题，从“我要卖什么”向“读者要买什么”的思维转变。出版单位要加强与国外出版企业的合作，学习外国出版企业的运作文化与方式，学习国外出版企业的选题策划，扩大视野，向国际化思维方式转化，定期邀请国外专家来华指导，参与研讨和选题策划活动，博采众长、取其精华，去其糟粕，向国际化选题策划水平迈进。充分理解中外文化的差异，根据中外审美标准和阅读习惯的不同，中国出版企业应尽量降低出版图书的阅读困难，在文字、版式、装帧等方面出版适应他们需求的图书，提高我国图书在国际上的影响力，树立中国图书在国际上的新形象，让中国图书融入世界，肩负起传承中华优秀文化的历史重任。

2）经营管理方面。产品的国际化发展只是出版单位迈向国际化发展的第一步，为了把产品推广出去，必须进行出版经营体制改革，必须要具有国际化的营销管理战略和国际化的发展眼光，要积极拓展海外的图书市场渠道，引进国外先进的营销理念，充分利用国际书展提供的直接交流机会和交易平台，在这个交流平台上要积极选择合作对象，了解出版产业最新动态，把握营销渠道的拓展机会，以适时调整图书出版的国际化战略与发展对策。

3）积极推动版权代理业务。随着图书出版业务的不断增多，应大力发展版权代理业务，以往的版权代理只是以中介组织的角色活跃于国际出版业务中，随着经济全球化的发展，和读者不同层次的文化需求，版权代理作为供求之间的桥梁能更了解市场的需求，所以要适时调整版权代理角色，有必要参与一些图书的选题策划、媒体宣传、市场营销等方面的活动，向更深层次的业务领域钻研，同时要加大版权代理工作在资金投入、信息服务、代理业务方面的工作强度与力度，扮演好中介桥梁的作用。

3. 选择产业素质升级路径，实现知识、技术、劳动三位一体

出版业是真正的资源消耗少、科技文化含量高的内容创意产业。作为劳动密集型、知识密集型、技术密集型产业，要做大做强出版业，实现从出版大国向出版强国迈进，就要选择一条不同于一般产业的产业升级路径。目前我国的出版业素质升级还处于政府主导的产业关联为核心的产业素质升级模式，虽然不断走上集团化、市场化，但还主要受到政府的干预，要想实现真正的出版业市场化，就要选择以市场为主导的产业关联为核心的产业素质升级。要将知识与劳动相结合、知识与技术相结合、劳动与技术相结合，才能适应出版业现代化、国际化、数字化与集团化的发展。

作为知识密集型产业，要充分发挥劳动者的智慧。充分挖掘中华五千年的优秀文化，将这些优秀资源变成出版产业发展的资源，培养编辑人员的这种个性鲜明的创新意识和创新能力，并将其贯穿于编辑工作的各个环节，塑

造出与众不同的特色。编辑人员要勇于创新，敢抓选题、善抓选题，要有全新的观念、超前的竞争意识和开拓创新的精神及优良的技术素质，以市场为需求，充分发挥市场的调节作用，出版质量好、教育意义大、全民喜爱的作品；其次，要大力发展数字出版技术，传统出版只是对知识的表面层次的加工，而数字出版才真正是对知识的深层次加工，所以要高度重视技术的研发与引进，充分发挥技术与知识的结合，发展创意文化；最后，要培养高技术人才，鼓励从业人员积极使用高新技术，改善工艺流程，提高工作效率。要在市场的调节下实现出版资源的合理配置与流动，充分发挥知识、技术、劳动的综合作用，实现生产要素的最大效益。

（二）技术素质升级的对策与建议

出版业技术素质升级顺应了科学发展观的要求，可以推动经济发展方式的转变，可以提高行业整体的产出能力，加快产业转型升级，提升产业竞争力。出版产业技术素质的改造升级离不开市场的主导作用，更不能缺少政府的引导作用，在发展的初期必须坚持技术改造与技术创新相结合。完善技术创新的产业政策，加快实现科技成果产业化，实现技术装备的更新换代，发展新型出版产业。全面提升出版企业的发展的质量和效益。

1. 提升出版从业人员数字出版技术水平，培养一批出版复合型人才

据中国互联网络信息中心（CNNIC）发布的《第 33 次中国互联网络发展状况统计报告》显示，截至 2013 年 12 月，我国网民规模达 6.18 亿，全年共计新增网民 5358 万人，互联网普及率为 45.8%。另有数据显示，2014 年，中国移动阅读用户规模达到 5.3 亿，占整体移动互联网用户数量的 91.3%。中国新闻出版研究院发布的《第十二次全国国民阅读调查报告》显示，2014 年我国成人纸质阅读率为 58%，而数字化阅读方式的接触率为 58.1%。虽然数字阅读只比纸质阅读高出 0.1%，但这是非常有意义的。因为它代表的是我们从纸质阅读文明向数字阅读文明一次时代的转变。由此可见，我国正在迈向“全民在线”阅读的时代。互联网的飞速发展以及网民规模的增加都为我国传统出版业带来了新的机遇和挑战。特别是在数字出版环境下，其作为一个新兴出版领域，传统出版业的产品内容、产品形态、产品

结构等都发生了很大的改变。因此，新时代下的出版从业人员，应当充分利用数字出版技术的优越性，成为在掌握出版专业知识的同时，还应懂得数字出版技术的复合型出版人才，具体如下：

（1）提高数字出版意识，争取获得更多的数字版权

数字出版改变了人们的传统阅读方式，碎片化阅读以及互动阅读所带来的体验正逐渐被人们所接受，读者的需求呈现出多样化和个性化。因此，传统出版从业人员应当提高数字出版的意识，紧跟数字技术发展的步伐，不断更新思想观念。根据数字出版的特点，对出版物内容进行大胆创新。同时，还应当努力说服更多的作者授予作品的数字版权，以便能够在更多的数字终端上呈现给读者。创造多品种的数字化内容产品，方便读者检索和使用。

（2）掌握数字出版技术，加强内容资源的整合

数字出版是一项新兴的出版产业，其主要是通过先进的计算机技术和网络信息技术对传统出版产业的内容资源进行整合和创新，使其满足当前读者的个性化需求。因此，传统出版从业人员应当熟练掌握数字内容信息复合出版技术、数字产品服务技术、数字产品消费群体开发、数字内容信息传播、数字产品运营和营销等新技术的应用。① 由于数字出版在内容上表现为信息的碎片化，个性化阅读是数字出版物的最重要的特点，所以，出版从业人员应当加强内容资源的整合能力，针对不同的内容属性进行信息的拆分和组合，以此满足读者的个性化需求。比如专业出版从业人员，根据其读者的需求，可对其专业内容的知识模块进行横向和纵向的组合，完成对图书内容资源的整合和再利用，充分发挥内容资源优势。

2. 加快技术装备更新换代，加大资金支持力度，提高核心技术的应用能力

随着移动互联网的发展，技术装备的先进性决定了一个企业乃至一个产业的产出水平与产出效益。在这样一个信息技术高度发展的时代，落后的技术装备完全不能适应当前的经济水平发展，出版产业技术素质的升级就是要针对出版产业关键领域和薄弱环节，加快淘汰出版产业链的各个环节上不能适应当前出版发展需要的落后工艺与设备，积极实现出版产业数字化、网络化、智能化。瞄准世界前沿的技术，加快出版设备改造升级，推动关键核心

① 刘波涛：《传统编辑人员如何应对数字出版》，《科技与出版》2011 年第 6 期，第 32 页。

技术设备与国际先进水平同步，加快核心技术的产业化应用，积极探索技术标准的制定，促进技术创新能力的提升，以现有的创新成果为核心进行创业，以技术标准引领产业的发展，将科研成果与企业生产紧密结合，发挥市场主体的创造性与积极性，加快科技成果产业化的步伐。实现产业经济学研究的产业集聚效应具有重要意义，出版产业的技术素质升级要求出版技术企业的集聚式发展，把出版企业和出版技术装备企业集中在现代文化创意产业园区和基地中，有利于实现研发技术、生产制造、营销服务等环节的全产业链技术改造，形成产业配套、专业协作、要素集约、生态环保的产业发展布局。从而推动出版产业技术素质的升级，拉动出版产业经济的发展，实现从出版大国向出版强国的迈进。

科技创新发展和技术研究离不开资金的支持，科研经费的来源无非是财政拨款与自筹资金两部分。首先，要积极争取财政资金的投入。充分掌握现有的财政政策对高新技术创新产业的支持力度，申请财政拨款，设立技术改造和新兴产业发展的专项资金，待财政资金下拨后，统筹预算编制，合理利用资金充分进行重大技术改造、高新科技研发，创新能力建设以及创新文化成果产业化的重大建设项目。同时，要利用市场机制和金融杠杆自筹资金。利用市场资本运作的模式和市场机制，引导社会资本投入重大科技产业，健全金融融资担保体系，争取金融机构对高新技术创新产业的扶持力度。

3. 完善技术创新服务体系，为技术创新提供条件

创新是推动一个国家和民族向前发展的重要力量，面对经济发展新常态下的趋势变化和特点，加快实施创新驱动发展战略上升到国家发展的核心位置，成为推动中国经济发展调速不减势、量增质更优，实现中国经济提质增效升级的“新引擎”。对于出版业来说，在技术创新体系建设方面要做的工作是：

（1）建立产学研合作创新机制

充分发挥高等院校和科研院所的学术带头作用，加大科技创新研发力度。对于具有市场价值的科研项目，可以由企业牵头，加强与高等院校和科研院所的合作，三者共同参与完成，实现学有所用、用有所值的共同发展目标。逐步建立企业与高等院校和科研院所三者合作创新机制，研发若干在国际上具有影响作用的资源整合和投放平台，发展一批以核心企业为主导，产学研紧密结合的产业技术创新联盟，完善校企合作机制，真正实现理论与实际的结合。面向文化事业和文化产业的发展，要加强文化产品的创新和研发。

（2）健全高新技术知识产权保障体系

随着法律知识的普及，高新技术知识产权受到越来越多的关注和保护，数字出版版权的保护工作也受到各方的重视，健全高新技术知识产权保障体系迫在眉睫。制定产权保护法律，完善相关法律的修订，为保证科技创新自由发展的环境建设，完善相应的知识产权政策；建立高新技术信息查询系统，提供信息查询工作，构建版权信息平台；制定知识产权资产评估标准，为高新技术知识产权在投融资中的合理估价提供依据，完善交易流程与方法；同时，以文化大发展大繁荣为目标，加强部门之间、上下级之间的信息沟通，形成完善的部门协调合作机制，为科技发展营造良好的合作氛围，加强对文化高新技术的统计制度、评价指标等内容的研究，从而形成一套系统的文化科技工作的评价指标体系，用来评价文化科技工作的发展水平、发展速度以及发展成果，在全社会大力宣传文化科技创新知识，形成支持发展创新文化工作的工作氛围。

（3）抓好建设技术标准体系

技术装备发展的基础和前提是要抓好标准体系建设。标准体系的建设为技术装备的创新发展提供了必要的保障，要积极推进基础性、关键性、通用性、强制性等技术和产品标准工作进展，健全出版产业技术标准体系建设。建立标准化与科技创新和产业发展协同发展机制，同步将标准化运用于重点出版产品和技术领域中，走产学研合作研制发展的道路，转化出版产业科学技术创新成果，加快产业化步伐。加快研究全媒体资源管理与集成技术、多介质多形态内容发布技术、彩色电子纸等新兴数字显示技术、语义分析搜索及自动分类标引技术，支持和推动电子图书、手机出版、数据库出版、数字报纸、网络原创文学、教育出版等相关数字出版产业的发展，加速传统出版产业的数字化升级；加大对数字版权保护技术研究开发，保障数字出版产业的健康发展；形成并完善覆盖网络、手机以及适用于各种终端的数字出版内容的生产供给体系；为数字出版的市场发展提供统一的技术标准，让数字出版的发展有章可循。

（4）加强国际合作，积极参与国际竞争

1）加强国际合作。外商投资出版产业的环境需要得到不断优化，积极引导外商向我国出版战略新兴产业投资发展，国外的技术很多处于世界的前沿，要深化各国之间的技术交流与合作，将国际先进的核心技术和关键设备引入国内，学习国外的先进文化和历史，把我国丰富的出版资源与国外的先进技术结合起来，形成优势互补、互利共赢的局面，促进数字出版产业的健康发展。

2）积极参与国际竞争。出版企业应积极将研发机构设立在境外，在国际标准制定中发挥自己的智慧；在国外大力推广和应用具有自主知识产权的技术和标准，增强我国出版产业技术的国际竞争力。支持有条件的企业运用科学和技术实力，在充分利用国内资源的基础上，整合境外资源，满足国际化市场需求；出版企业要培育国际化品牌，开展国际化经营，通过境外注册商标、收购并购境外的方式，参与高层次的国际合作与竞争。

3）完善国际竞争机制。遵循国际出版行业的发展规则，制定统一的制度标准、技术标准和产品标准，为数字出版创造通用、兼容的端口，打破国际界限，让数字出版技术能在全世界传播使用，让数字出版造福于人类，促进出版的全球化发展。

（三）从业人员素质升级的建议与对策

出版业作为知识密集型行业，发展的关键是人才。要加强新闻出版人才队伍建设，全面实施新闻出版人才兴业、人才强国战略，推动人才工作创新发展，培养造就一支规模宏大、结构合理的高素质人才队伍，根据《国家中长期人才发展规划纲要（2010—2020年）》、《国家“十三五”时期文化体制改革和发展规划纲要》提出的要求，提高出版从业人员素质成为推动出版业持续发展的战略支点。

面对出版业市场化、现代化、国际化、数字化的现状，出版人才的缺失和频繁流动成为出版产业发展的瓶颈，高校培养的专业人才已无法满足当前的这种专而博的人才需要，出版业应该认清形势，转变思路，将引进人才与培训工作相结合，提高他们胜任工作岗位的素质，强化出版业发展的人才保障。以培养出版各类领军人物为目标，建设一支“一专多能”的复合型人才队伍，不断提高基层从业人才队伍素质。因此在出版业从业人员素质升级方面，要做好以下工作。

1. 转变出版从业人员的思想观念，增强现代出版意识

随着我国改革的不断深入，出版企业逐渐从旧的计划经济体制向社会主义市场经济体制过渡，这对出版从业人员的思想观念提出了新的要求。出版从业人员应当摆脱传统思想观念的束缚，增加现代出版意识。主要表现为增强市场竞争意识和创新意识。

（1）增强市场竞争意识

在出版业改革之前，出版物曾被普遍认为是精神文化产品，其图书大多是通过全国新华书店系统发行。这种单一的销售渠道，使得出版单位并不是依据读者的需求进行生产，主要呈现出卖方市场的特点。尤其是教辅类图书，多是通过政府部门的行政干预或者政府统一采购的方式进行出版物的分销。这极大地阻碍了出版物市场的竞争，也导致出版从业人员在主观上忽视出版物的营销。因此，传统出版从业人员应当转变传统的营销思维模式，树立以读者为中心的营销理念。

例如就出版社来说，传统出版单位对编辑从业人员比较重视，其在出版单位的地位比较高。而对于图书发行人员来说，大多数人员的工资水平往往低于编辑的工资水平，这就使得图书发行人员的积极性降低。因此，出版企业更应当充分认识出版物营销人员薪酬的重要性，提高他们的工资水平，这样才能增强出版从业人员的市场化意识，转变他们的陈旧观念。

（2）增强创新意识

受知识多元化、信息化以及经济全球化的影响，出版业逐渐重视复合型、应用型等出版专业人才，特别是具有创新精神与创新能力的人才越来越受到重视。出版业的数字化转型势在必行，传统出版逐渐向数字化出版转型。出版物的内容和营销模式都发生着巨大的改变，出版物市场不再是封闭的，而变为开放的、且具有国际性的市场，这种变化必然会给从业人员的思想观念带来新挑战。因此，出版从业人员应当增强创新意识，利用数字出版技术对出版物的表现方式进行大胆创新，最终实现出版物全媒体的整合营销。

2. 建立健全新闻出版业人力资源管理体系，营造人才发展良好氛围

政府主管部门要高度重视行业人才队伍建设，推动人才结构战略性调整，科学制定人才培养、吸引、评价、激励、考核与管理政策，通过实施各

项人才工程计划，营造公平公正的人才成长环境。开展经验交流、先进表彰活动，加大先进人物和成功做法的宣传力度，为推动新闻出版行业人才队伍建设和人才发展营造良好的社会氛围。

要充分发挥市场需求导向作用，创新人才工作体制机制，加大政府财政投入，加强政策扶持力度，最大限度地激发人才创新创造活力，把各类优秀人才吸引集聚到新闻出版事业中来。

（1）建立健全人才考核评价机制，健全职业资格体系

出版产业准入门槛的设立为出版产业技术队伍整体素质的升级起到积极的保障作用，以前出版产业一直是一个入门比较容易的行业，人员晋升也比较随意，2002 年以来，为保证出版单位人才规划的顺利实施，提高出版产业从业人员准入资格，国家对出版专业技术人员开始实行职业资格考试制度，国家通过“统一时间、统一组织、统一大纲、统一命题、统一证书”的方式在全国推行出版专业技术资格考试制度，纳入全国专业技术人员职业资格制度的统一规划中。打破了按资排辈的传统观念，为学习能力强的从业人员提供了尽快晋升的机会。激发了从业人员的工作热情，提高了出版行业的学习能力。这种考试竞聘的制度符合国家整体用人考试制度，能让有才能的人脱颖而出，加强了出版产业人才使用的力度，为出版产业提供了优秀的专业人才。今后要继续加强新闻出版专业人员职业资格体系建设，建立实施新闻采编人员职业资格制度，修订完善出版专业人员职业资格制度，建立完善新闻出版职业资格登记注册管理制度，依法实行从业准入管理。推进职业资格与职称制度的有效衔接，形成一套层次分明、标准明确、程序规范、分类科学的新闻出版从业人员管理制度。

改革完善新闻出版人才评价方式手段，以岗位职责为基础，以品德、能力和业绩为导向，注重业内和社会认可，建立高层次人才业绩档案。坚持把社会效益放在首位，做到经济效益和社会效益相统一，建立健全新闻出版党政领导人才定期考核和日常考核制度，建立健全经营管理人才评价机制，完善新闻出版企业领导人员考核评价指标体系。深化新闻出版职称制度改革，拓宽非公有制经济组织和社会组织人才申报参加职称评审渠道。

（2）完善人才激励保障机制

着眼于体现人才价值、激发人才活力，深化新闻出版事业单位人事制度改革，建立完善事业单位岗位绩效工资制度，规范完善新闻出版企业领导人员薪酬管理办法。协调有关部门，设立高端人才、急需紧缺人才和中青年英

才培养基金，面向基层各类专业技术人员，加大人才工作专项资金的投入力度。发挥政府示范引导作用，鼓励企业、高校、科研院所、社会组织、个人等设立人才发展基金，有序参与人力资源开发和人才引进。加大对新闻出版人才激励政策扶持，鼓励开展国有上市出版传媒公司股权激励试点、国有新闻出版企业职业经理人制度试点，探索市场化选聘人才的办法。支持企业完善各类人才薪酬制度，探索中长期激励办法以及高层次、高技能人才协议工资制、项目工资制等多种分配形式，为企业人才引进、使用、评价、考核和激励提供良好政策环境。建立完善新闻出版人才表彰制度，对作出突出贡献的新闻出版人才给予表彰奖励。

（3）建立健全人才服务体系

建立新闻出版高层次人才联系服务制度，建立重点联系专家名单，经常性走访慰问专家活动。对人才实行分类动态管理，建立新闻出版人才资源统计分析制度，建立新闻出版人才数据库。加强人才信息网络平台建设，及时发布人才需求信息，逐步建立急需紧缺人才监测和预警机制，充分运用“大数据”等信息技术和资源，为新闻出版人才提供高效便捷服务。建立规范有序的新闻出版人才市场，加强人才信用体系建设，搭建人才开发公共服务平台。

（4）培养一批具有企业家精神的出版领军人

人才是第一资源，是一个企业的核心竞争力，而这核心竞争力的唯一真实来源就是企业家精神，因为具有企业家精神的人才能把土地、劳动者、技术、资本等生产要素组合起来，将这些要素的效能在市场中发挥到极致。培养一批具有企业家精神特质的出版带头人，增强出版产业的核心竞争力。发挥企业家精神在创新、冒险、合作、敬业、学习、执着、诚信等方面的优良特质，抓住在出版业转型时期的良好机遇，迎难而上，积极引领出版业进行产品创新、技术创新、市场创新和组织形式创新，适应出版业的转型，在出版业市场化、现代化、数字化、国际化的大背景下，积极引入新的管理模式，采用新的工艺，开辟新的市场，利用其独具一格和开阔的战略眼光与思想，带领出版产业蓬勃发展。

出版企业不同于一般企业。其作为知识密集型企业，从业人员属于知识密集型的劳动者，是既精通专业知识、又拥有较高综合素质的劳动者。目前出版企业在人员结构方面存在着很多不合理的地方，例如传统出版从业人员较多，数字出版复合型从业人员较少。懂得经营管理、熟悉国际法律、了解国际出版市场的从业人员较少。此外，出版企业缺乏完善的、培训体系，人员的竞争意识较为薄弱等都成为制约我国出版业转型升级的首要因素。要创新人才培养、吸引、评价、激励、考核和管理机制，形成多层次、多元化的人才梯次队伍结构，发挥人才在提高新闻出版业的基础支撑作用，努力培养造就政治强、业务精、纪律严、作风正的高素质新闻出版人才队伍，为实现新闻出版业更好更快发展提供坚强的人才保证和智力支持。改革完善新闻出版人才发展体制机制，进一步健全人才管理制度，更好地激发人才的创造活力热情。

3. 建立健全人才教育培训体系，加大对出版从业人员培训经费的投入力度

（1）建立健全人才教育培训体系

建立健全分工负责、分类培训、分级管理的新闻出版人才教育培训体制机制，健全完善教育培训质量评估和督促检查制度。完善新闻出版专业技术人员继续教育制度，进一步扩大教育培训覆盖面，向基层人员倾斜，向新媒体人员和民营企业人员延伸。坚持国内培训和出国（境）研修相结合，专题研讨和进修深造相结合，重点培养和普遍轮训相结合，抓好各类型各层次人才的岗位培训、业务培训和专题培训。规范继续教育机构管理，深入开展“送教上门”活动，建立以需求为导向的培训内容更新机制，打造品牌培训项目，实施精品课程和精品教材工程，创新培训方式方法，突出按干部类别开展培训，推广研究式、案例式、体验式、模拟式教学。构建开放的教育培训格局，在进一步科学完善教学质量评估机制的基础上，探索改革师资队伍选聘、评价制度，探索建立激发培训机构活力的竞争择优机制。进一步健全从业人员学习培训考核评价机制和激励约束机制，对从业人员学习培训情况进行量化考核，在此基础上，积极实行组织调训与自主选学相结合的从业人员参训机制。健全完善网络远程教育平台，加大网络培训资源的开发力度，大力开展远程教育，提高教育培训管理的信息化水平。

出版人员是社会主义精神文明的建设者和传播者，出版工作的实质就是要在坚持社会主义核心价值观的前提下，弘扬社会主义文化，巩固实现共产主义的信念，为广大人民群众提供优质的精神食粮。宣传和导向作用要求出版人员必须具有高度的思想觉悟和较高的思想政治素质，认真学习党的理论知识，时刻提醒自己的使命，培养自己敏锐的政治洞察力和政治鉴别力，及时学习党和国家的方针、政策，遵守相关法律法规，遵守出版人员的职业道德，做一名合格的具有明确职业信仰的出版从业人员，注重产品质量，强化生产，以便生产更多更好的文化产品，为人民群众提供优质优良的精神食粮。

编辑人员要具备较高素质（扎实的专业知识、基本的理论修养、合理的知识结构、深厚的语言文字功底）。并要积极转变思维方式，开拓知识视野、广泛阅读、科学学习。同时要加强对现代科学技术的了解与认识，积极学习现代技术的操作技能。要增强自我学习能力，留心身边出现的新事物、新问题，注重专业知识的积累，不断获取新知识新信息，更新自己的知识结构，提高自己的洞察能力，勇于创新，锐意改革、创新思维、敢抓选题，具有超前竞争意识和现代化的技术水平，形成一批学习能力强、知识面广、专业技术能力强的又专又博的人才队伍，提高他们的创新能力、开拓能力与钻研能力，适应这个多知识、多信息的发展时代，为能在这样一个海量信息中挖掘精品提供必要的知识储备。

（2）建设学习型单位，重视培训工作

在这个信息技术飞速发展的时代，新知识、新思维、新理念是出版从业人员应对新事物的必备技能。提高人的能力的基本途径不外乎学习。像微软、IBM、沃尔玛、可口可乐等著名的国外企业，十分重视员工学习能力培养与提升，每年的培训支出都要占到纯利润的10%以上。一个出版单位竞争能力的强弱取决于它的学习能力。出版企业要提升本单位的学习能力，创造学习氛围，鼓励员工进行自我学习，加强学习的意识，针对员工的不同需求，开展不同的培训。从业人员在培训中获得自己想要的知识和业务能力是出版培训的目的。了解从业人员的知识需求，建立共同的愿景。研究表明，人的学习能力在团队中的提升速度更快，学习的效率更高，通过集体学习发现自己的缺点，创新思维模式，集思广益，超越自我。知识的积累不是一蹴而就的，是循序渐进、潜移默化的，在学习的过程中激发一个人的学习潜能，厚积而薄发。要始终保持学习的状态，吸收新知识，掌握新技能，接受新事物，提升从业人员的专业知识素质，加强合作意识，在竞争中发展，在发展中共存。

为此，要抓好从业人员的内部和外部培训工作，及时了解从业人员的培训需求，制定明确的中长期培训计划。将人才队伍建设作为长期发展的需要，高度重视培训工作，成立专人专管制度。应当设立专项资金，用于人员培训及奖励。培训资金的管理与使用要合情合理。为防止培训走过场，一定要做好长期学习培训的计划工作，建立培训基地，它是保障培训工作不流于形式的重要措施。要制订人才培养规划，制订培训计划。要根据本单位实际情况，分析人员状况，制订出近期培训和中、长远培训计划，有目标、有步骤、有落实。做好培训考核工作，及时了解培训工作成效，以便有针对性地开展下一步培训工作。

（3）加大对出版从业人员培训经费的投入力度

1）政府和企业应加大对出版从业人员培训经费的投入力度。国家对从业人员培训经费的投入方面。依据幼稚产业保护理论的判定标准，以及产业发展的现实状况，新闻出版产业迄今仍然是我国的幼稚产业和弱势产业，客观上需要政府的有力支持。① 在实际出版工作中，政府在对出版企业的生产环节或者数字出版技术的硬件设施投入经费较多，并给予其专项资金的支持。例如，国家出版基金，主要是国家对于出版企业在生产过程中的出版项目进行资金上的支持。笔者通过互联网文献资料的查阅和对相关政府职能部门进行电话访问，并没有发现国家设立相关的培训基金，用来资助出版从业人员的培训费用。因此，国家需要出台相应的法律条例，以督促行业相关部门重视对从业人员培训教育经费的投入，切实加快我国出版从业人员的素质升级步伐。

2）出版企业对从业人员培训经费的投入方面。《江苏省出版专业技术人员继续教育实施办法（试行）》第七条："各出版单位应按照有关规定，足额提取职工工资总额的1.5%—2.5%作为职工教育经费，支持出版专业技术人员继续教育。"② 如果按照课题组对出版社人员月工资调研统计的3000元/人来计算，假如出版从业人员的年工资总额为4万元/人，那么出版企业应该提取的教育经费应为600—1000元/人。而现今的继续教育培训费用通常远高于这一标准，若再加上差旅费、住宿费等各项附加培训费用，这对于出版从业人员外出参加这样的培训费用过于昂贵，因此机会也是十分少的。

调查显示，出版社和书店人员认为出版企业缺乏对培训经费的投入力度分别占34%和39%。由此可见，在实际出版从业人员培训方面，政府和出版企业都应当加大对出版从业人员培训经费的投入，可以设立相应的出版从

① 杨京钟：《我国新闻出版产业发展的财政政策激励》，《现代出版》2013年第4期，第20页。

② 接雅俐、唐震：《出版专业技术人员继续教育相关规定的思考》，《科技与出版》2013年第12期，第94页。

业人员培训基金开展定期的培训计划。此外，我们也注意到，近一半以上的出版社人员对自身承担一部分培训费用是持认可的态度，并且，有59%的出版社人员认为自身最多能够承担1万元以下的培训经费。因此，出版企业在安排培训经费时，可参考出版从业人员自身对培训费用的承担额度。这样既可以为出版企业节省一部分培训经费，又能满足出版从业人员对培训的实际需求。

（4）培训的内容应贴近出版行业的现实需求

出版从业人员是出版企业各资源要素中最重要的因素，出版企业的生存与发展，归根到底取决于出版从业人员的素质。从业人员素质的提高，一方面需要从业人员在工作实践中探索和积累，更重要的是需要出版企业对其进行系统的、完善的、符合实际需求的培训。据课题组对出版社和书店人员的调查统计，近三分之一的人员认为其理论培训太多，实务培训不足；专业技能培训走形式，缺乏实质内容。因此，建议如下：

1）定期培训，与时俱进。时代在不断变化，国家在快速发展，国际环境也日益复杂化，不同的文化意识形态也必然会影响到出版的各个环节。及时掌握出版业发展的最新动态，了解国内外的方针政策，介绍国内外的先进出版理念以及成功出版营销的案例，应当成为出版从业人员常态化的培训内容。同时，培训内容要与时俱进，才能调动出版从业人员参加培训的积极性。出版企业对从业人员展开定期的、有规律的培训，有利于出版从业人员在主观意识上重视培训。在实际工作中，定期培训有助于出版从业人员及时安排手头上的工作进度，更有助于培养其主动关注出版行业国内与国际的最新动态，提高自身的专业素质和竞争力，最终实现职业良好发展。

2）培训内容贴近实际出版从业人员的需求。主要可以增加以下几个方面的内容：

①市场调研。在出版物市场中，出版物在符合社会效益的前提下，其商品的经济属性更为突出。出版企业的经营活动应遵循市场经济的一般规律，出版从业人员应该充分认识出版物市场发展的现状，适应出版物市场的竞争环境，研究出版物消费市场的特点，引导出版物消费者，掌握出版物市场的能力，这些都是在具备充分的市场调研的基础上进行的。因此，出版企业在培训的内容中，应当增加对从业人员市场调研内容的培训。只有具备较强的市场调研能力，出版企业生产的产品与消费者的需求才能更好地协调起来，同时，也为出版物的选题策划、深层次加工、内容资源整合等后续出版环节

打下坚实的基础。

②图书选题策划。信息大爆炸的时代，读者在享受网络信息便利的同时，也产生了新的问题。例如大量的信息内容以及碎片化的呈现方式，很容易使信息的更新频率加快，造成读者在获取信息的时候产生疲倦。对于出版物市场来说，一些新的出版物有可能刚一上市，就面临着市场的淘汰。选题策划是一本图书生产的开始，其质量的优劣直接决定了图书后续的销售。因此，从出版社来说，其在培训内容方面，应当更注重从业人员的图书选题策划能力的培训，加强出版从业人员对信息的识别、选择、判断和预测是十分重要的。出版从业人员只有具备较强的图书选题策划能力，才能为读者提供更精准的个性化服务，才能为出版企业带来丰厚的经济利润。

③加强内容资源的深加工。目前图书市场上各种图书五花八门、品种极多。由于图书品种多，出版企业在考虑出版物成本的同时，更关心的是如何获取最大利益。在实际的编辑工作中，许多出版社都要求编辑人员一年内完成一定数量的图书产品，以此扩大出版社在图书市场上的产品规模与图书码洋。但是，现实情况是很多编辑迫于完成任务的压力，不得不重复出版，或者跟风出版一些粗制滥造的图书。所以，笔者认为，在出版企业培训的内容方面，可增加编辑从业人员对内容资源的深层次加工技能的培训，通过对其原有的出版物进行深加工，不仅能为编辑从业人员带来更大的市场销售业绩，还能为出版企业在某个产品市场上树立良好的品牌形象。

④增强整合营销的能力。所谓整合营销，具体是指出版物的全程营销或者全媒体营销。从图书营销的角度来说，即同一内容不仅仅可以从纸质出版物上获取利润，还可以将图书的内容进行重新整合，通过互联网、数字阅读终端等传播媒介进行全方位的有效传播，这样能够使图书实现在利益上的最大化。我国每年都有几十万种新书上市，如果不进行有效的宣传，图书很有可能一上市就面临着退货的风险。因此，出版企业在对从业人员的培训上，应当加强其对整合营销的能力，具体操作过程中，可采用国内外成功的整合营销案例来进行讲解，这样能激发从业人员的兴趣，从而使其在主观意识上增强图书整合营销的意识。

3）针对不同人群，分层次进行培训。根据课题组对出版社从业人员的调研显示，很多编辑人员平时业务工作比较忙，缺少参加培训的机会。因此，针对不同专业人群的特点，培训形式可以多样化、分层次进行。出版业队伍参差不齐，各有所长。出版业务有策划、组稿和营销之分，编辑更有资深和新手之别。对于如此庞大而复杂的行业队伍，为使不同年龄、不同分工、不同职称、不同级别的人员在培训时都能学到自己最急需的知识，继续教育应多层次开展。[①] 例如，针对编辑从业时间在3年以下的，可以开设专门的编辑专业技能培训。针对编辑从业时间在10年以上的，可着重对其进行图书营销方面的实务培训。针对没有时间参加培训的编辑人员还可进行网络在线课程辅导。

（5）完善高水平的培训师资队伍建设工作

培训的数量是一个方面，不仅要学习文件，还要以自我为导向，必须要有专职教师为学生进行理论讲解。既可以选择高校教师兼职，也可以在单位内部选择具有较高理论水平与实践经验的资深编辑，总编辑及其他高级专业人士担任。专任教师中应采取职务聘任和竞争上岗制度，加强教师队伍的建设。确定培训教材，以确保学习内容的落实。根据岗位和专业水平，选择合适的材料。规定课时严格按照培训计划实施，不能随意压缩，而无法达到学习的目标。培训应该要有评估和奖罚。让每个培训达到预期的效果，及时发现培训的不足之处，提高培训质量，每个阶段的培训应进行评估，对于合格者颁发证书，奖赏优秀者。培训应与职业发展挂钩，作为优先考虑的条件。要建立学生学习档案，做好信息管理的工作。鼓励自学成才，促进学生利用各种学习方式提高学习的能力。坚持在工作中学习，对取得资质证书的学员，要给予奖励，并解决其学费问题。联系高校建立培训机构，邀请知名专家和学者做研讨报告。安排在职人员去高校学习，以提高专业技术水平。

（6）走产学研相结合之路，培养复合型后备人才

由于受计划经济体制的影响，长期以来，我国大多数出版社的管理思想停留在行政事业管理的层面，具有保守陈旧的特点。在出版业改革和发展的过程中，出版社必须改变往日的管理方式，大胆改革、锐意创新，将现代企业管理思想、管理方式运用于出版企业管理中。人力资源、财务管理的专业人才不能仅仅懂得本专业相关知识，要有更高的职业发展规划，具备更敏锐的前沿思想，要打破僵硬的薪酬管理体制，制定完善的薪酬体系、建立和维护独特的企业文化和各项管理制度等，为社长出谋划策，为企业的稳固成长与发展贡献自己能力，让资产在保值的基础上获得更多增值。同时要注重对

---

① 卢妙清：《出版专业技术人员继续教育培训刍议》，《菏泽学院学报》2013年第6期，第104页。

具有国际视野的人才以及跨界人才的培养工作。作为将传统出版业和新兴技术完美结合的朝阳产业，数字出版产业非常需要既熟悉出版知识和市场运作又精通信息技术的跨界人才，围绕行业需求培养复合型人才是促进出版产业转型升级的关键环节，也是保障出版产业转型升级人才供给的有效途径。这种复合型跨界人才的培养要依托出版专业院校，要在这些重点出版业专业院校的建设和专业设置上进行合理的安排，要设置交叉学科，比如让出版专业的学生在巩固学习出版知识的同时，多开设一些管理知识的课程，开拓他们的思路，为将来出版专业人才走上管理岗位做好管理知识储备的基础，同时要加强出版专业学生的技术学习，提供技术实践操作的机会。数字化出版产业的发展，促使高等院校顺应发展形势，开设数字出版产业发展中所需的课程，目前，为满足数字出版产业发展的需要，包括北京大学、武汉大学、北京印刷学院在内的不少高校已经开设了数字出版方向专业和相关课程，其中有的高校开设了电子出版、数字传媒、多媒体出版相关课程，具有一定的教育规模。这些专业和课程的设置都是以培养适应数字出版产业发展所需要的复合型人才为目标的，造就一批既懂数字出版技术，又懂文化艺术设计，以编创、设计和制作多媒体出版物和网络出版物于一体的应用型和创新型数字出版人才。

以前编辑出版专业的教学模式相对封闭，造成大学生走向工作岗位后不能适应工作需要的现象，作为实践性和应用性极强的专业，可以在教学过程中多请一些出版行业的领军人物担任学生的校外导师，同时加强出版单位与科研院所和高等学校的合作，为大学生创造更多实习的基地，共同培养出版产业发展所需的人才，开拓学生的思路，锻炼学生的实践能力，将理论与实践更好的结合起来，走出一条产学研相结合的道路。

纵观历史发展的进程，得人才者得天下。人才是企业乃至产业充满活力的源泉，当不能大规模重新洗牌时，立足当前的人力资源状况，抓好人才培训工作显得尤为重要。当前改革的成败，国际竞争能力的增强，国际影响力的打造都受人才培养的影响。所以出版产业各级领导要充分重视现有人员素质的升级，立足当前发展改革的形势，搞好人力资源发展规划，造就一批具有战斗力，充满正能量的复合型人才。

4. 加强出版国际化专业人才尤其是版权贸易人才的培养

关于课题组对我国出版业在应对国际同行竞争时，最缺乏什么样的出版人才调查中，绝大多数的出版社从业人员选择了应具有国际视野和战略的人，由此可见，出版从业人员应该拓宽视野，尤其是加强与国外出版从业人员的合作。

一方面，从出版企业的角度来说，出版企业应当积极展开国外出版企业的战略合作，选派部分优秀的出版从业人员进行国际交流和培训，从而促进双方出版从业人员的深入学习与交流。与此同时，还可邀请国外优秀的出版从业人员来出版企业进行定期的培训与交流，方便出版从业人员及时了解国外出版业的发展现状，扩宽出版从业人员的国际视角，共同提高出版从业人员的专业水平。

另一方面，从出版从业人员的角度来说，在条件允许的情况下，应当积极参加形式多样的国际图书展览会和国际版权贸易订货会等，从而丰富自身的国际出版专业知识，扩展国外出版从业人员的人脉关系。同时，在产学研合作方面，还可选择自费出国进修的方式，比如在国外知名大学进行出版专业系统的理论培训，或者是进入国外知名出版企业内部进行工作见习等。

随着全球经济一体化的快速发展，当今，世界各国科技文化的交流日益频繁，出版企业纷纷走向国际市场，跨国经营越来越普遍。对于一个出版企业来说，版权贸易能否顺利，除了作品本身的内容与质量、作者的口碑、领导者的决策等因素之外，从事版权贸易输出与引进的出版从业人才是关键。因此，加强版权贸易人才的培养，是我国出版强国目标的体现，有利于增强我国出版业的国际竞争力。

（1）培养国际化外向型人才

通过开展出国培训、选派挂职锻炼、促进业务交流与合作等方式，培养版权保护、国际出版贸易、国际出版合作和国际新闻出版编译传播等国际化新闻出版人才。以提高专业水平和创新能力为核心，以高层次人才和紧缺人才为重点，培养一支数量多、素质高的新闻出版专业技术人才队伍等。

出版业首先具有精神文化属性，社会效益应当始终放在第一位。其次是商品属性，即经济效益。版权贸易人员，应当在充分了解出版行业的基础上，懂得图书的内在价值，了解图书的内容属性、读者特点，并且能够把握出版物市场的最新动态与发展趋势。同时，版权贸易人才还应当具有经济管理方面的能力，因为是从事出版物的贸易活动，拥有一个较好的经济头脑，熟悉市场经济和懂得经营与管理，这对于出版企业来说，能够在出版物的引进与输出方面，为企业带来更大的经济效益，提高出版企业的国际影响力。

（2）不仅熟悉国内出版物市场，还应熟悉国际出版物市场

版权贸易从业人员一定要在熟悉国内出版物市场的基础上开展业务活动。对于国内出版物市场的主要竞争情况、消费者的购买特点以及需求情况等都要十分了解。另外，关于国内图书输出方面，版权贸易从业人员还应当熟悉国际出版物市场的情况、了解国际读者消费习惯等行业信息，从而挑选出适合国际出版物市场的图书进行版权贸易合作。

（3）熟悉国际贸易习惯，掌握国际法律法规

从事版权贸易活动的从业人员，在熟悉国内出版法律法规的基础上，还应当熟悉国际贸易惯例，掌握出版物贸易的国际法律法规。版权贸易往往是经过多次的谈判、协商才能完成。因此，版权贸易从业人员必须十分熟悉国际贸易的惯例，对国际出版物的交易方式和方法应当十分了解。除此之外，还应当具备扎实的国际法律法规方面的知识，只有这样，才能在进行版权贸易活动中规避风险，最终降低出版企业的经营风险。

（4）加强出版翻译人才的培养

这里的翻译人才主要指的是国际版权贸易从业人员的外语水平能力。由于出版业是一个十分特殊的行业，其在行业方面拥有自身的专业术语，例如图书的码洋与实洋，在外语翻译上就会不一样。国内过去的版权贸易翻译人员多是拥有较为丰富的外语能力，但是缺乏出版专业的知识背景，对于一些出版专业的特殊用语，往往不能顺利的表达。因此，提高出版专业人员的外语水平，能够确保在版权贸易谈判中沟通顺畅，特别是在版权贸易合同细节条款方面，能够有效避免语言表达方面的误解等。

参考文献

[1] 加里·S. 贝克尔：《人力资本：关于教育的理论和实证分析》，北京大学出版社1987年版。

[2] 西奥多·W. 舒尔茨：《论人力资本投资：人力资本投资》，北京经济学院出版社1990年版。

[3] 熊彼特：《经济发展理论》，商务印书馆1990年版。

[4] 陈宗胜、吴浙、谢思全等：《中国经济体制市场化进程研究》，上海人民出版社1999年版。

[5] 樊纲、王小鲁：《中国市场化指数——各地区市场化相对进程报

告》，经济科学出版社 2001 年版。

［6］黄燕：《中国地方创新系统研究——闽粤赣经济区产业素质升级分析》，经济管理出版社 2002 年版。

［7］章宏伟：《出版文化史记》，华文出版社 2002 年版。

［8］冯志杰：《出版产业论》，研究出版社 2002 年版。

［9］艾莉森·贝佛斯克托著，张美娟等译：《图书营销（第三版）》，河北教育出版社 2004 年版。

［10］杰夫·赫曼、德博拉·利文·赫曼著，崔人元、宋健健译：《选题策划》，河北教育出版社 2005 年版。

［11］肖东发：《出版经营管理》，北京大学出版社 2008 年版。

［12］李苓：《世界书业概论》，四川大学出版社 2008 年版。

［13］刘益等：《出版社经营管理》，中国书籍出版社 2009 年版。

［14］陈焕仁：《当代出版业研究》，四川人民出版社 2009 年版。

［15］韩俊伟、胡晓明：《国际文化贸易》，中山大学出版社 2009 年版。

［16］杨贵山：《国际出版业导论》，北京大学出版社 2010 年版。

［17］王关义：《中国出版业绩效评估研究》，中国财政经济出版社 2010 年版。

［18］张新华：《转型期中国出版业制度分析》，中国传媒大学出版社 2010 年版。

［19］韩洁平：《数字内容产业成长机理及发展策略研究》，吉林大学出版社 2011 年版。

［20］周蔚华等：《数字传播与出版转型》，北京大学出版社 2011 年版。

［21］郝振省：《国际出版业发展报告》，中国书籍出版社 2012 年版。

［22］王关义等：《中国出版业发展若干问题研究》，中国财政经济出版社 2012 年版。

［23］李建伟：《中国编辑出版教育透视》，社会科学文献出版社 2013 年版。

［24］郝振省：《2012—2013 中国数字出版产业年度报告》，中国书籍出版社 2013 年版。

［25］唐乘花：《传统出版业数字化转型的困境与突破研究》，湖南科学技术出版社 2013 年版。

［26］张新华：《数字出版产业理论与实践》，知识产权出版社 2014

年版。

[27] 盛洪：《市场化的条件、限度和形式》，《经济研究》1992 年第 11 期。

[28] 刘增恒：《论我国产业素质提高》，《当代经济研究》1994 年第 6 期。

[29] 原道谋、马瑞瑾：《提高企业素质的理论与实践》，《生产力研究》1995 年第 5 期。

[30] 张积玉：《出版新技术与电脑在编辑出版工作中的应用》，《陕西师范大学学报》1996 年第 26 卷第 2 期。

[31] 管怀鎏：《论产业素质》，《江淮论坛》1997 年第 4 期。

[32] 胡金林、王长征：《论转轨时期的市场缺失与政府越位》，《江汉论坛》1998 年第 8 期。

[33] 张忠晔：《关于出版产业化若干问题的探讨》，《科技与出版》1999 年第 2 期。

[34] 赵琴：《影响我国版权贸易发展的原因和对策》，《中国出版》2000 年。

[35] 高亢：《出版产业发展与出版队伍素质》，《中国出版》2001 年第 11 期。

[36] 黄燕、商春荣：《区域产业素质升级：基本涵义与测度指标》，《经济师》2001 年第 12 期。

[37] 冯志杰：《中国出版业国际化的思考》，《出版发行研究》2001 年第 8 期。

[38] 贺剑锋：《出版业国际化的内涵与潜力分析》，《出版广角》2003 年第 1 期。

[39] 陈国明：《对我国产业素质提高的若干思考》，《莆田学院学报》2003 年第 10 卷第 1 期。

[40] 王立平、龙志和：《中国市场化与经济增长关系的实证研究》，《经济科学》2004 年第 2 期。

[41] 余晶：《论中国出版社的国际化》，《岳阳职业技术学院学报》2004 年第 4 期。

[42] 沈望舒：《向产业化与职业化转轨的中国出版业》，《中国出版》2004 年第 12 期。

[43] 李炳炎：《马克思产权理论与我国现代产权制度建设》，《高校理论战线》2005 年第 1 期。

[44] 吴玉萍、王永保：《区域产业素质升级研究》，《科技进步与对策》2005 年第 4 期。

[45] 张耀辉：《产业升级与产业素质升级》，《汕头大学学报》2005 年第 21 卷第 1 期。

[46] 岳凯敏：《治理语境下的中国政府能力》，《宝鸡文理学院学报》2005 年第 25 期。

[47] 张书卿：《法国政府对出版产业及文化产业发展的作用与作为》，《出版发行研究》2006 年第 1 期。

[48] 师增志：《我国出版产业化、市场化发展中政府的作用》，《中国出版》2006 年第 5 期。

[49] 普娜：《中国出版业产业化背景下的人才发展分析》，东北师范大学硕士学位论文，2006 年。

[50] 吴艾君：《实施出版产业化是市场经济的现实选择》，《黑龙江社会科学》2007 年第 2 期。

[51] 梁春芳：《创新型出版人才的职业素质和培养途径》，《编辑学刊》2007 年第 2 期。

[52] 杜梅萍：《大力发展首都文化创意产业》，《中外企业文化》2007 年第 2 期。

[53] 孙晶：《出版业呼唤编辑导师制》，《中国出版》2007 年第 8 期。

[54] 何凤霞：《区域产业素质与产业结构升级关系实证分析》，《商业时代》2007 年第 19 期。

[55] 郑淑芬、单姗：《市场化水平及其测度》，《商业经济》2008 年第 2 期。

[56] 王薇：《出版企业人才继续教育模式探析》，《出版与印刷》2008 年第 3 期。

[57] 张志林、孙铁军、包韫慧：《我国版权代理市场特点及发展》，《北京印刷学院学报》2008 年第 3 期。

[58] 杨晓芳：《数字出版人才培养亟待升级》，《中国新闻出版报》2008 年 11 月 12 日。

[59] 陈洁、黄婷婷：《重返精神家园：经济危机与德国出版业》，《出版

广角》2009 年第 1 期。

[60] 杨状振、舒三友：《商业逻辑下的生存智慧与博弈策略》，《出版广角》2009 年第 5 期。

[61] 于友先：《编辑工作要努力适应新闻出版的新时代》，《中国编辑》2009 年第 5 期。

[62] 王壮：《版权贸易高层次人才职业素养结构初探》，《中国出版》2009 年第 5 期。

[63] 张淑芳：《传统出版单位如何解决数字出版人才匮乏问题》，《中国出版》2009 年第 6 期。

[64] 刘碧云：《我国出版从业人员素质升级》，《编辑之友》2009 年第 7 期。

[65] 柳斌杰：《新闻出版业正处于重要的战略机遇期》，《中国新闻出版报》2009 年 10 月 28 日。

[66] 朱建纲：《论转型和变革背景下的新闻出版行政管理职能》，《中国新闻出版报》2009 年 11 月 25 日。

[67] 常凌：《全媒体出版时代亟须强化编辑的文化选择功能》，《编辑之友》2010 年第 1 期。

[68] 孔艳、颜帅、张铁明：《探讨责任编辑的继续教育制度》，《编辑之友》2010 年第 4 期。

[69] 李丹：《新闻出版产业：从“大”向“强”迈进》，《文化月刊》2010 年第 5 期。

[70] 齐学进：《推动传统出版向数字出版转型必须具备的十大能力》，《出版发行研究》2010 年第 7 期。

[71] 王颖：《市场经济下的新闻出版业改革问题研究》，《新闻传播》2010 年第 8 期。

[72] 王京安、徐良：《美国数字内容产业发展历程及启示》，《现代情报》2010 年第 8 期。

[73] 谭光磊：《文学版权输出与经纪人才的培养》，《出版广角》2010 年第 9 期。

[74] 王关义：《中国出版业战略转型及产业素质升级的思路》，《科技与出版》2010 年 9 月 8 日。

[75] 谢婉若：《中国出版产业国际化现状及战略研究》，《新闻界》

2010 年 10 月 15 日。

［76］本刊评论员：《充分利用国际合作促进出版企业成长》，《中国出版》2010 年第 19 期。

［77］杜建华：《新闻出版业提升软实力的途径选择》，《中国出版》2010 年第 22 期。

［78］肖东发、张文彦等：《出版创新与中国文化软实力》，中国社会科学出版社 2011 年版。

［79］王关义：《对体制转换与出版强国建设的宏观思考》，《科技与出版》2011 年第 5 期。

［80］刘波涛：《传统编辑人员如何应对数字出版》，《科技与出版》2011 年第 6 期。

［81］逯卫光：《中国出版业国际化战略实施中存在的问题与对策》，《产业与科技论坛》2011 年第 10 卷第 23 期。

［82］梁春芳：《构建数字出版人才培养模式、推动数字出版跨越式发展》，《中国出版》2011 年第 11 期。

［83］陶丹、赵树旺：《欧美出版业产业升级模式研究》，《郑州轻工业学院学报》2011 年第 12 卷第 1 期。

［84］朱锐：《陕西省数字内容产业发展现状及其对策建议》，《新西部：下旬理论版》2011 年第 15 期。

［85］郝振省：《2010—2011 年中国数字出版年度报告》，《出版参考》2011 年第 21 期。

［86］付丽萍：《传统出版编辑在数字出版时代的转型》，《攀枝花学院学报》2012 年第 5 期。

［87］马勇、赵文义、杨琦：《我国出版产业结构及其演变趋势研究》，《编辑之友》2012 年第 6 期。

［88］周晶：《浅谈如何提高编辑的选题策划能力》，《出版发行研究》2012 年第 8 期。

［89］苏世军、张养志：《西方出版概要》，中国人民大学出版社 2012 年版。

［90］邬书林：《大力提升我国新闻出版业装备技术水平》，《中国新闻出版报》2012 年 10 月 10 日。

［91］王欢：《论数字时代编辑出版业的人才需求》，《中国报业》2012 年第 12 期。

[92] 陈修德：《区域市场化、管理层权力与高管薪酬契约》，华南理工大学博士学位论文 2012 年。

[93] 窦林卿：《传统出版社快速开展数字化业务的路径新探索》，《编辑之友》2013 年第 1 期。

[94] 李云龙：《提高人才使用效能与数字出版人才培养》，《出版发行研究》2013 年第 1 期。

[95] 范卫平：《新闻出版业转型发展的三个问题》，《中国出版》2013 年第 1 期。

[96] 郑确辉：《编辑学理论研究解决编辑工作实际问题之能力探讨》，《编辑之友》2013 年第 1 期。

[97] 黄先蓉、黄霄旭：《新闻出版业国际竞争力与影响力研究述评》，《新闻前哨》2013 年第 2 期。

[98] 覃文静：《出版审读队伍的现在及发展对策浅谈》，《出版发行研究》2013 年第 2 期。

[99] 李昕：《滞胀：中国出版业面临的困境》，《现代出版》2013 年第 3 期。

[100] 陈海燕：《出版转型期的人才需求》，《编辑之友》2013 年第 4 期。

[101] 陈宇：《传统出版业面临的五大难题》，《编辑学刊》2013 年第 4 期。

[102] 杨京钟：《我国新闻出版产业发展的财政政策激励》，《现代出版》2013 年第 4 期。

[103] 李云华、马莉：《文化全球化语境下的中国出版业数字化转型》，《出版科学》2013 年第 5 期。

[104] 宋永刚：《转型背景下的出版企业人才队伍建设》，《现代出版》2013 年第 5 期。

[105] 赵丹、李新宇：《近现代德国阅读文化发展概况》，《电子世界》2013 年第 6 期。

[106] 中国出版业发展报告课题组：《关于出版业改革发展的六点建议》，《出版发行研究》2013 年第 9 期。

[107] 中国出版业发展报告课题组：《出版业未来改革发展的趋势分析》，《出版发行研究》2013 年第 10 期。

[108] 苏雨恒：《关于出版业转型升级的认识与思考》，《中国出版》

2013 年第 15 期。

[109] 杨薇：《科技图书编辑如何实现数字转型》，《出版参考》2013 年第 18 期。

[110] 张晗：《文化科技融合创新下的美国数字出版业》，《新闻界》2013 年第 20 期。

[111] 王关义、梁明月：《数字技术环境中出版产业素质升级对策》，《中国出版》2013 年第 24 期。

[112] 王瑞玲：《德国出版考察与分析》，《出版参考》2013 年第 33 期。

[113] 李雪昆：《"全民在线"时代，数字阅读风生水起》，《中国新闻出版报》2015 年 5 月 7 日第 7 版。

[114] 宋凯：《产业升级的本质是人的升级》，《中国教育报》2016 年 2 月 6 日第 4 版。

[115] 任晓宁：《未来五年数字出版行业往哪走?》，《中国新闻出版广电报》2016 年 3 月 31 日第 5 版。

[116] Romer. P. M. , Endogenous technological, Journal of Political Economy, Vol: 98. Iss: 5 (Part2), 1990.

[117] Bell, RM, Albu, M. , Knowledge system and technological dynamism in industrial clusters in developing countries, World Development, 1999, 27 (9).

[118] Humphre. J. Sehmitz. H. , How does insertion in global value chains in upgrading industrial cluster, Regional Studies, 2002, 36 (9) .

中篇

研究专论

专论一

关于我国出版从业人员素质升级对策的思考

出版企业作为知识型企业，从业人员属于知识密集型的劳动者，不仅要求精通专业知识，又要求具有较高的出版综合素质。目前出版企业在人员结构方面存在着诸多不合理的地方，例如传统出版从业人员较多、数字出版复合型从业人员较少。懂得经营管理的，熟悉国际法律，了解国际出版业市场的从业人员较少。此外，出版企业在人员培训方面，缺乏完善的、有规律的培训体系，人员的竞争意识较为薄弱等，这些缺陷都成为制约我国出版业转型升级的重要因素。

人员素质主要是指从事某项工作应具备的知识、技能以及思想道德方面的品质。出版业从业人员的素质则主要包括基本素质、专业素质和思想政治素质。其中，基本素质是指出版从业人员应具备的文化知识、语言文字功底、判断力等。专业素质是指出版从业人员在从事的专业岗位上，应具备的专业理论知识、专业技能、创新能力等。思想政治素质则指的是出版从业人员在思想政治方面与党中央始终保持一致，坚持马克思主义新闻传播观和出版观，具备良好的职业道德，较强的文化使命感和社会责任感，并且具有团队合作意识等。

（一）我国出版从业人员素质升级面临的问题

1. 书店和出版社从业人员的学历结构不合理

从书店的调查数据来看（见图 1－1），拥有大专学历的从业人员占员工总数的 45.76%，本科学历从业人员占 29.32%，中专学历的从业人员占 12.34%。从图 1－2 中的数据可看出，出版社从业人员的学历结构以本科为主，占 56.42%，相当于出版社整体从业人员的一半以上。其次是硕士学历的从业人员占 30.95%。

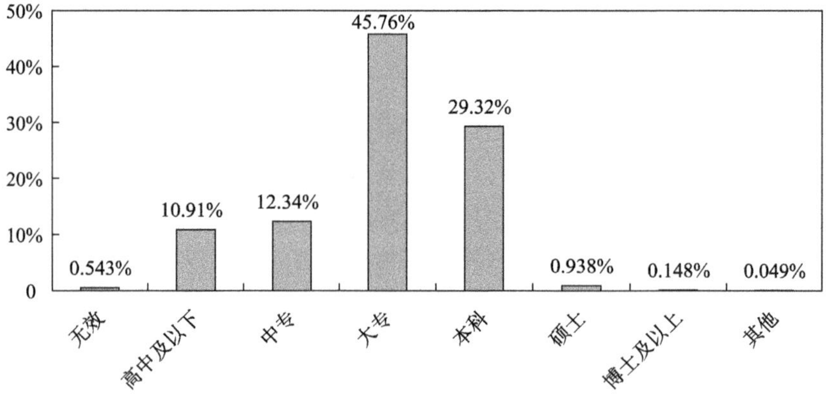

图 1－1 书店从业人员总体学历情况

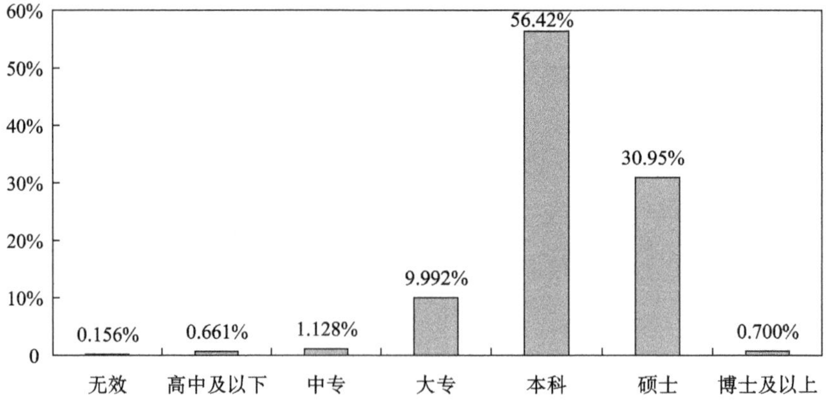

图 1－2 出版社从业人员总体学历情况

通过以上数据的分析可以看到，书店和出版社人员的文化程度存在一定的缺陷。书店从业人员的学历水平以大专学历为主，出版社人员的学历水平则以本科学历为主。虽然学历并不能代表一个人的一切，但学历还是在很大程度上决定了人才对工作岗位的胜任程度，特别是出版工作是一项知识产业，其生产的产品是精神文化内容。因此，现代出版企业更需要高学历的出版从业人员。就书店从业人员来说，应对其开展适当的在职或脱产培训，大力引进本科学历人才，使本科学历的人才成为书店从业人员的主体。出版社在聘用新人时，应注重应聘人员的学历情况，聘用更多具有硕士学历的出版从业人员为宜。

2. 出版社从业人员自身培训经费投入的缺乏

从出版社人员对自身承担一部分专业技能培训和学习费用认可的态度可知，有 35.81% 的从业人员持一般认可态度，居首位。其次是 25.97% 的出版从业人员持较认可的态度。有 9.68% 的从业人员完全认可。综合起来持有一般认可态度以上的从业人员约占整个从业人数的 72%（见图 1－3）。

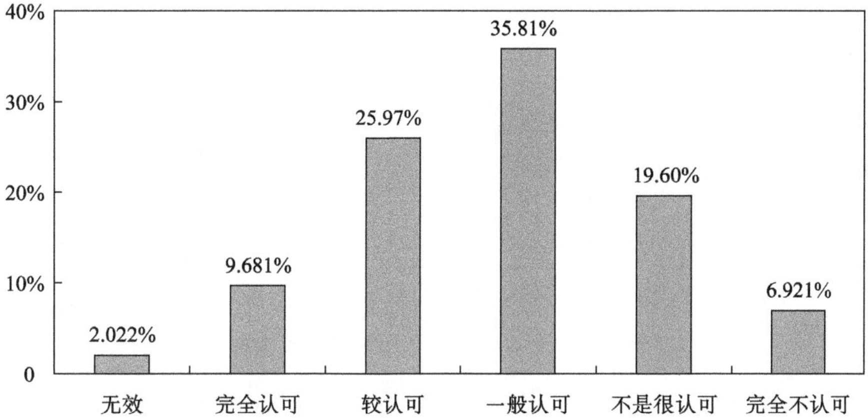

图 1－3　出版社从业人员自身承担一部分培训费用的认可态度

从如果需要个人承担一部分培训费用，若一年里累计的培训费用最多能够承担多少的情况反映，其中绝大多数的出版社从业人员认为最多能够承担 0.5 万—1 万元，占整个从业人数的 59%。同时，有 25.27% 的从业人员认为最多能够承担 0.5 万元以下的费用，这些从业人员选择的最主要原因是工资水平本身不高（见图 1－5），在出版社从业人员的月收入情况方面，每月工资收入在 3000 元以下的占 56%，这一数据占整个从业人员的一半以上

（见图 1－4）。

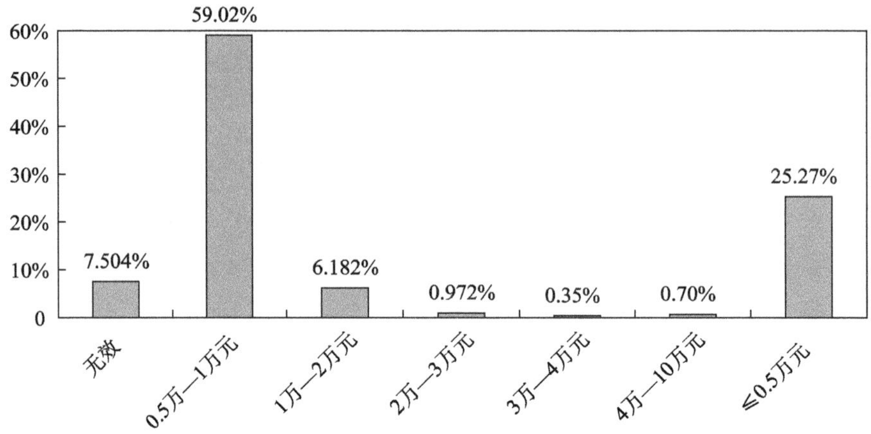

图 1－4 出版社从业人员一年累计的培训费用个人最多承担情况

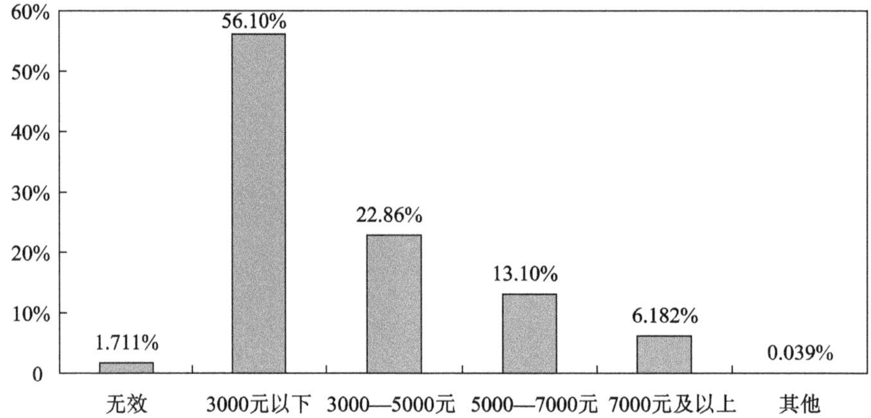

图 1－5 出版社从业人员的月收入情况

大多数出版社人员认为培训费用理应由国家或者出版企业进行相关的补贴和扶持。对于绝大部分出版社人员来说，他们对于提升专业素质而需要自身承担一部分费用的态度是比较认可的，并且个人最多承担的费用不超过 1 万元为宜。同时，我们也不能忽视还有一部分出版社人员认为随着物价水平的不断提高，人们的工资水平尚不能承担较多的费用来进行自身专业素质的培训。

3. 培训周期不稳定，培训内容与实际需求存在矛盾

根据对出版社从业人员多久培训一次的调查统计，约有 34% 的出版社对

从业人员的培训周期缺乏规律性，一年只培训一次的出版社占总数量的15%。由此可推出，出版社对从业人员培训的周期缺乏规律和一年培训一次的出版社之和占总数的49%，这说明有接近一半的出版社对从业人员的继续教育缺乏重视（见图1－6）。另据书店对从业人员多久培训一次的调查统计，有34.35%的书店从业人员认为其所在书店的培训周期缺乏规律性，半年培训一次的占19.74%，3—4个月培训一次的为14.66%，一年培训一次的约为13%（见图1－7）。

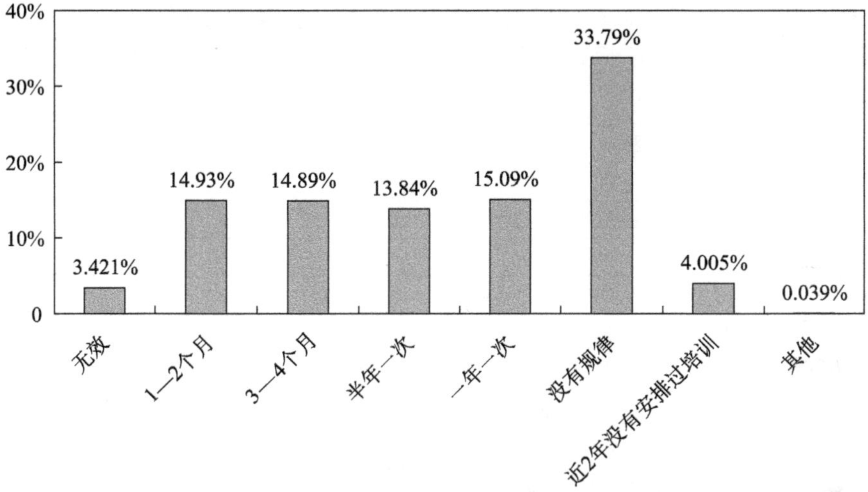

图1－6　出版社每隔多长时间培训一次

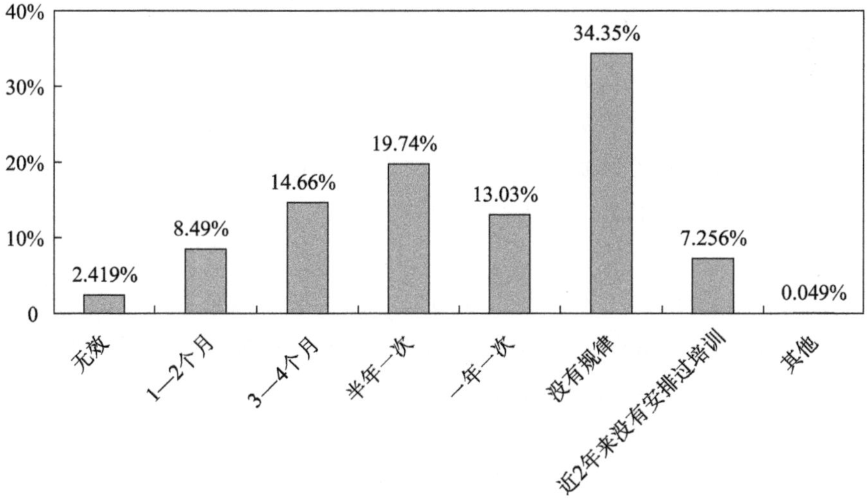

图1－7　书店每隔多长时间培训一次

此外，出版企业对专业技能培训体系存在哪些方面的缺陷，以对出版社从业人员调查的情况为例，认为出版社在培训经费方面投入不足的人员占整个出版从业人员的 34%，其次有 31% 的从业人员认为理论性培训太多，实务性培训不足。有 25% 的从业人员认为工作太忙，没时间参加培训。认为行业和外部培训太少，企业内部培训过多的占 24%。有 23% 的从业人员认为专业技能培训走形式，没有实质内容。有 22% 的编辑从业人员认为缺少参加培训的机会（见表 1－1）。

表 1－1　出版社和书店在职业技能培训体系方面存在的缺陷　单位：%

序号	培训体系存在的主要缺陷	出版社	书店
1	培训经费投入不足	34	39
2	专业技能培训走形式，缺乏实质内容	23	32
3	行业和外部培训太少，企业内部培训过多	24	30
4	理论培训太多，实务性培训不足	31	31
5	编辑人员缺少参加培训的机会	22	10
6	培训内容与实际需求错位，无法解决现实问题	15	10
7	工作太忙，没时间参加培训	25	17
8	缺乏有能力、高水平的培训教师	15	18
9	国家政策对于技能培训的重视不够	6	8
10	技能培训渠道过于单一	17	18
11	出版单位缺乏职业技能提升的相关激励制度	20	21
12	其他	2	4

数据来源：“中国出版业转型与升级战略研究”课题组。

同时，以书店从业人员调查的情况为例，认为其所在书店培训经费投入不足的人员，占整个书店从业人员的 39%。约有 32% 的从业人员认为书店在职业技能培训走形式，缺乏实质内容。有 31% 的从业人员认为其理论性培训太多，实务性培训不足。认为行业和外部培训太少，企业内部培训过多占 30% 左右。

总而言之，出版属于专业性较强的专业，国家新闻出版广电总局要求每个新闻出版行业从业人员每年必须不得少于 72 个学时的继续教育时间，为了完成上级主管部门的行政规定，一些出版企业在培训形式上大多较为老套，培训的内容多为老生常谈的事情，案例较老，并且，出版企业缺乏有规律的对从业人员进行定期培训。这就使得真正对培训有需求的从业人员失去了参加培训的积极性，从而产生了实际需求与培训内容脱节的现象。

4. 工作岗位和所学专业匹配度低

课题组调查的数据显示，出版社人员工作岗位和所学的专业匹配度不高，仅有14.97%的从业人员认为所从事的工作岗位和所学的专业完全匹配，认为基本匹配的占67.34%，认为完全不匹配的占14.19%。此外，认为现有知识基础和职业技能完全满足工作岗位要求的仅占10.5%，认为基本满足的占56.57%，还很欠缺的占25.23%（见图1-8、图1-9）。

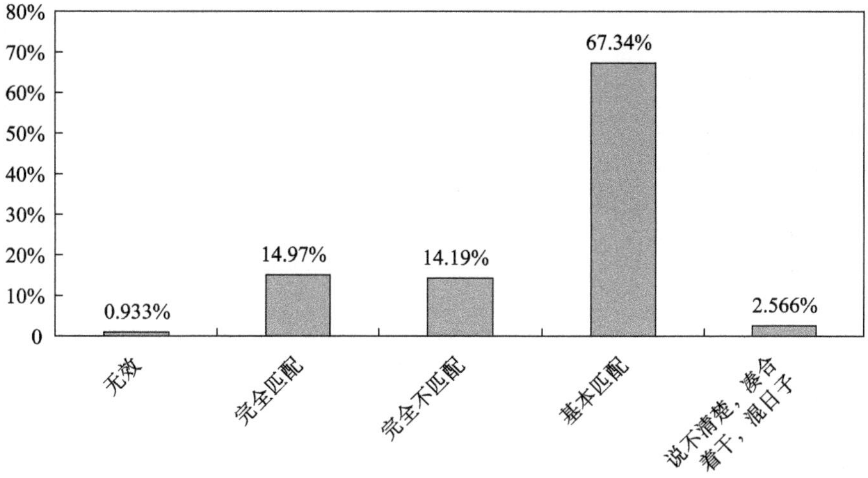

图1-8 出版社从业人员工作岗位和所学专业匹配情况

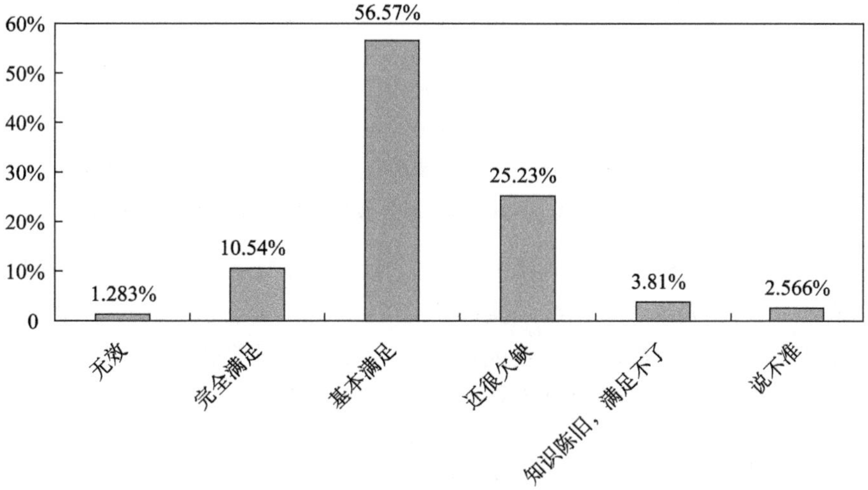

图1-9 出版社从业人员知识基础和职业技能满足工作岗位的情况

书店从业人员所从事的工作岗位和所学的专业匹配度较低，只有12.26%的从业人员认为完全匹配，认为基本匹配的从业人员占51.13%，认为完全不匹配的占26.51%。其次，在现有知识基础和职业技能满足工作岗位要求情况方面，认为完全满足工作岗位要求的仅占16.81%，认为基本满足的占60.13%，认为还很欠缺的占14.46（如图1－10和图1－11）。

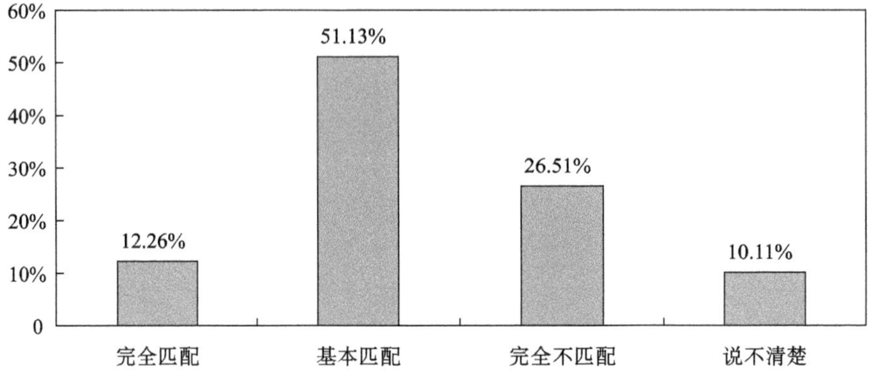

图1－10 书店从业人员工作岗位和所学专业匹配情况

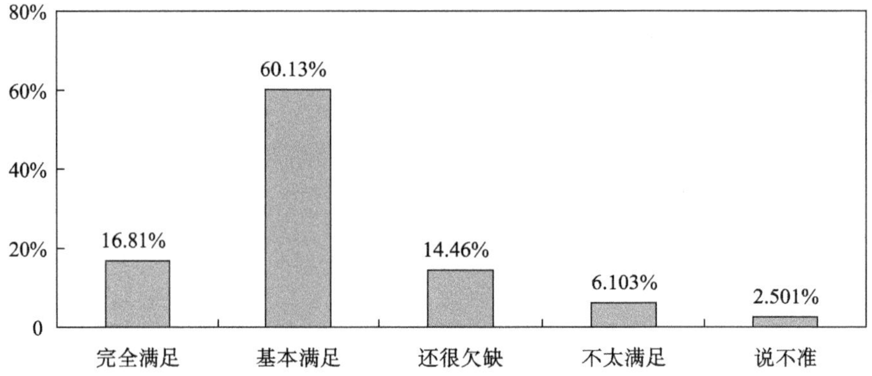

图1－11 书店从业人员知识基础和职业技能满足工作岗位的情况

通过上述对出版社和书店从业人员工作岗位与所学专业匹配程度的情况可以看出，出版从业人员在出版实际工作中存在的问题相同，即所学专业能够完全满足工作岗位需求的从业人员较少。因此，随着数字出版技术的快速发展，出版从业人员急需提升专业素质，从而满足工作岗位的需求。

5. 掌握现代信息技术的能力较为薄弱

以出版社从业人员为例，课题组调研的数据显示，56.6%的从业人员认为现有的知识基础和职业技能基本满足工作岗位的需求，其中大多数人认为在使用现代信息化手段方面，急需加强专业软件和网络技术知识。其中，出版从业人员认为自身在发展数字出版的过程中，应该具有如下几种能力：第一，重新整合专业资源的能力占67%；第二，数字技术方面的能力和知识占60%；第三，具备执行数字化标准和开发运营数字化平台的能力占59%；第四，个性化定制服务的能力占52%。

以上数据也表明，我国出版从业人员在数字技术方面的意识逐渐增强，但掌握数字技术方面的能力还较为缺乏。在如今这个信息大爆炸的时代，大数据营销已然成为今后出版物营销的一种趋势。掌握现代信息化方面的技能，能够为出版物提供更多的市场机会，促进出版物的销售，为出版企业带来最大的经济利润。

（二）我国出版从业人员素质升级对策与建议

当前，传统出版业正处于转型升级的关键时期，传统出版业的发展正面临着各种新问题、新情况。传统出版单位如何在转型升级的同时，提升出版从业人员的素质状况，这对于我国出版业今后的发展无疑是至关重要的，具体对策与建议如下：

1. 转变出版从业人员的思想观念，增强现代出版意识

随着市场经济体制我国改革的不断深入，出版企业逐渐从旧的计划经济体制向社会主义市场经济体制过渡，这对出版从业人员的思想观念提出了新的要求。出版从业人员应当摆脱传统思想观念的束缚，增加现代出版意识。

（1）增强市场竞争意识

在出版业改革之前，出版物曾被普遍认为是精神文化产品，其图书的销售大多是通过全国新华书店系统发行，这种单一的销售渠道，使得出版单位生产出来的产品并不是依据出版物需求者的需求来进行生产的，主要呈现出卖方市场的特点。尤其是教辅类图书，多是通过政府部门的行政干预或者政府统一采购的方式来进行出版物的分销。这极大地阻碍了出版物市场的竞争，也导致出版从业人员在主观上忽视了出版物的营销。因此，传统出版从业人员应当转变传统的营销思维模式，树立以读者为中心的营销理念。

例如就出版社来说，传统出版单位对编辑人员比较重视，其在出版单位的地位较高。而对于图书发行人员来说，大多数发行人员的工资水平往往不能与编辑的工资水平相比，这就使得图书发行人员对出版物销售的积极性降低，企业缺乏对具备市场营销能力的发行人员在工资薪酬方面的激励措施。因此，出版企业更应当充分认识出版物营销人员薪酬的重要性，提高他们的工资水平，增强市场竞争意识。

（2）增强创新意识

受知识多元化、信息化以及经济全球化的影响，出版业逐渐重视复合型、应用型等出版专业人才，特别是具有创新精神与创新能力的人才越来越受到重视。出版业的数字化转型势在必行，传统出版逐渐向数字化出版转型，出版物的内容和营销模式都发生了巨大的改变，出版物市场不再是封闭的，而变为开放的、国际性的，这种变化必然会给编辑人员的思想观念带来新挑战。因此，编辑人员应当增强创新意识，抓住数字出版的优越性，对出版物的表现方式进行大胆创新，最终实现出版物全媒体的整合营销。

2. 政府和企业应加大对出版从业人员培训经费的投入

在国家对从业人员培训经费的投入方面，依据幼稚产业保护理论的判定标准，以及产业发展的现实状况，新闻出版产业迄今仍然是我国的幼稚产业和弱势产业，客观上需要各种政府宏观调控政策的有力支持与激励。在实际出版工作中，政府在对出版企业的生产环节或者数字出版技术的硬件设施投入经费较多，并给予其专项资金的支持。例如，国家出版基金，主要是国家对于出版企业在生产过程中的出版项目进行资金上的支持，并没有设立相关的培训基金，用来资助出版从业人员的培训费用。因此，国家需要出台相应的法律条例，以督促行业相关部门重视对从业人员培训教育经费的投入，切实加快我国出版从业人员的素质升级步伐。

出版企业对从业人员培训经费的投入方面。例如，《江苏省出版专业技术人员继续教育实施办法（试行）》第七条："各出版单位应按照有关规定，足额提取职工工资总额的1.5%—2.5%作为职工教育经费，支持出版专业技术人员继续教育。"如果按照课题组对出版社从业人员月工资调研统计的3000元/人来计算，假如出版从业人员的年工资总额为4万元/人，那么出版企业应该提取的教育经费应为600—1000元/人，而现今的继续教育培训费用通常远高于这一标准，若再加上差旅费、住宿费等各项附加培训费用，费用昂贵，限制了出版从业人员外出培训。

根据课题组的调查统计，出版社和书店从业人员认为出版企业缺乏对培训经费的投入力度分别占 34% 和 39%。由此可见，在实际出版从业人员培训方面，政府和出版企业都应当加大对出版从业人员培训经费的投入，可以设立相应的出版从业人员培训基金开展定期的培训。此外，不能忽视的是，近一半以上的出版社从业人员对自身承担一部分培训费用是持认可的态度，并且，有 59% 的出版社从业人员认为自身最多能够承担 1 万元以下的培训经费。因此，出版企业在提高出版从业人员的培训经费的同时，还可参考出版从业人员自身对培训费用的承担额度，以及提取其工资的一定比例来进行培训，这样既可以为出版企业节省一部分培训经费，又能满足出版从业人员对培训的实际需求。

3. 培训的内容应贴近实际需求

出版从业人员是出版企业中最重要的资源要素，出版企业的生存与发展，归根到底取决于出版从业人员的素质。从业人员素质的提高，一方面需要从业人员在工作中和业余时间探索和积累，更重要的是需要出版企业对其进行系统的、完善的、符合实际需要的培训。据课题组对出版社和书店从业人员的调查统计，近三分之一的出版从业人员认为其理论性培训太多，实务型培训不足；专业技能培训走形式，缺乏实质内容。因此，主要建议如下：

（1）定期培训，与时俱进

时代不断变化，及时掌握出版业发展的最新动态，了解国内外的形势，介绍国内外的先进出版理念以及成功出版营销的案例，应当成为出版从业人员常态化的培训内容。同时，与时俱进的培训内容更能调动出版从业人员参加培训的积极性。出版企业对从业人员展开定期的、有规律的培训，有利于出版从业人员在主观意识上产生对培训的重视。在实际工作中，定期的培训时间有助于出版从业人员及时安排手头上的工作，更有助于培养其主动关注出版行业国内与国际的最新动态，提高自身的专业素质和竞争力。

（2）培训内容贴近实际需求

主要可以关注以下几个方面的内容：

1）市场调研。在出版物市场中，出版物在符合社会效益的前提下，其商品的经济属性更为突出。出版企业的经营活动应遵循市场经济的一般规律，出版从业人员应该充分认识出版物市场发展的现状，适应出版物市场的竞争环境，研究出版物消费市场的特点，引导出版物消费者，掌握出版物市场的能力，这些都是在具备充分的市场调研的基础上进行的。因此，出版企业在培训的内容中，应当增加对从业人员市场调研内容的培训，只有具备较强的市场调研能力，出版企业生产的产品与消费者的需求才能更好地协调起来，同时，也为出版物的选题策划、深层次加工、内容资源整合等后续出版环节打下坚实的基础。

2）图书选题策划。在目前信息爆炸的时代，读者在享受网络信息便利的同时，也产生了新的问题，例如大量的信息内容以及碎片化的呈现方式，很容易使得信息的更新频率加快，造成读者在获取信息的时候产生疲倦。选题策划是一本图书生产的开始，其质量的优劣直接决定了图书后续的销售。因此，以图书出版社来说，其在培训内容方面，应当更注重从业人员的图书选题策划能力的培训，加强出版从业人员对信息的识别、选择、判断和预测是十分重要的。出版从业人员只有具备较强的图书选题策划能力，才能为读者提供更精准的个性化服务，才能为出版企业带来丰厚的经济利润。

3）内容资源的深加工。目前市场上充斥着各种五花八门的图书品种。由于图书品种繁多，出版企业在考虑出版物成本的同时，更关心的是如何获取最大利益。在实际工作中，许多出版社都要求编辑从业人员要在一年内完成一定数量的图书产品，以此扩大出版社在图书市场上的产品规模与图书码洋。但是，现实情况是很多编辑迫于完成任务的压力，不得不推出平庸的图书。因此，在出版企业培训的内容方面，可增加编辑人员对内容资源的深层次加工技能的培训，通过对其原有的出版物进行深加工，不仅能为编辑人员带来更大的市场销售业绩，还能为出版企业在某个产品市场上树立良好的品牌形象。

4）整合营销的能力。所谓整合营销，具体是指出版物的全程营销或者全媒体营销。从图书营销的角度来说，即同一内容不仅仅可以从纸质出版物上获取利润，还可以将图书的内容进行重新整合，通过互联网、数字阅读终端等传播媒介进行全方位的有效传播，这样能够使图书内容在利益的实现上最大化。我国每年都有几十万种新书上市，如果不进行有效的宣传，图书很有可能一上市就面临着退货的风险。因此，出版企业在对从业人员的培训上，应当加强其对整合营销的能力，具体操作过程中，可采用国内外成功的整合营销案例来进行讲解，这样能激发从业人员的兴趣，从而使其增强图书整合营销的意识。

（3）针对不同人群，分层次进行培训

根据课题组的调研显示，很多编辑人员由于平时工作比较忙，缺少参加培训的机会。因此，针对不同人群的特点，培训形式可以多样化、分层次。出版业队伍参差不齐，各有所长。业务有策划、组稿和营销之分，编辑更有资深和新手之别。对于如此庞大而复杂的行业队伍，为使不同年龄、不同分工、不同职称、不同级别的人员在培训时都能学到自己最急需的知识，继续教育应多层次开展。例如，针对编辑从业时间在 3 年以下的，可以开设专门的编辑专业技能培训，针对编辑从业时间在 10 年以上的，可着重对其进行图书营销方面的实务培训，针对没有时间参加培训的编辑人员还可进行网络在线课程辅导。

4. 提升出版从业人员数字出版技术水平，培养一批出版复合型人才

据中国互联网络信息中心（CNNIC）发布的《第 33 次中国互联网络发展状况统计报告》显示，截至 2013 年 12 月，我国网民达 6.18 亿人，全年共计新增网民 5358 万人。互联网普及率为 45.8%。由此可以看出，互联网的飞速发展以及网民规模的增加都为我国传统出版业带来了新的机遇和挑战。特别是在数字出版环境下，传统出版业的产品内容、产品形态、产品结构等都发生了很大的改变。因此，新时代下的出版从业人员，应当充分利用数字出版技术的优越性，在掌握出版专业知识的同时，还应懂得数字出版技术的复合型出版人才，具体如下：

（1）提高数字出版意识，争取获得更多的数字版权

数字出版改变了人们的传统阅读方式，碎片化阅读，以及互动阅读所带来的体验正逐渐被人们所接受。其使读者的需求呈现出多样化和个性化。因此，传统出版从业人员应当提高数字出版的意识，紧跟数字技术发展的步伐，不断更新思想观念。根据数字出版的特点，对出版物内容进行大胆创新。同时，还应当努力说服更多的作者授予作品的数字版权，以便能够在更多的数字终端上呈现给读者。

（2）掌握数字出版技术，加强内容资源的整合

数字出版是一个新兴的出版业态，主要是通过先进的计算机技术和网络

信息技术来对传统出版产业的内容资源进行整合和创新，使其满足当前读者的个性化需求。因此，传统出版从业人员应当熟练掌握数字内容信息复合出版技术、数字产品服务技术、数字产品消费群体开发、数字内容信息传播与数字产品运营和营销等新技术。由于数字出版在内容上表现为信息的碎片化，个性化阅读是数字出版物的最重要的特点，所以，出版从业人员应当加强内容资源的整合能力，针对不同的内容属性进行信息的拆分和组合。比如专业出版从业人员，可对其专业内容的知识模块进行横向和纵向的组合，完成对图书内容资源的整合和再利用，充分发挥内容资源优势，创造多品种的数字化内容产品，方便读者检索和使用。

5. 加强出版从业人员的国际合作

课题组在对我国出版业在应对国际同行竞争时，最缺乏什么样的出版人才调查中，绝大多数的出版社从业人员选择了应具有国际视野和战略的人才，其次是精通出版业务和熟悉国际法律知识的人才。由此可见，出版从业人员应该拓宽视野，尤其是加强与国外出版从业人员的合作。

一方面，就出版企业而言，应当积极展开国外出版企业的战略合作，选派优秀的出版从业人员进行国际交流和培训，从而促进双方出版从业人员的深入学习与信息沟通。与此同时，还可邀请国外优秀的出版从业人员来出版企业进行定期的培训与交流，方便出版从业人员及时了解国外出版业的发展现状，拓展出版从业人员的国际视角，提高出版从业人员的专业水平；另一方面，就出版从业人员而言，在条件允许的情况下，应当积极参加形式多样的国际图书展览会和国际版权贸易订货会等，从而丰富自身的国际出版专业知识，拓展国外出版从业人员的人脉关系。同时，在产学研合作方面，还可选择自费出国进修的方式，比如在国外知名大学进行出版专业理论培训，或者是进入国外知名出版企业进行工作等。

6. 加强版权贸易人才的培养

随着全球经济一体化的快速发展，世界各国科技文化的交流日益频繁，出版企业纷纷走向国际市场，跨国经营越来越普遍。对于一个出版企业来说，版权贸易除了作品本身的内容与质量、作者的口碑、领导者的决策等因素之外，从事版权贸易的出版从业人员也是关键。作为一个出版大国来说，我国目前迫切需要一批版贸人才。他们不仅具有出版知识，更需要经济头脑；不仅熟悉国内市场，还熟悉国际贸易；不仅懂得贸易谈判技巧，更懂得法律法规；不仅熟悉中文及版权操作流程，还精通外语等。因此，加强版权贸易人才的培养，有利于增强我国出版业的国际竞争力。具体来说，版权贸易人才应当具备以下知识能力：

（1）懂得出版专业知识，且具备经营管理方面的能力

出版业具有特殊的属性即精神文化属性，其次是商品属性，即经济效益。版权贸易人员，应当在充分了解出版行业的基础上，懂得图书的内在价值，了解图书的内容属性、读者特点，并且能够把握出版物市场的最新动态与发展趋势。同时，版权贸易人才还应当具有经济管理方面的能力，因为是从事出版物的贸易活动，拥有一个较好的经济头脑，熟悉市场经济和懂得经营管理，这对于出版企业来说，能够在出版物的引进与输出方面，为企业带来更大的经济效益，提高出版企业的国际影响力。

（2）不仅熟悉国内出版物市场，还应熟悉国际出版物市场

对于引进图书之前，版权贸易从业人员一定要在熟悉国内出版物市场的基础上来进行的。对于国内出版物市场的主要竞争情况，消费者的购买特点，以及需求情况等都要十分了解。另外，关于国内图书输出方面，版权贸易人才还应当熟悉国际出版物市场的情况，了解国际出版物市场的需求情况，消费习惯等行业信息，从而挑选出适合国际出版物市场的图书进行版权贸易合作。

（3）熟悉国际贸易习惯，掌握国际法律法规

从事版权贸易活动的出版从业人员，不仅要熟悉国内出版法律法规，还要熟悉国际贸易法律法规和惯例。版权贸易往往是经过多次的谈判、协商才能顺利展开。因此，版权贸易从业人员必须十分熟悉国际贸易的法规和习惯，十分了解国际出版物市场的交易方式和方法。只有这样，在出版物版权贸易的时候才能规避或降低风险。

（4）外语能力

由于出版业是一个十分特殊的行业，其在行业方面拥有自身的专业术语，例如图书的码洋与实洋，在外语翻译上就会不一样。国内过去的版权贸易翻译人员多是拥有较为丰富的外语能力，但是缺乏出版专业的知识背景，对于一些出版专业的特殊用语，往往不能顺利的表达。因此，提高出版专业人才的外语水平，能够确保在版权贸易谈判中沟通顺畅，特别是在版权贸易合同细节条款方面，能够避免语言表达方面的误解。

参考文献

[1] 杨京钟：《我国新闻出版产业发展的财政政策激励》，《现代出版》2013 年第 4 期。

[2] 接雅俐、唐震：《出版专业技术人员继续教育相关规定的思考》，《科技与出版》2013 年第 12 期。

[3] 卢妙清：《出版专业技术人员继续教育培训刍议》，《菏泽学院学报》2013 年第 6 期。

[4] 刘波涛：《传统编辑人员如何应对数字出版》，《科技与出版》2011 年第 6 期。

[5] 肖东发：《出版经营管理》，北京大学出版社 2008 年版。

（作者：王关义、梁明月，北京印刷学院）

专论二

数字技术环境中出版业素质升级对策

随着互联网和信息技术的不断发展，数字技术融入传统出版业，引发了出版形态的革命性变革。中国互联网络信息中心（CNNIC）2013 年 1 月发布的《第 31 次中国互联网发展状况统计报告》显示，截至 2012 年 12 月底，我国网民规模达到 5.64 亿，全年共计新增网民 5090 万人，互联网普及率为 42.1%。与此同时，我国手机网民数量快速增长为 4.2 亿，其年增长远超网民整体增幅。网民规模的快速增长，也为我国数字出版产业的发展提供了巨大的空间和潜在的动力。中国新闻出版研究院"第十次全国国民阅读调查"数据显示，"2012 年我国 18—70 周岁国民数字阅读方式的接触率为 40.3%，各种数字媒介综合阅读率为 76.3%"。以上数据说明，数字技术在传统出版领域的影响正不断地改变着人们的阅读习惯。同时，数字化阅读人数的增长，与数字化阅读方式的不断多样化，也对我国传统出版业的升级提出更高的要求。

（一）数字技术对传统出版业产生巨大的冲击

数字技术等新媒体在出版领域的普及，使得传统出版业正发生着重大的改变，传统出版的产业链和传播模式以及载体的形态正在发生改变，对传统出版者的内容生产提出了新的挑战；对传统出版者的技术水平提出了更高的要求；同时数字技术也改变了传统的出版营销模式，给传统出版业的运行机制带来了新的挑战。

1. 数字技术改变了传统出版的产业链和传播途径

随着互联网和其他信息技术在出版领域的普及与应用，其使得传统出版生产的产业链发生了巨大的变化。传统出版的产业链是由作者——编辑——复制——发行这几个环节构成的，而数字出版产业链则缩短了传统出版的印刷生产和发行环节，对产品的开发和维护进行了扩展，具体表现为作者——内容提供商——技术提供商——服务提供商——平台运营商——硬件生产商——渠道商——用户等几个环节，数字技术应用的同时，也扩大了传统出版原本的传播范围。传统出版的传播途径主要是通过出版者自身建立的发行渠道来进行的文化传播，而数字出版产品的主要传播者不再是传统出版商，其主力军为电子商务运营商或者电信运营商，传播途径主要包括互联网和手机通信网等。作者、出版者和读者可以通过网络等新媒体有任意时间、地域大规模、快速地浏览出版产品。

2. 数字技术改变了传统出版产品的载体形态

传统出版产品的载体一直是以纸质的书籍、报纸、杂志等形态出现。目前数字出版产品形态主要包括电子图书、数字报纸、数字期刊、网络原创文学、网络教育出版物、网络地图、数字音乐、网络动漫、网络游戏、数据库出版物、手机出版物（手机报纸、手机期刊、手机小说、手机游戏）等。数字出版的产品载体则是以比特为代码进行数据转换而成的电子出版物，其形态多样，制造成本并不会随着产品内容的增加而增加，运输、存储都可直接在网络上操作。众所周知，图书的版权是出版者的利润来源，“在我国，数字资源的版权管理规范仍存在一些问题，如一些出版社和期刊社将自己拥有纸质版权的图书期刊等的数字版权授权给其他企业，而出版社和期刊社虽拥有图书的纸质版权，但不拥有数字版权，如果将传统的纸质内容转换为数字内容向用户提供服务时，侵权问题难免发生”。所以在这种情况下，如何保护数字出版产品的版权成为传统出版者亟待解决的问题。

3. 数字技术对出版者的技术水平提出了更高要求

当前，出版物已告别了“卖方市场”的辉煌年代，中国数字出版业面对的是电商垄断。由于电商具有无可比拟的技术和渠道优势，迫使作为上游的传统出版者失去了主导权，仅靠内容资源来博取市场变得十分困难。尽管数字出版产品可以有效地降低传统出版产品的生产成本，但是由于数字出版产品是通过数字信息技术来实现的无纸化生产。因此，传统出版者需要在此投入大量的资金，而这些硬件设备和软件技术又是更新十分迅速，其维护成本较高。有些传统出版者虽然实现了其出版产品的数字化，可却是单一的Web1.0时代简单的复制数字转化，其生产出来的数字产品在呈现方面并没有考虑到用户的体验，也未满足数字阅读者的需求。所以，如何更有效地使其自身的出版资源能够在数字出版产品上充分体现，这对传统出版者的技术水平是一个较大的挑战。

4. 数字技术改变了传统出版业的营销模式

传统出版的营销模式是单一的通过图书销售量来获得利润。如20世纪90年代末期在图书营销史上产生轰动的经典营销案例——《学习的革命》，出版者通过对图书市场的大量铺货，使其销量突破百万册，从而赚取利润。由于印刷形式向数字形式出版的转变，在数字技术环境下，传统出版的商业模式也发生了巨大转变。以亚马逊为例，在美国，亚马逊是一家集终端和销售平台为一体的技术服务商，用户只需购买一部Kindle即可阅读物美价廉的电子图书。“靠着渠道优势，亚马逊一直掌握着电子图书的定价权，凭借低价策略推动了电子书的发展”。又例如某些畅销的电子图书，前几部分章节，出版者可能暂时采取免费的获取形式，一旦读者想要进行深入阅读，则需要通过付费才能进行阅读。这些数字化出版产品的商业模式都与传统的盈利模式大不相同，并且当前数字出版的商业模式也尚未成熟，大多出版者还处于探索阶段。

（二）推动出版业素质升级的对策与建议

尽管数字技术已经给传统出版业带来了巨大的冲击，但传统出版数字化是一个漫长的过程。目前，传统出版者数字化出版意识淡薄、缺乏高新技术支持、数字出版人才匮乏、数字版权市场秩序混乱等这些困扰传统出版业素质升级的问题依然存在，如何应对这些问题成为当前迫切需要解决的问题。

1. 增强传统出版者的数字出版意识，加强与技术提供商的合作

如今，虽然大多数出版企业已成立了数字出版部门，同时也开展了一些数字出版的相关业务。但是依然有部分传统出版企业在面对数字出版技术应用的时候，采取的是避而远之的态度。他们主要是害怕通过数字出版技术的快速传播从而影响纸质图书的发行量，因为就目前来说，传统出版企业的主要收益来源还是纸质图书的出版发行，数字出版由于受到种种因素的制约，最终带给传统出版者的经济效益十分有限。随着互联网电商巨头当当网、亚马逊、京东商城等电子商务企业纷纷进入数字出版领域，并且建立了各自的数字出版物销售平台，这都将对数字出版产业的发展和数字出版市场的繁荣起巨大的推动作用。因此，传统出版企业需要有投入、合作与创新的理念，积极与网络运营商、技术服务商以及各种类型的电子阅读器终端生产商等进行合作，将出版内容资源通过分类打包，转让数据或其他合作形式，借助多元化媒介渠道，最终呈现信息内容的多样化。

2. 深度开发内容资源，树立品牌效应

传统出版企业一直固守纸质媒介，注重内容资源的生产和加工，忽视了在数字技术环境中，编辑不能只是将纸媒内容简单数字化，而要善于从 Web1.0 时代跨越到 Web2.0 时代，其对同一内容资源进行深度开发，延伸产品线，大力开发数字集群产品，树立品牌形象，扩大品牌效应。“在 Web2.0 时代，用户既是互联网内容的阅读者，也是互联网内容的制造发布者，由被动地接收信息到主动地制作传播信息。”出版的本质是在于对其精神文化内容的传播，因此出版产品的传播范围也应尽可能地越广泛越好。尤其是在专业出版领域，推动学术文献规模走出去，不仅有利于增强我国的文化软实力，还有利于加强我国出版业在国际市场的竞争力。例如，在中国出版走出去“大军”里，同方知网（北京）技术有限公司显得特别与众不同。“14 年来，它用自己的数字出版与知识传播技术，对传统出版内容进行高度集成、深度挖掘和系统整合，再把这些新的产品发行到全世界。内容高端、客户高端的明显特征，使其在影响国际社会对我国文化软实力与知识创新竞争能力的认同和态度上发挥着重要作用”。

3. 根据市场细分来满足读者需求的个性化

据中国互联网信息发展中心发布的《第31次互联网发展报告》显示，我国网民主体为20—29岁的年轻人群。高中和大专以上学历人群中互联网普及率已经到了较高的水平，尤其是大专以上学历人群上网比例接近饱和，网民的增长动力来自低学历人群，截至2012年年底网民中小学学历及以下人群占比提升至10.9%。具体如图2－1、图2－2所示。

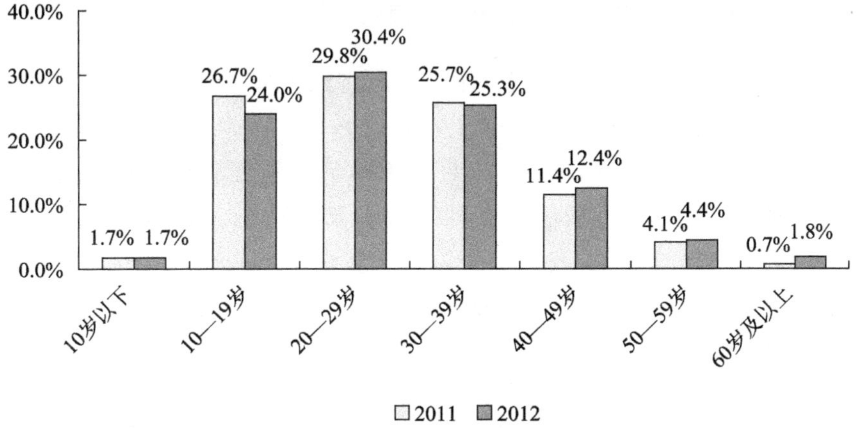

图2－1　我国网民年龄结构

数据来源：根据《2012年中国互联网络发展状况统计调查》得出。

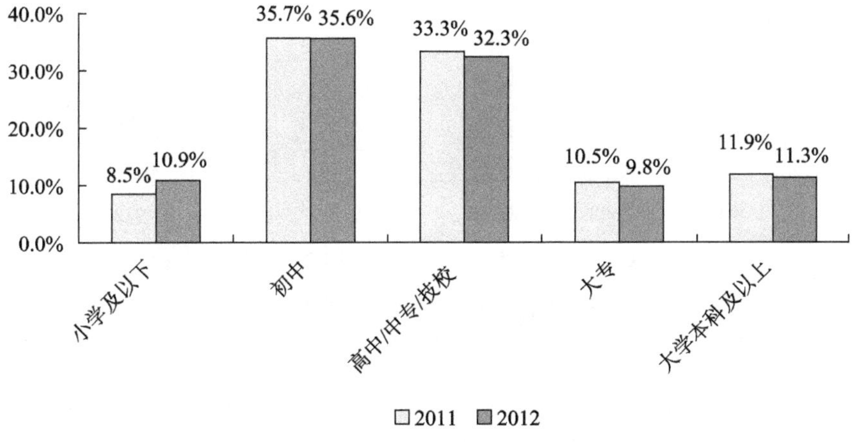

图2－2　我国网民学历结构

数据来源：根据《2012年中国互联网络发展状况统计调查》得出。

在新媒介环境下，年轻读者的需求越来越呈现多样性、个性化。独特的内容定位与差异化产品服务才能保障内容资源提供者不断的盈利。传统出版者要针对报刊、图书等内容属性，不仅要考虑其在纸媒上的出版特性，还需考虑到如何利用网络出版平台等数字新媒体来呈现其多维度、深层次的内容资源。例如，针对以图片为主的图书，传统出版者可以选择美国苹果公司的 iPad 平板电脑进行图书或者期刊等出版物的呈现。由于 iPad 平板电脑本身具有高清晰的屏幕，其画面效果逼真，色彩绚丽，可携带性较强，受到了多数年轻读者的追捧。因此，作为传统出版者必须重视的问题。

4. 数字技术环境中出版产品的营销模式

随着移动互联网的快速发展，手机出版将成为数字出版的主流并最终将数字出版推向产业化和规模化，其中在移动终端方面，“根据赛诺市场研究机构的统计，2010 年，中国市场销售了 2780 万部智能手机，2011 年中国市场智能手机销售规模更是激增，达到 7400 万部。而在 2012 年，智能手机的销量约为 2 亿部。”同时，我国手机网民数量快速增长为 4.2 亿人，其年增长远超网民整体增幅。如图 2－3 所示：

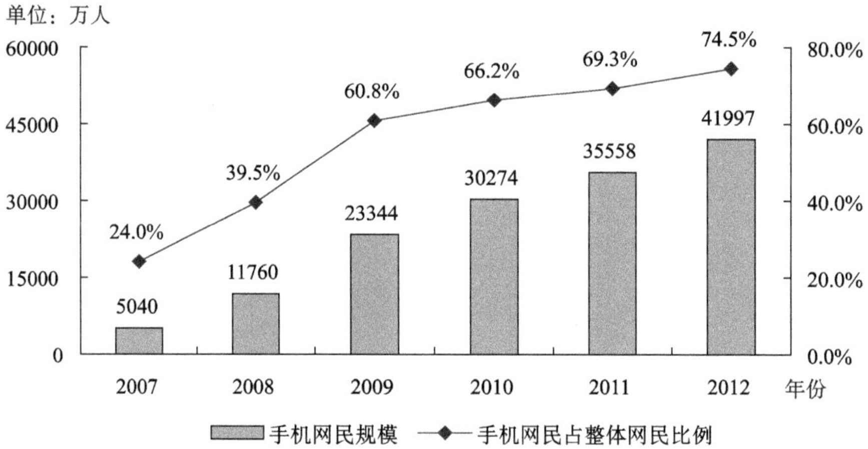

图 2－3　中国手机网民规模及其占网民比例

数据来源：根据《2012 年中国互联网络发展状况统计调查》得出。

以上数据充分证明了传统出版者针对出版产品在移动终端营销的可实施性，以及读者对手机阅读习惯的逐渐养成，用手机阅读文学作品已经成为当下流行的一种阅读趋势。例如，盛大网络文学在手机阅读领域的发展显得尤为突出。一方面，与传统出版的营销模式相比，手机出版绕开了选题、编辑加工、印刷、仓储、物流等环节，能够以较高的版税激发作者的创作动力。另一方面手机出版发行还具有海量和交互性，其不仅降低了传统出版的生产成本，同时还提高手机阅读网站的盈利。因此，传统出版者可根据手机出版自身传播特点的优势，从出版产业链、商业模式、盈利模式、营销策略等各方面来谋求数字出版产业的发展之路。

5. 统一数字出版标准，建立健全有序的数字版权市场

“十一五”期间，我国虽然完成了新闻出版、信息化、出版物发行等标准体系表的制定工作，但距离建设层次清晰、分类科学、完整适用的标准体系还有一定的差距，基础性标准和关键性标准缺位。目前，国际上使用最为广泛的数字出版物格式主要为 PDF 格式，即 Adobe 公司研发的专用阅读格式。在我国，除了使用 PDF 格式外，还有一些较为常用的数字出版物格式，如北大方正阿帕比公司的 CEB 电子书格式、清华同方的 CAJ 电子期刊格式、超星公司的 PDG 电子书格式、书生公司的 SEP 格式等等。这些不同种类的数字出版物格式彼此互不兼容，读者需要通过购买各种阅读终端或者阅读软件才能够下载使用，这就增加了读者的购买成本，对阅读内容的整合和数据交换也造成不利影响，阻碍了数字出版物市场的发展。因此，统一的数字出版标准是数字出版物市场得以健康发展的重要技术保障之一。同时，只有完善了数字出版物的格式，数字出版交易才能够顺利完成，数字版权才能够得到有力的保护。

综上所述，当前我国传统出版业正处于转型的关键时期，由于出版活动本身具有的双重属性，其转型成功与否直接关系到国家意识形态问题，以及国民精神文化生活的健康发展。因此，政府部门对出版活动的政策导向，为数字出版产业提供了难得的发展机遇。“我国数字出版产业的发展是由数字技术提供商发起和推动的，重点在于出版物载体的革新和内容呈现平台的搭建；与此同时，专注于内容的整理和生产的传统出版社不懂数字技术，难以对数字技术提供商做出回应，所以长时间以来，我国的数字出版产业各环节是相互脱节的。”因此，传统出版者在充分发挥原有优秀内容资源的同时，还应该积极与数字技术提供商进行密切配合，加强对数字技术趋势与市场的认知，加强产业链之间的合作，共同促进数字出版行业实现健康有序发展。

参考文献

［1］周永红、吴振寰：《我国移动数字阅读市场发展现状、问题与对策探讨》，《企业技术开发》2013 年第 2 期。

［2］郭亚军：《基于用户信息需求的数字出版模式》，世界图书出版公司 2010 年版。

［3］王玉梅：《推动学术文献规模走出去》，《中国新闻出版报》2012 年第 3 期。

［4］郝振省：《2011—2012 中国数字出版产业年度报告》，中国书籍出版社 2012 年版。

［5］司占军、顾翀：《数字出版》，中国轻工业出版社 2013 年版。

［6］冯书生：《数字出版的概念及产业发展机遇》，《新闻研究导刊》2012 年第 4 期。

（**作者**：王关义、梁明月，北京印刷学院）

下篇

研究专报

为深入了解转型时期我国出版业发展的基本情况以及出版业人员素质、技术素质、制度与管理素质、出版企业上市等方面的具体情况，以便向政府相关职能部门真实反映我国出版业发展的现状和发展中面临的问题，反映出版工作者的需求和建议，有针对性地提出推动我国出版业进一步转型与素质升级的对策和建议。科技部软科学研究重大项目“中国出版业转型与升级战略研究”课题组开展了“我国出版产业转型与素质现状调查”，本次调查先后持续半年之久，投入调查人员30多人次，对北京、河北、辽宁、吉林、山东、江苏、上海、广东、广西、山西、湖北、新疆、内蒙古、西藏等28个省、自治区、直辖市展开了问卷抽样调查，调查涉及出版管理部门、出版社、报社、期刊杂志社和书店五种不同类型，包含了不同区域、不同所有制、不同规模的出版单位，共发放调查问卷8000份，回收有效问卷6328份，问卷回收率为79.10%。以下是对此次调查材料进行分析后所撰写的八篇专报，以供参阅。

专报一

我国出版业管理素质低，管理科学化水平亟待提高

内容摘要：

- 高达三分之二的被调查者认为所在的出版企业依然受到行政和计划的干扰，市场化程度低。
- 高达七成的被调查者认为上级主管部门制订的管理制度过多过死，不够科学，出版企业没有多大的自主权，强烈要求发挥市场调节的作用。
- 近三成的被调查者认为所在出版企业缺乏完整的管理制度，近一半的被调查者认为所在单位的专业技能培训体系不够完善。
- 高达三分之二的被调查者没有明确的职业规划，近四成的被调查者认为工作中团队合作状况不尽如人意。

近年来，伴随着国家经济体制改革的日益推进，我国出版管理体制也发生了巨大的变革，一批出版单位朝着现代企业制度的方向逐步实现了转企改制，出版业市场化进程进一步加快。但与此同时，由于涉及对传统管理体制的革命性变革，不论在思想层面、制度层面还是在政策层面和方式方法层面，我国出版业在管理方面还或多或少地保留了传统计划体制的痕迹，从政府管理机构到出版企业内部，管理体制和管理机制仍然没有跟上时代变化的步伐，管

理素质较低，管理科学化水平不高，制约着我国出版业的进一步发展。

（一）我国出版业管理素质低，不能适应企业长远发展的需要

1. 上级政府管理部门对出版企业行政干预过多，对出版单位管得过死，出版企业缺乏应有的自主权

调查显示，在“贵单位在出版经营过程中是否受到上级职能部门或相关部门的干预”的选项中，接近一半的被调查者选择了“是”（如图 1－1 所示）。而被调查者对于职能部门干预的评价却不尽相同（如图 1－2 所示），只有 42.33% 的被调查者对于政府职能部门的干预给了正面的评价，而高达六成的被调查者对于政府职能部门的行政干预表示不满。当对于上级政府主管部门对出版单位管理的评价时，有 61% 的被调查者选择了“管理制度过多过死，不够科学，出版企业无自主权，应该更多地发挥市场调节的作用”（如图 1－3 所示）。

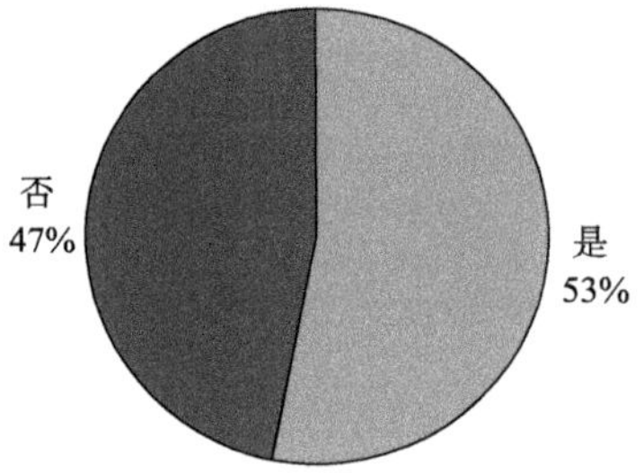

图 1－1 出版经营中是否受到上级职能部门的干预

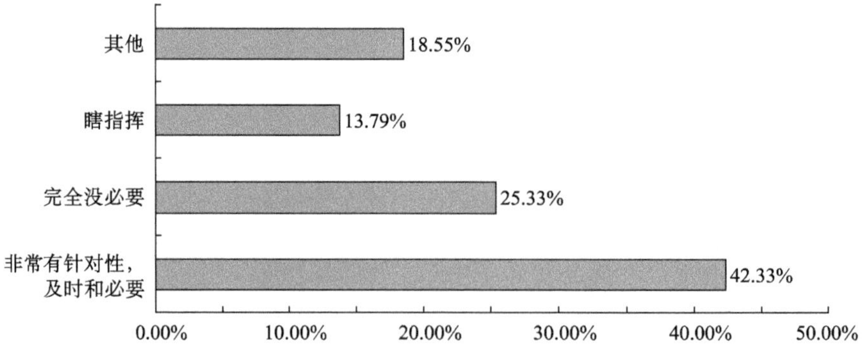

图 1－2 对职能部门干预的评价

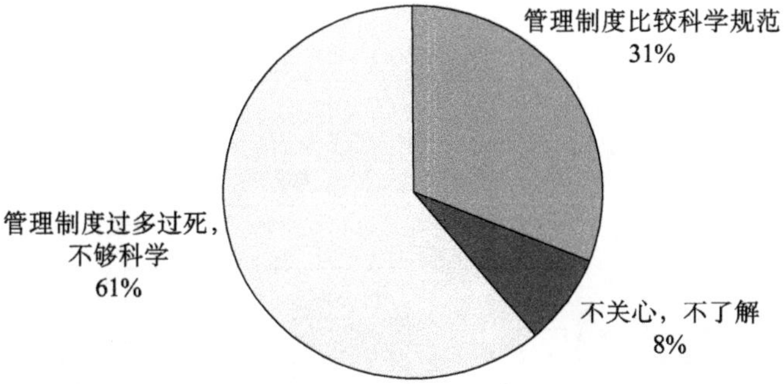

图 1－3　对上级政府主管部门对出版单位管理的评价

2. 我国出版企业管理制度不完善，缺乏专业技能培训体系和完整的培训制度，从业人员的团队意识淡薄、缺乏明确的职业规划

调查结果显示，三成左右被调查者认为所在的出版企业没有系统完整的管理制度，随意性很强，忽视管理制度对于企业的长远发展的重要作用（如图 1－4 所示）。仅有 55.54% 的出版从业人员对于本企业的职业技能培训体系的评价是满意的，近四成的出版从业人员对于本企业的职业技能培训体系表示不满意或不清楚（如图 1－5 所示）。

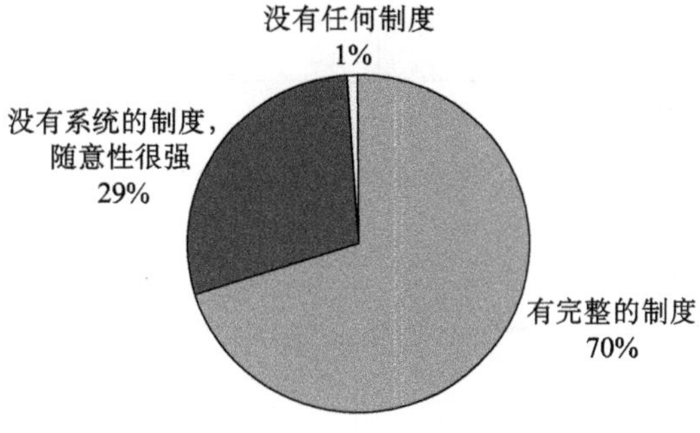

图 1－4　贵单位是否拥有比较完备的管理制度或规定

近四成的出版从业人员对于本单位的团队合作状况不满意（如图 1－6 所示）。另外在职业规划方面，从给出的调查数据可以看出，只有 31.41% 的出版从业人员选择了“明确”这一选项，有 68.6% 的出版从业人员表示自身没有明确的职业规划（如图 1－7 所示）。

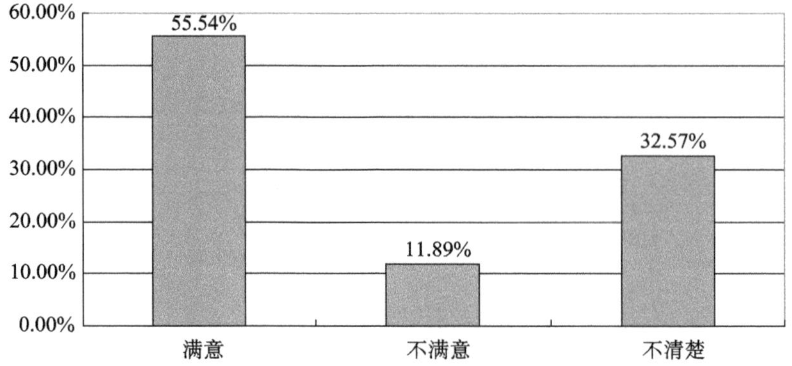

图 1－5　对单位专业技能培训体系的评价

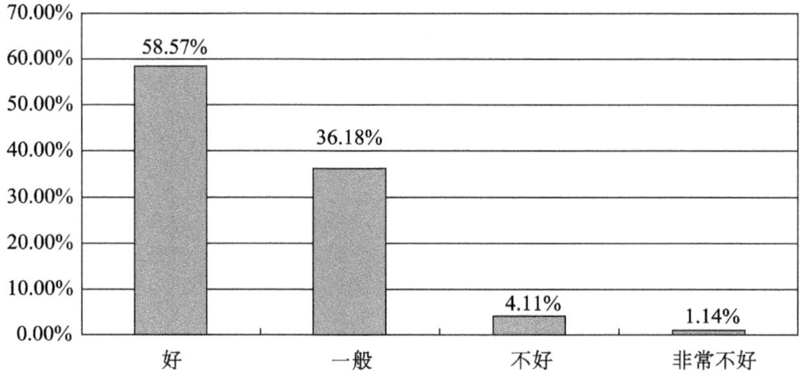

图 1－6　从业人员对工作中的团队合作状况的评价

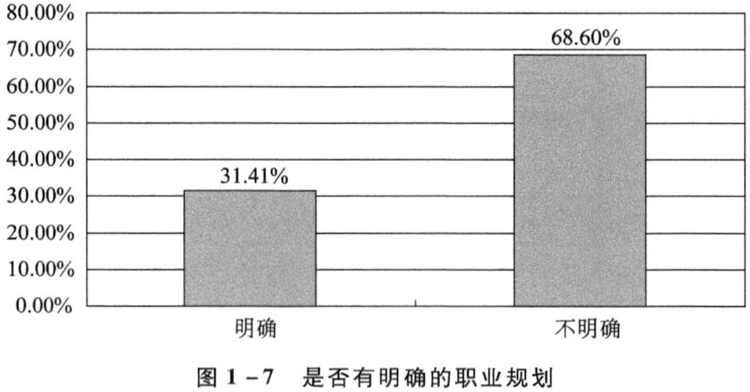

图 1－7　是否有明确的职业规划

3. 出版企业按需出版的意识不强，能力不足，主营业务市场化程度弱

调查结果显示，54.66%的出版企业有出版意识和能力，近半数的出版企业表示自己所在单位按需出版意识淡薄或按需出版能力较弱（如图1－8所示）。超过三分之一的出版企业表示自身主营业务的市场化程度低于20%，与建立现代企业制度的要求差距较大（如图1－9所示）。

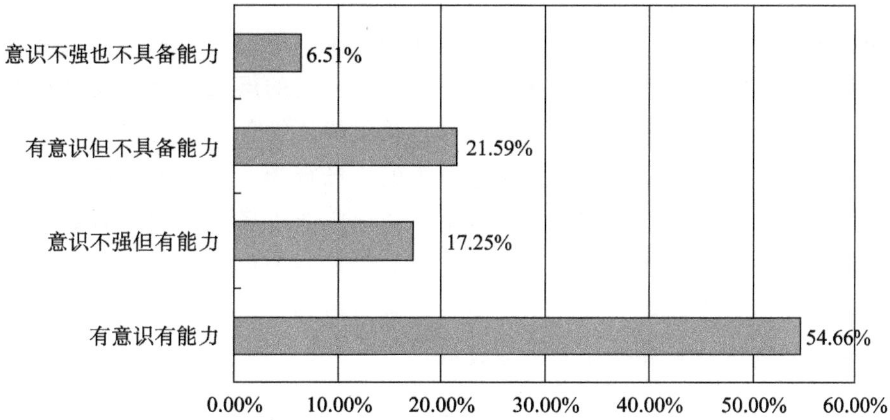

图1－8　贵单位是否有按需出版的意识和能力

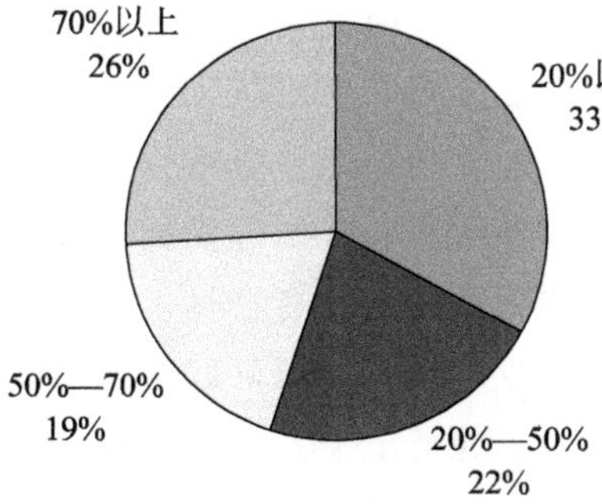

图1－9　主营业务市场化程度百分比

（二）我国出版业尚未形成比较规范的市场体系，缺乏专业管理人员和科学合理的管理制度

1. 我国出版业尚未形成规范有序的出版物市场

改革至今，国有资本依然是出版业的主体，行业运行和改革主要依靠行政单位的推动和整合，行业组织的作用比较有限。原因在于：来自政府部门的直接管理主要是按行政系统从上到下划分为一定的层次，层层设置管理机构，上一层次机构对下一层次机构实行直接指挥，管理权限集中在最高管理层，政府的直接指挥常常约束了企业自主的市场行为，在逐步向市场经济转型的进程中，原有的部门管理越来越不适应出版业市场化转型的需要。单纯的法律法规、市场制度和行政机构所建构的仍是一个单向性的、从上到下的权力导向型的管理体系，其缺陷在于管理者对市场信息反应迟钝，管理行为缺乏弹性和连续性且社会接受程度较低。

2. 出版企业缺乏有效的团队，缺乏明确的职业生涯规划

内部管理人员的素质岗位要求，缺乏正规的培训不能达到实施科学管理的要求。管理者素质包括管理自己的素质和管理他人的素质及管理任务的素质。管理他人的素质很重要的一方面就包括人际关系和合作。在现代出版企业中，团队的作用越来越重要，离开了团队，一个人单枪匹马很难做出有业绩的事情。但现实情况是不少出版企业在日常管理中忽略团队建设，没有充分发挥管理者在团队中的领导作用，造成即使拥有先进的设备，精通业务的员工，却很难组建一个团结高效的管理者群体。另一方面，不少从业人员缺乏明确的职业生涯规划。职业规划一方面可以帮助员工明确自己在企业中所处的位置和职业发展方向，实现员工个人能力的提升，达成人与工作的完美结合，另一方面也可以保证企业获得人力资源的有效开发，以满足现状和未来所需。但近七成的被调查者认为没有明确的职业规划，说明近七成的被调查者所在的出版企业的管理人员缺乏必要的管理技术，管理素质低，不能适应建立现代企业制度。调查数据显示，被调查者中专业背景是管理专业出身的只有9%（如图1－10所示），缺乏专业的管理人才是造成我国出版企业

管理素质低的一个重要原因。另在“在基础知识方面认为存在欠缺”的题目中，近三分之一的被调查者选择了“管理科学方面”这一选项（如图1－11所示），表明出版企业管理素质落后的现状亟待改变。

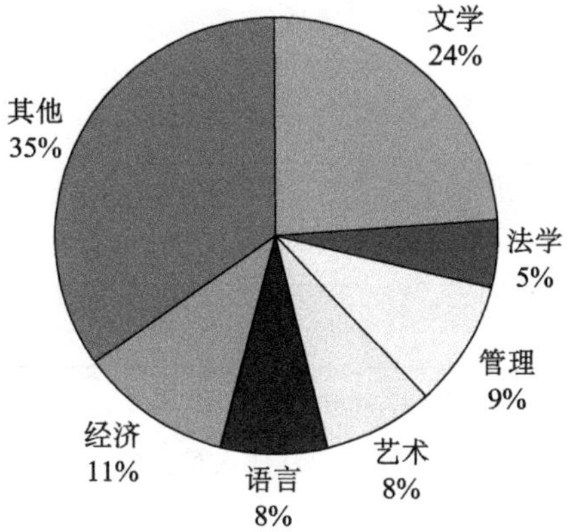

图1－10 我国出版社从业人员专业背景

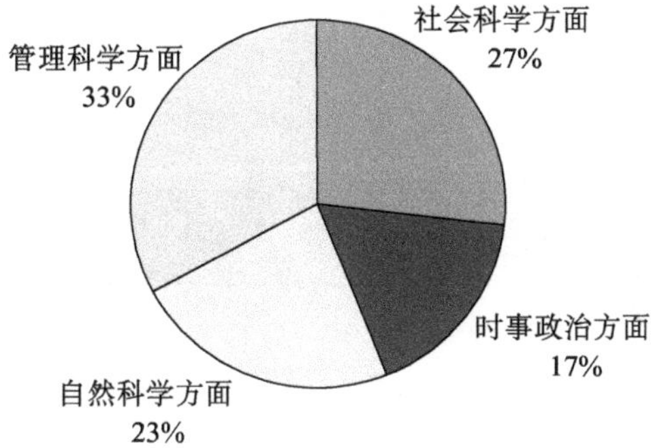

图1－11 在基础知识哪个方面存在欠缺

3. 出版企业内部培训制度不成熟

出版企业内部培训制度不成熟主要表现在对于提升出版从业人员的专业技能不太重视，没有建立规范的专业技能培训制度。大多数出版企业只是注重短期经济效益，对于员工素质的提升认识不足，没有形成完备的培训体系和机制。调查结果显示，只有六成被调查者认为所在单位对于出版从业人员的专业技能比较重视，仍有近四成的被调查者认为所在出版企业没有充分认识到专业技能的培训的重要性。即使出版企业认识到提高职业技能的重要性，但是管理人员因为太忙等理由而缺席培训（如图1－12）。调查数据显示，有22%的管理人员因为工作太忙没有参加培训（如图1－13）。

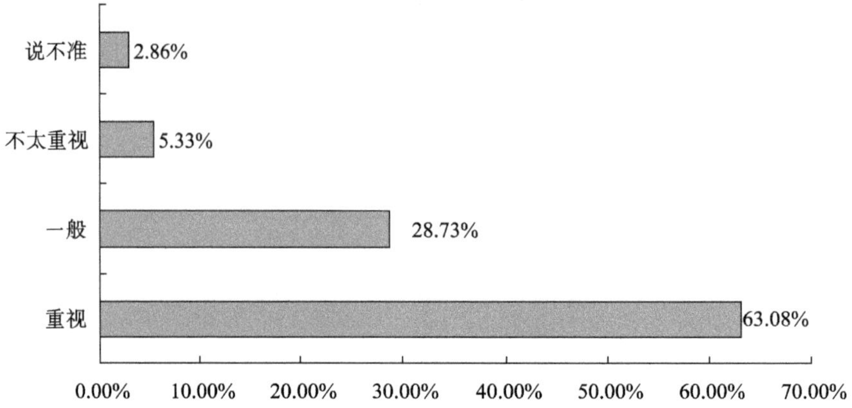

图1－12　对所在单位对于提升出版从业人员的专业技能的重视程度的评价

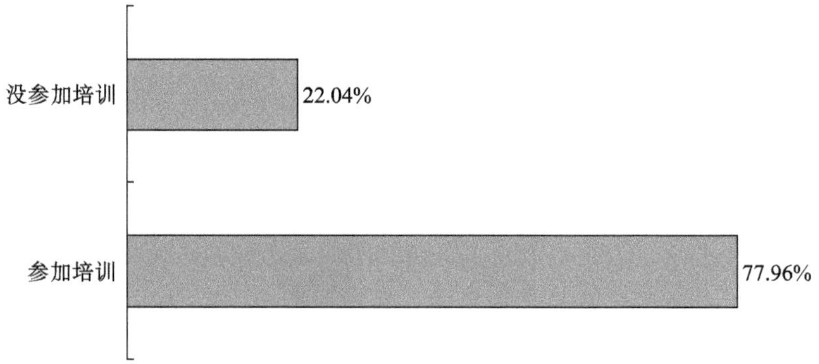

图1－13　因为工作太忙没时间参加培训的比例

（三）加快管理体制改革，建立完备的管理和培训制度体系，提高出版业管理科学化水平

1. 加快管理体制改革，提高管理的科学化水平

出版企业的改革关键在于政企关系和产权制度。能否做到产权明晰，做到政企分开，直接关系到市场经济体制的基石是否稳定，关系到市场的有序运行。企业作为市场主体，不仅要使自己内在地同市场联系在一起，还应该

拥有对市场变化做出灵活反应的权力，这也是企业成为市场经济活动主体的先决条件。因此，管理部门要进一步深化体制改革，加快政企分开改革的步伐，归还本属于商品生产经营企业自己的生产要素选择权、投资决策权、定价权等生产经营自主权，按照党的十八届三中全会深化改革的精神，减少行政部门的干预，顺应市场经济体制的改革要求，发挥市场在竞争领域的决定性作用，加快出版业的市场化改革的步伐，提高出版企业的市场经营意识和适应市场的能力。

2. 健全并完善企业内部管理制度

企业内部管理制度是管理现代化的必然产物，是实现企业经营管理目标而制订和实施的一系列管理方法、措施和程序，它贯穿于企业经济活动的各个方面。建立并严格执行企业内部管理制度，有利于企业资源的合理配置，有利于提高经济效益。为此，出版企业应该建立一个覆盖企业内部各个部门、各项业务及每个员工的每个环节的内部管理制度，同时在实践中不断完善，形成一个相对独立和完善、科学的管理系统。

3. 加强管理人员培训，将培训纳入考核并与激励机制挂钩

管理素质是管理人员胜任管理工作所必须具备的从自我管理到团队建设意识与能力及专业技能的一整套理念、风格与能力的集合。通过加强管理知识和管理技术的培训来提高管理人员的素质，或者通过招聘具有管理学背景的专业人才来强化管理队伍建设，使得出版企业的管理人员不仅有把企业搞好的美好愿望，也有现代化的管理思想管理能力，以便解决有关的决策、分配、市场以及销售渠道的问题。通过开展参与式管理，让员工参与管理活动，倾听他们的想法，可以使管理者很好地发现和发挥员工的能力和优势，提升发展、教导下属的能力。可以使管理者发现员工对于企业文化与制度的理解与误会，通过为他们讲解并采取改善手段，一方面消除误会、增进互信，另一方面提高管理者推广与落实企业文化与制度的能力。还可以使管理者发现员工的贡献与付出，加强以员工为本的意识与行动力，有利于培养其面对复杂问题保持冷静、理智分析、果断决策的能力。可以分享工作体会，这种自我总结、自我反省和自我发现的过程，有益于培养自我激励和自我发展的能力。在日常工作中，大多数管理人员很难完全静下心来参加培训，最常见的原因是太忙，没有时间参加培训。但有些人却是懒，还有些人则是根本不想改变。这就需要把培训纳入考核当中，强迫他接受。不参加培训，此项考核分数就很低，同时对参加培训的表现给予综合评定，与某项考核挂钩，最终影响到晋升、薪酬等，这种方法能够强迫管理人员产生意愿，另外可以把培训与激励机制结合。

4. 强化企业团队建设

出版企业按照现代企业制度的要求实行公司制，绝不仅仅是名称的改变。除了明晰产权、建立法人财产制度和法人治理结构外，更重要的是要按照现代企业制度的要求完善管理制度。包括参与国际竞争以占领国际市场为目标的经营制度、现代企业的技术改造与科研制度、以人为本的民主管理制度和员工的培训制度、考核制度、资金管理制度、劳动工资制度、财务会计制度。与现代企业管理制度相适应，要求其管理组织、管理手段、管理方法、管理方式必须变革。具体要求是：管理组织精干化、管理手段现代化、管理方法科学化、管理方式民主化、管理人员专业化等等。然而仅靠管理者还不足够，必须尊重、依靠、发展员工的力量，形成有战斗力的团队，才能使企业良性发展。团队协作素质是凝聚内部力量的重要保障，专业技术是灵活运用管理理论与方法的必要素质。管理者只有将自身能力与内部力量结合，才能有效促进企业成长。

（执笔人：刘飞）

专报二

我国出版业从业人员专业素质难以适应产业转型升级的需要

内容摘要：

- 八成以上的被调查者认为自身所学的专业与所从事岗位的工作匹配度不高，近九成的被调查者认为现有知识和职业技能不能满足工作岗位的要求，出版从业人员整体专业素质低下。
- 七成以上出版社从业人员认为我国出版业缺乏具有国际视野的外向型专业人才，与国际同行业竞争时处于劣势。
- 九成以上被调查者认为急需进行基础知识和岗位专业技能的培训和提高，期待建立和完善的职业培训制度体系。

新闻出版行业是一个知识密集、智力资源密集的内容产业，其核心竞争力是人才。随着我国文化体制改革的深入，新闻出版行业转企改制的任务已基本完成，在面临数字化技术冲击和出版业走出国门的新形势下，出版业从业人员现有素质状况与出版业发展对人才的需求之间存在巨大的差距，出版业从业人员专业素质亟待提高。

（一）我国出版从业人员整体专业素质低下，与国际同行竞争处于劣势，专业知识和技能培训需求强烈

一是八成以上的被调查者认为所学的专业与所从事岗位的工作之间匹配度低；九成被调查者认为现有知识和职业技能不能满足工作岗位的要求。根据我国学科专业设置的划分，调查问卷共列入 14 大类，我国出版从业人员所学专业分别为：文学、法学、管理学、艺术、语言、经济、工科、哲学、医学、军事学、农学、教育学、历史学、其他。按照出版从业人员所从事的工作或职能状况划分，一共列入 8 项，即：策划编辑、销售或发行、印务、设计、校对、文字编辑、行政管理、其他。调查时将出版从业人员所学专业按照 4 个保守条件与现在所从事的工作岗位进行匹配（见图 2－1）。

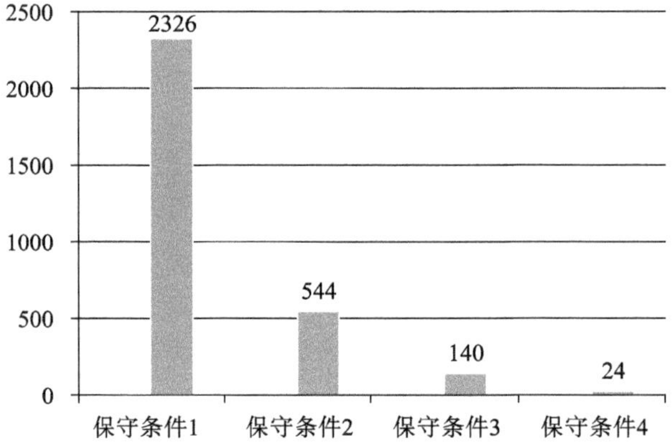

图 2－1　四个保守条件下专业与工作匹配的人员数

其中：保守条件 1：在列入的 14 个专业下选择了策划编辑、校对、文字编辑工作，则认为专业与工作匹配。

保守条件 2：在管理学、经济学的专业背景下从事销售或发行、行政管理工作。

保守条件 3：在所学艺术专业时，从事了设计工作。

保守条件 4：所学专业为工科类时，从事印务工作。

调查发现，尽管在如此保守放宽的条件下。满足保守条件 1 的比例为

38%，满足保守条件2的比例为8.9%，满足保守条件3的为2.3%，满足保守条件4的为0.4%，总计比例为49.6%，表明出版从业人员所学专业与所从事工作不匹配的比例保守估算高达50%以上（见图2－2）。

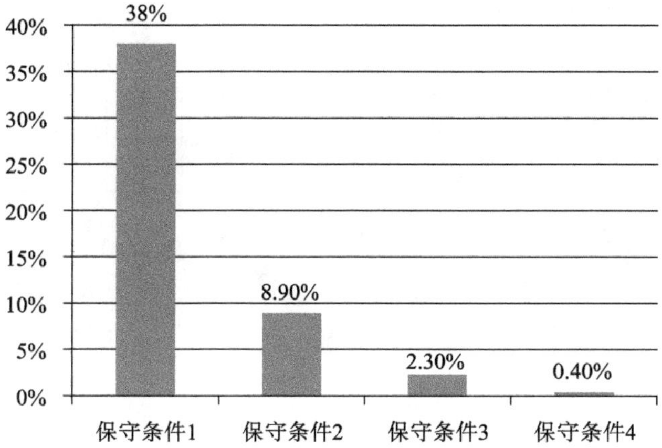

图2－2　四个条件下专业与工作匹配比例

二是高达八成的被调查人员认为同国际出版业竞争时处于劣势，最缺乏具有国际视野和能力的专业人才。本调查将出版业专业人才划分为7类：具有国际视野和战略的、精通出版业务的、精通外语的、具有较强公关能力的、图书翻译、熟悉国际法律知识的和高技术人才。在这些专业人才当中，最缺乏的为具有国际视野的人才，占75.52%；其次，认为缺乏精通出版业务的人才所占比例为38.21%，缺乏熟悉国际法律知识的人才的比例为33.15%；缺乏较强公关能力的人所占比例为30.88%，缺乏高技术人才的比例为28.22%，缺乏图书翻译人才的比例为16.92%（见图2－3）。由图2－3可以看出，我国出版业从业人员专业素质较低，与国际同行竞争时处于劣势，缺乏出版方面的专业人才，特别是具有国际视野的高层次专业人才。

三是近八成的被调查者明确表示急需参加培训学习，其中对出版专业知识和专业软件方面的培训需求最为强烈。在对培训知识的8个方面（政治理论知识、法律知识、财务理论知识、营销理论知识、编辑与校对、信息技术知识、出版工艺知识、宣传策划理论知识）调查时发现，对出版业专业知识的需求最为强烈，高达46%的被调查者认为在信息技术知识方面欠缺专业软件知识及其应用（见图2－4）。

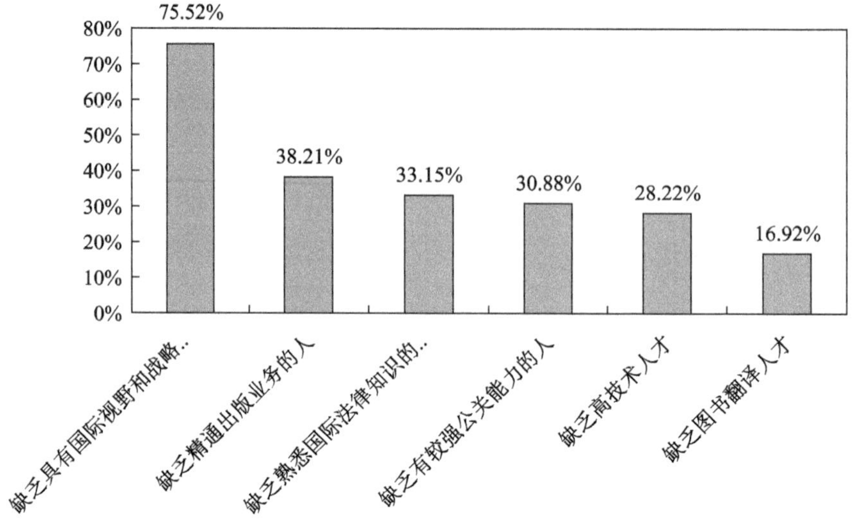

图 2-3 我国出版业同国际竞争时缺乏人才比例

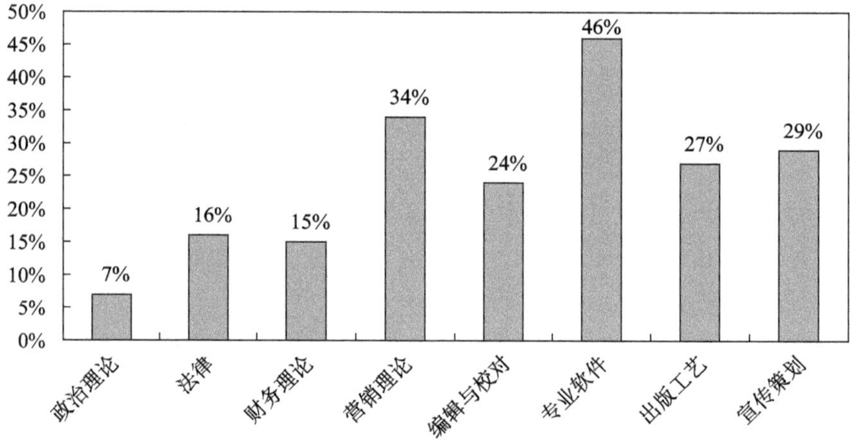

图 2-4 欠缺知识模块比例

从图 2-4 可以看出，出版业从业人员对专业软件知识的需求最为强烈，其次为营销理论、宣传策划、出版工艺、编辑与校对，对这些知识需求的人员均占三成左右。

（二）出版业从业人员专业知识教育经历缺乏、专业培训制度不够完善，培训经费投入较少，是导致出版从业人员素质不高的根本原因

1. 我国出版业从业人员缺乏专门的出版专业知识和教育经历

调查显示，我国出版业从业人员的专业背景和比例分别为：文学（24.32%）、法学（4.9%）、管理（9.49%）、艺术（7.63%）、语言（7.76%）、经济（10.58%）、工科（13.0%）、哲学（1.91%）、医学（2.7%）、军事学（0.2%）、农学（0.9%）、教育学（4.03%）、历史学（3.6%）、其他（9.06%）（见图2－5）。

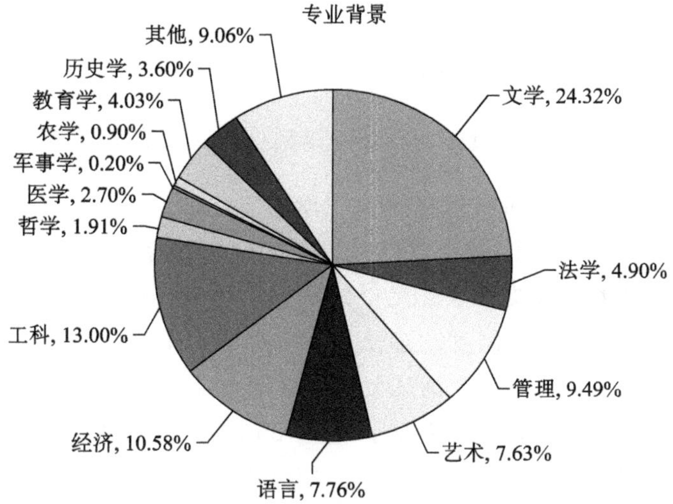

图2－5　我国出版业从业人员专业背景分布

文学专业所占比例最高，占24.32%，管理、艺术、经济、工科、语言等专业次之，约占10%左右。而具有与出版业工作需要比较对口的出版、编辑、营销与发行等专业背景的人员缺乏，使得出版业从业人员整体专业理论素养普遍不高。

整个出版业从业人员的在出版单位连续工作年限低于10年的高达60%以上，专业从业时间短，资历浅，对出版业发展规律和国内外发展状况的认

识不够深入（见图 2－6）。

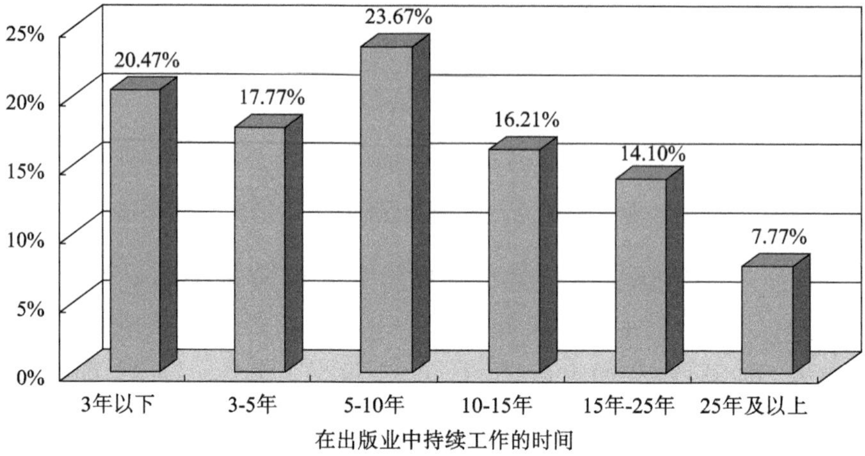

图 2－6　我国出版业从业人员工作年限

这表明我国出版业从业人员专业工作经历时间短，缺乏应有的专业工作积淀和磨炼，整体专业素质不高。

2. 我国出版业从业人员在职教育尚未制度化，没有形成常态

近年来，全国上下都在号召建设“学习型组织”、“学习型社会”等，但现实情况是：大多数出版单位往往重视生产，管理者在思想上对员工的素质提升和技能培训的重要性缺乏足够的认识，行动上也未引起足够的重视，在经费投入和时间保障等制度性建设方面均缺乏系统考虑和设计，还没有形成常规性的培训和学习制度。高达七成的被调查者表示，单位对员工的培训没有制度化，比较随意，没有章法，员工培训的时间也不规律，26.23% 表示最近参加培训的时间为一个月之前，45.33% 表示在一年之前，少数的则表示在几年之前（见图 2－7）。

出版单位对员工的培训没有制度化，缺乏规律性，高达八成的员工得不到规范化的在职培训，专业知识陈旧老化，对新的知识和技能学习和培训有强烈的需求。

另一方面，出版单位在职员工获得专业信息的渠道过于单一。七成以上被调查者都是通过自己的空余时间自主学习，只有极少数的来自行业培训和内部交流，类似这些问题都极大地阻碍了出版业从业人员整体专业技能的提升（见图 2－8）。

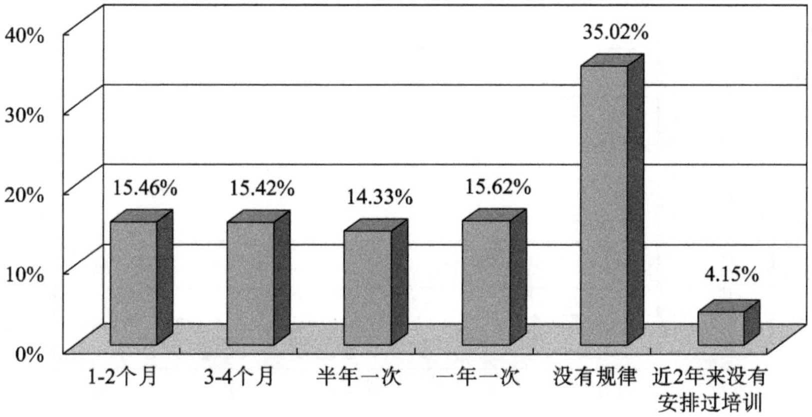

图 2-7　企业每隔多长时间提供一次培训

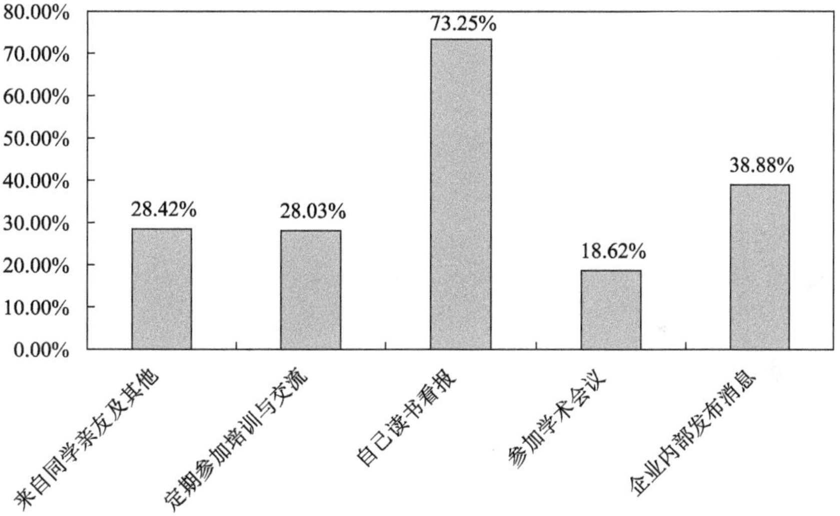

图 2-8　获取信息渠道比例

3. 出版单位培训经费投入不足

人力资本投资是提高人才素质的根本保障，推动人力资本的优先投入，是提升出版业从业人员知识水平和技能水平的保证。调查结果表明，高达90%的出版从业人员不愿承担知识和技能培训方面的费用，在表示完全认可承担培训费用的10%的被调查者中，高达63.07%的被调查者表示每年能够承担的培训费用为0.5万—1万元（见图2-9）。

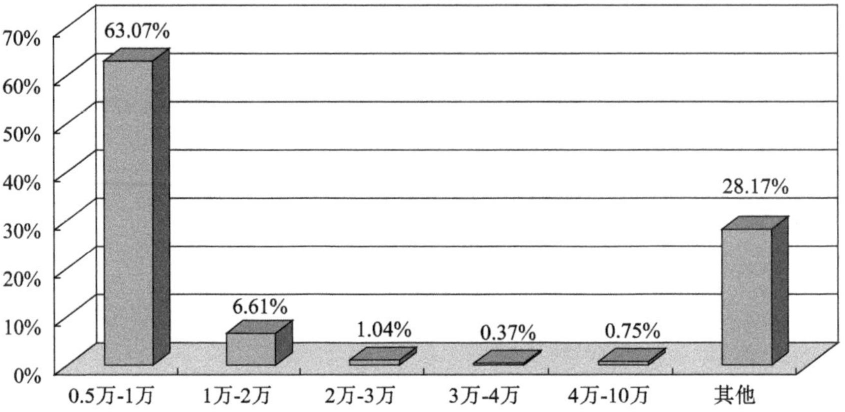

图 2－9　个人最多能承担的培训费用比例

（执笔人：王梦）

专报三

我国出版业技术素质较低 数字化转型进程缓慢

内容摘要：

- 四成以上的被调查者认为我国出版业技术素质较低；超过七成的被调查者认为我国目前出版业的技术素质不能够适应国际出版业竞争的需要。
- 九成以上的被调查者表示自己所在单位的编辑校对工作还没有使用全部智能化，人工编辑处理方式占有很大比重。
- 近八成的被调查者表示自己单位以数字化出版的形式提供给读者的内容出版物不超过其业务总量的20%；超过两成的被调查者表示自己的单位并未为自己配备电脑。

我国古代的四大发明中，有两项与出版有关，那就是造纸术与印刷术，这两项发明极大地推动了人类文明进程。15世纪，古登堡印刷机的发明使出版业步入工业化、产业化时代；20世纪激光照排技术的发明，又使得光与电的出版技术取代了铅与火；进入21世纪以来，印刷和出版业又进入了0和1的数字化时代，大力发展新兴的数字出版产业，成为当前国际范围内出版业发展的大趋势。

出版业进入到数字化时代后，技术素质成为直接影响出版单位生存与发展的重要因素。面对世界范围内出版业发展新的趋势，我国传统出版业要切实提升技术素质，尤其要加快数字化转型的步伐，与国际出版业接轨。调查显示，我国目前出版业技术素质整体较低，数字化转型进程缓慢，不能适应国际竞争的需要。

（一）我国出版业信息化程度不高，技术素质较低，数字化转型进程缓慢，缺乏国际竞争力

1. 出版业信息化程度不高

在能够表示出版业信息化、现代化水平的电脑配置方面，对出版业从业人员配置电脑台数的调查显示，70.76%的被调查者在工作中拥有一台电脑，但仍有22.54%的被调查者表示，单位并未为自己配置电脑（见图3－1），这表明，我国出版业的信息化建设的硬件水平还较低；在编辑校对方面，调查结果表明，仅有4.66%的被调查者表示自己所在单位在编辑校对方面属于全智能化编校，54.23%的被调查者则表示处于半智能化编校，高达41.10%的被调查者则表示自己的单位还在完全使用人工编校（见图3－2）；在出版业自动化编辑软件普及程度方面，调查显示，接近30%的被调查者表示自己工作中完全没有用过自动化编校软件（其中有5.78%的被调查者表示自己单位根本就没有配备这类软件），25%左右的被调查者会偶尔使用，而会经常使用的被调查者则不超过被调查者总数的一半（见图3－3）。这表明，我国出版业在衡量技术水平高低的软件配置和使用方面急需普及和提高。

2. 出版业技术素质整体较低，不能适应出版业国际化发展的需要

在技术素质方面，调查显示，高达41.07%的被调查者认为我国出版业整体技术素质较低，只有13.47%的被调查者认为我国出版业整体技术水平先进（见图3－4）。在关于各出版单位的技术水平的调查中，只有2.14%的被调查者表示自己单位的出版技术水平达到了国际领先水平，32.91%的被调查者认为自己单位的出版技术水平仅仅可以算得上是在国内比较先进，16.10%的被调查者认为自己单位的出版技术水平落后于本地平均水平的

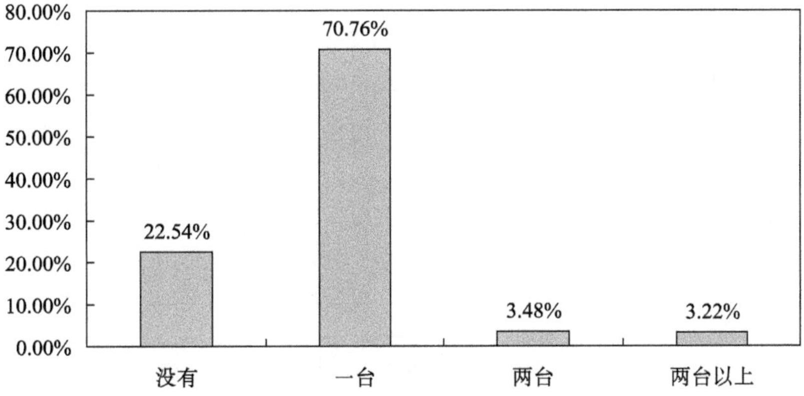

图 3－1　贵单位给你配备的电脑数

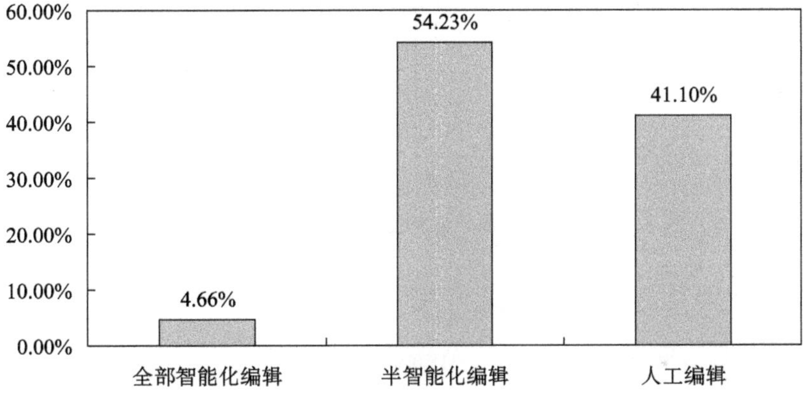

图 3－2　贵单位在编辑校对方面所处的技术水平

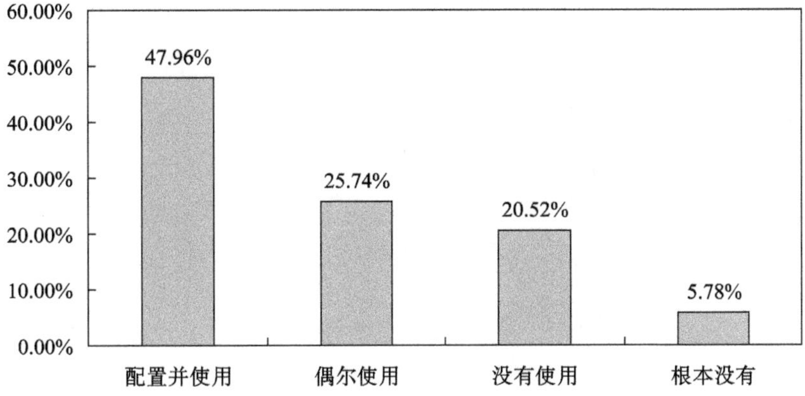

图 3－3　贵单位在日常编校工作中使用黑马软件的情况

（比较落后为 13.11%，落后为 2.99%）（如图 3－5 所示）。在关于目前我国出版业技术素质能否适应国际出版竞争需要的调查中，调查结果显示，高达 61.78% 的被调查者认为不太适应，10.66% 的被调查者认为根本不能适应，仅有 28.56% 的被调查者认为我国目前的出版技术素质能够适应国际竞争环境的（如图 3－6 所示）。由此可以得出结论，我国出版业技术水平较低，不能适应国际化竞争的需要。

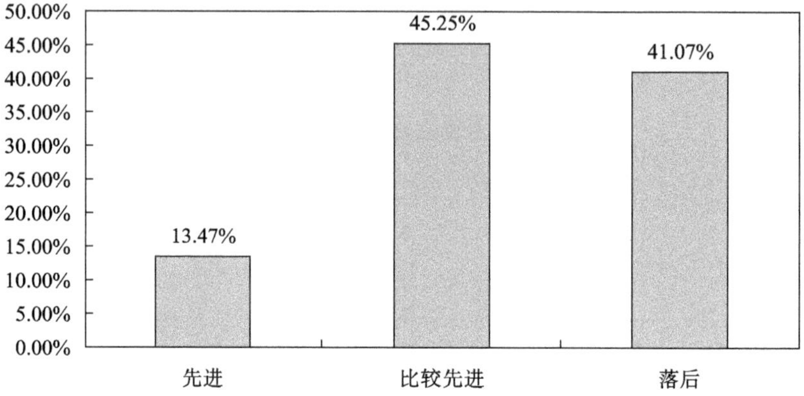

图 3－4　您对我国出版产业整体技术素质怎么评价

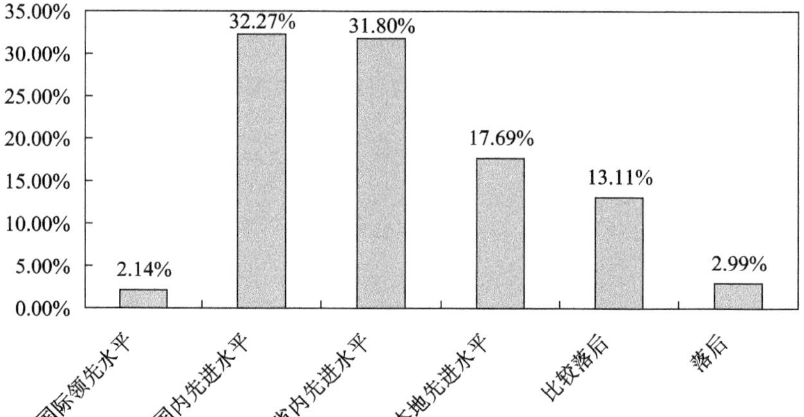

图 3－5　贵单位属于什么样的技术水平

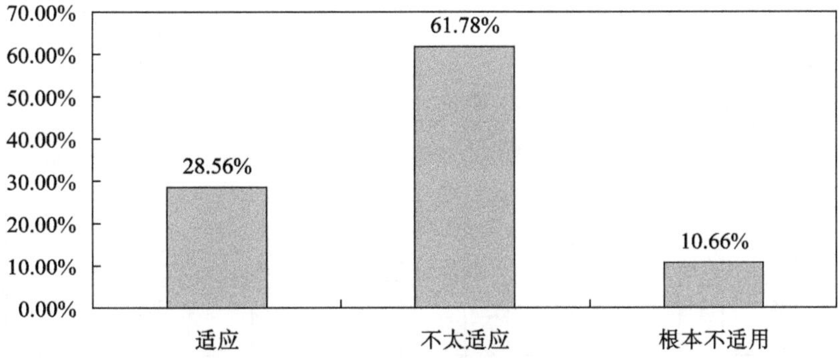

图 3－6 我国目前出版业技术素质是否适应国际出版竞争的需要

3. 出版业数字化转型进程比较缓慢

数字化出版形式提供给读者的内容和出版物所占比例很低，出版单位用于数字出版技术的开发和研究投资较少。38.27% 的被调查者表示，自己单位只有低于 5% 的内容或出版物是以数字化出版的形式提供给读者的，仅有 12.65% 的被调查者表示自己单位的数字化出版物超过出版物总数的 40%（如图 3－7 所示）。关于出版单位对于数字出版技术开发的投资所占比例，调查结果显示，超过 80% 的出版单位在数字出版技术开发的投资不到经费总支出的 10%，其中甚至有 23.47% 的单位不到 1%，而超过总支出比例 25% 的单位也仅仅占到 2.70%（如图 3－8 所示）。表明我国出版业数字化转型进程缓慢。

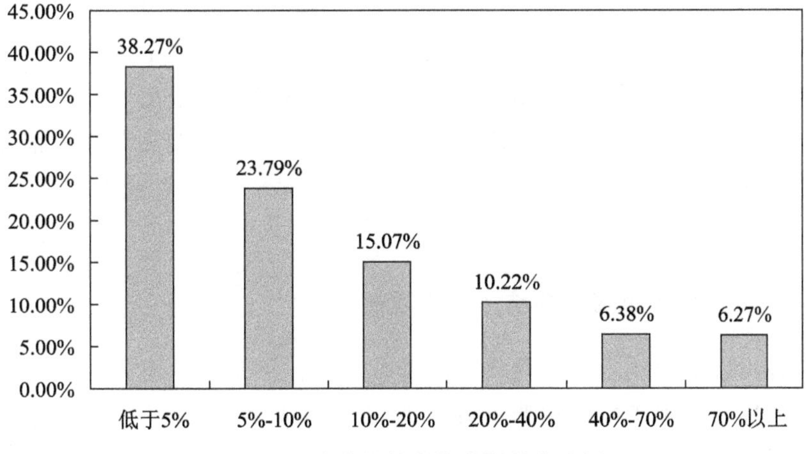

图 3－7 贵单位数字化出版所占比例

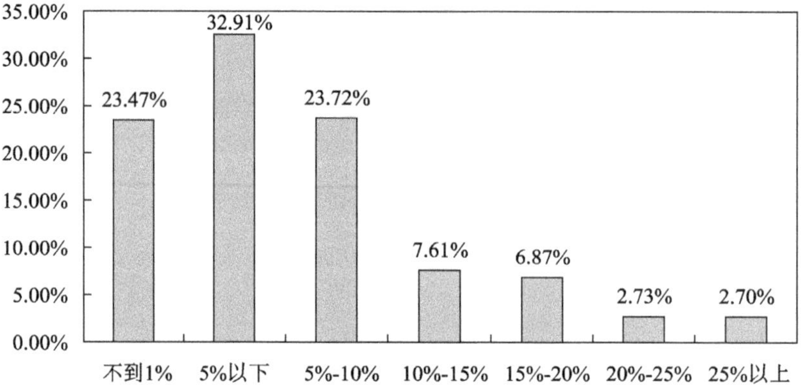

图 3－8　贵单位每年用于数字出版技术开发的投资占经费总支出的比例

（二）出版单位技术人才缺乏、重视不够、国家相关政策不到位是造成困境的主要原因

1. 真正懂得数字技术的人才缺失

超过 10% 的被调查者表示自己的计算机信息技术水平不高，而几乎所有的被调查者都表示自己现代化信息知识有所欠缺（其中缺乏网络技术的知识缺乏约占 22%，电脑知识缺乏占约 13%，专业软件知识约占到 46%，其他则约占 19%）（如图 3－9、图 3－10 所示）。这表明我国出版业中普遍存在的问题是从业人员对新技术知识的缺失，这一个方面造成了出版业整体技术水平落后，另一方面又导致出版业数字化转型缓慢。由于出版社对先进的出版技术不是非常了解，且缺少高素质的复合型人才，所以没有办法很好地利用新的数字技术，如果仅仅是跟风去购买和配置则会造成新设备的闲置浪费。

2. 不少出版单位对提高技术水平重视不够

从各出版单位用于数字化转型的资金所占比例来看，不少出版单位对技术水平的提高重视不够。出版产业一直以来都是“内容为王”，行业内普遍存在着轻视技术手段的现象。国际范围内出现的出版业数字化转型已经成为

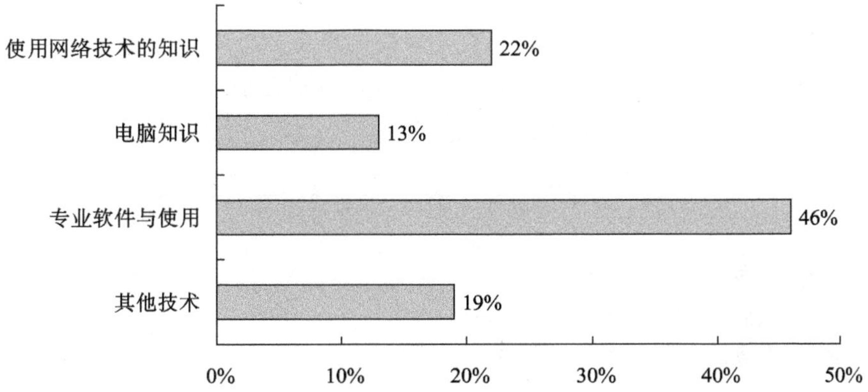

图 3-9　专业技能

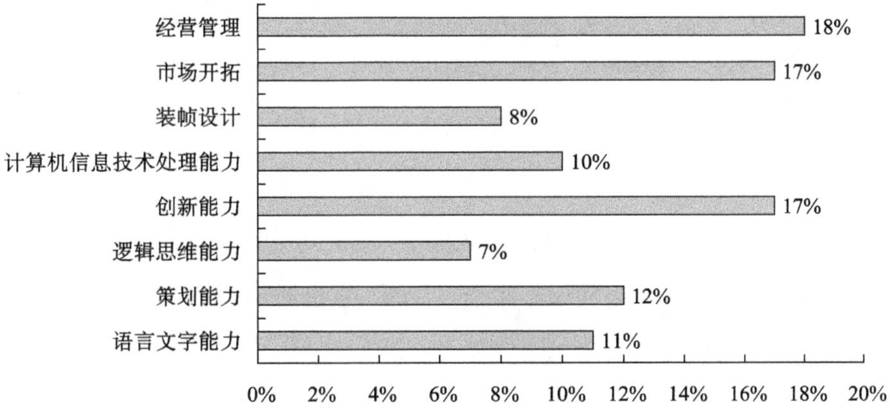

图 3-10　使用信息现代信息化手段

大势所趋，这不仅仅是出版单位愿不愿意的问题，而会直接影响到出版单位的生死存亡，因此，必须高度重视数字化技术。在转型升级后的数字出版业中，技术因素在产业发展中成为与内容产业并重的重要因素，在某些阶段甚至成为影响内容产业发展的重要因素。个人电脑的普及使互联网成为继报纸、广播、电视之后的第四种新的媒介形式；智能手机及平板电脑的诞生，使移动互联网成为一个发展前景极为广阔的新领域。重视技术的创新与应用，对于出版业未来发展而言，具有十分重要的意义。

3. 国家关于支持出版业数字化转型的相关政策不够完善

以出版社为例，调查显示，约有 28.92% 的被调查者表示自己所在单位从未享受过各级政府对出版产业发展或技术创新方面出台的一系列的鼓励和优惠政策（如图3－11所示）。一个产业的健康发展，必须有良好的市场环境做保障，出版业技术素质的提高也不例外。政府主管部门在推动出版业数字化转型、制定完善的政策方面责无旁贷。

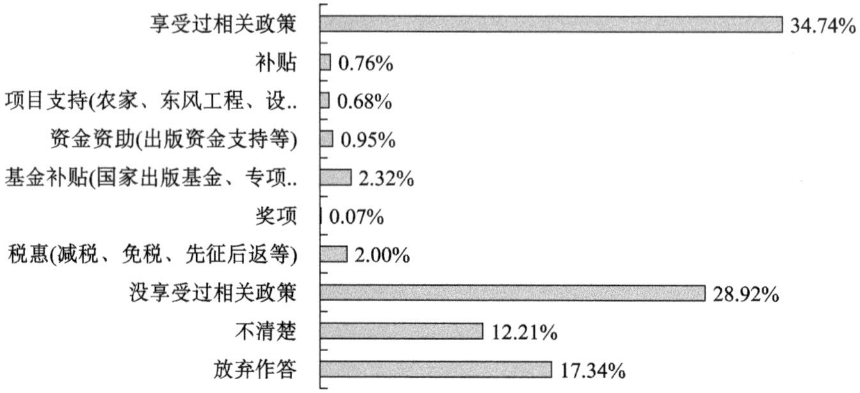

图3－11　贵单位享受过何种政策

（三）培养数字出版技术人才，加大出版业技改投资，建立健全国家财政支持体系，提高出版业整体技术素质

1. 加强数字出版技术人才的培养

在数字化浪潮席卷全球的大背景下，出版企业要彻底转变传统的人才观。出版人员不仅仅只是一个内容编辑者和提供者，只懂得编辑知识是远远不够的，还必须掌握数字技术等多方面知识和能力。培养数字出版技术人才，首先，在企业方面，应采取多种方式，加大力度对传统出版人进行数字出版知识的普及、教育和培训；其次，在政府层面，应尽力搭建传统出版企业与数字技术企业的桥梁，让传统编辑出版人才与数字出版技术人才进行交流与学习，建立培训机制和数字出版培训基地，对人才分层进行数字出版相关知识和技能的培训。

2. 国家要加大出版业技术改造的资金投入，建立健全国家财政支持体系

要切实提高出版单位的技术装备水平，推广应用数字化、网络化、智能化等先进技术装备；出版业装备技术升级要针对关键领域和薄弱环节，突破一批共性的关键技术，加快先进技术的产业化应用，提高核心技术的应用能力，促进出版企业技术创新能力的提升；要加大出版业技术发展的国家资金投入，在整合现有政策资源、充分利用现有资金渠道的基础上，争取设立出版业数字化水平提升和转型专项资金，建立健全国家财政支持体系，支持出版单位的数字化转型，要加大出版单位技术改造和技术创新投入力度，对具有明确市场前景的重点科技项目，建立由出版单位牵头组织、高等院校和科研机构共同参与实施的有效机制。依托骨干出版企业，围绕关键核心技术的研发、系统集成和成果转化，建设若干具有国际先进水平的数字出版内容聚合及资源展示与投送平台，发展一批出版单位主导、产学研用紧密结合的产业技术创新联盟。

3. 要加强出版单位的信息化建设，重视技术素质的提升

信息和网络技术的迅猛发展，给出版业带来的冲击和变革是革命性的，目前不少出版单位的工作依然主要依靠纸和笔，在纸上看稿改稿，一方面效率较低，另一方面也不利于及时开发和充分利用信息。出版单位可以通过技术在选题和新闻线索方面，统筹规划、联合创意，实现资源共享，也可根据不同介质和受众特点对信息内容进行分类加工，实现“一次制作，多元发布”，形成多样化产品，满足受众多元化需求。数字出版基于技术手段的媒介本身形态的变化对于整个出版业的革命性冲击是不容忽视的。要充分重视提高技术水平的重要性，加快数字化转型进程，提高国际竞争力。

（执笔人：陈尼佳）

专报四

我国出版业人力资源管理科学化水平不高，管理制度亟待完善

内容摘要：

- 高达七成的被调查者认为自身没有制定清晰的职业生涯规划。
- 近七成被调查者认为企业没有规范的培训制度，其中三分之一的被调查者认为所在企业不重视培训，三分之一的认为企业培训工作比较随意，没有形成常态。
- 超过七成的被调查者认为目前自己的工资水平不能体现其工作量，激励效果不能得到有效发挥。

人力资源不仅已成为企业取得和维系竞争优势的关键性资源，还是实现企业快速发展的重要资源。要将人力资源从潜在的生产能力转化为现实的生产力，就必须加强人力资源的开发与管理。

（一）我国出版业人力资源管理科学化水平不高

1. 高水平的管理人才比较缺乏

调查显示，三分之一的被调查者认为我国出版业从业人员素质较低，出版业内熟悉资本运作、懂得国际规则的高级金融人员紧缺；专业技术型人员紧缺；既懂经营又懂出版、能够进行跨媒体经营的复合型人员紧缺；既善于掌握市场又了解国际惯例的外向型人员紧缺；近80%的被调查者认为我国出版业在国际竞争中缺乏优势（见图4－1、图4－2、图4－3）。

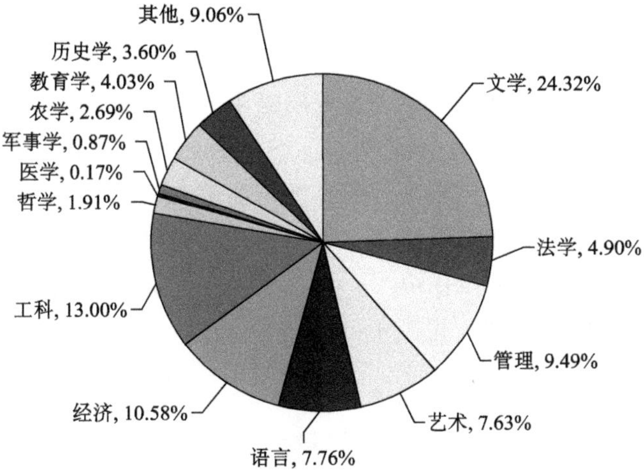

图4－1　出版从业人员的专业背景现状

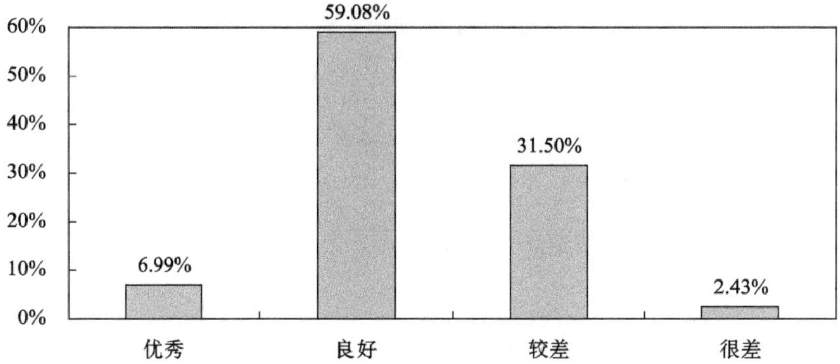

图4－2　我国出版行业人员素质评价

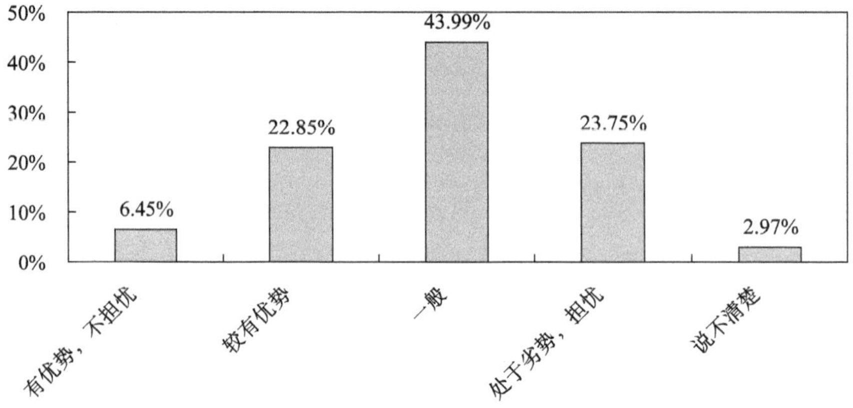

图 4－3　我国出版同国际竞争优势

2. 没有清晰的职业生涯规划

依据企业的发展战略，把个人发展的需求和组织发展的规划相结合，制定符合员工个人情况的职业生涯规划，不仅能够为员工的长远发展提供指引，而且能够为公司的发展储备资源。把企业的人力资源最大限度地变成人力资本，最终实现企业的发展愿景。每个有长远发展目标的企业都应把制定职业生涯规划作为重要的工作内容。调查数据显示，高达七成的被调查者并没有明确的职业生涯规划（见图 4－4）。

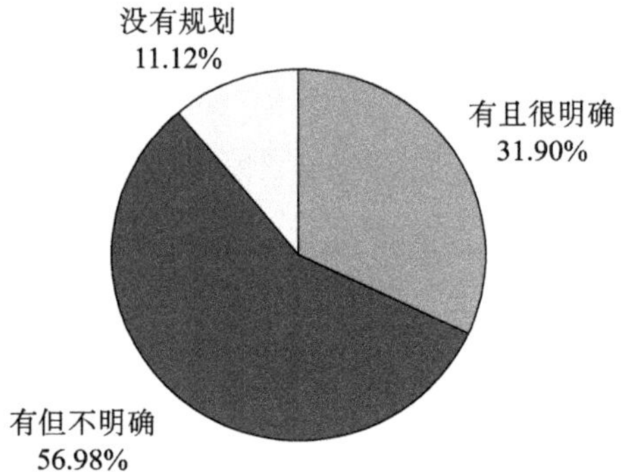

图 4－4　我国出版业从业人员是否具有明确的职业生涯规划

3. 工作积极性不高，发展动力不足

一个科学完善的薪酬体系能够不断激励员工提高综合素质，充分调动员工的积极性、主动性和创造性。调查数据显示，近半数的被调查者认为现有工资水平不能体现工作量，近六成的被调查者把提高个人经济收入作为提高职业技能的动力（见图4－5和图4－6）。

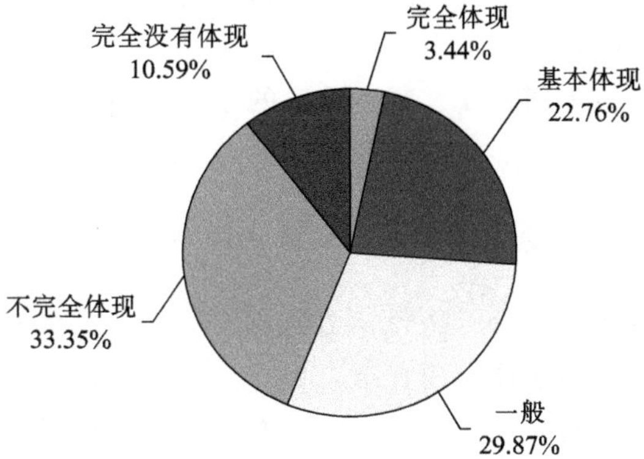

图4.5 现有工资水平体现工作量的现状

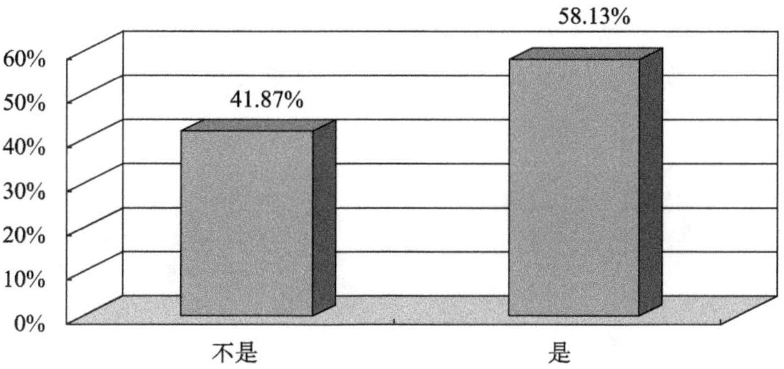

图4－6 个人经济收入作为提高职业技能的动力现状

（二）缺乏足够的重视、投入不足、培训体系不规范、激励机制不健全是影响出版企业人力资源管理的主要因素

1. 对人力资源管理不够重视

不少领导仍然将人力资源管理工作看成单纯的人事管理活动，只进行简

单的劳动组织、档案管理、工资分配、考核升级等低层次的管理活动，没有认识到人力资源是一种能动的，具有巨大开发潜力的资源，没有把它提升到企业的战略的高度进行规划、配置、开发和利用。虽然出版企业为适应市场发展设置了人力资源部，但其职能依然停留在一些档案管理、工资劳保管理等传统的人事管理模式上。由于对人力资源管理不够重视，导致了出版企业没有健全的人力资源管理制度，对于员工的培训开发和人才选拔等都产生较大的影响。

2. 人力资本投入不足，缺少规范的培训体系

培训员工是企业培养员工能力、适应竞争需求、灌输企业文化、提高企业绩效最直接和有效的途径。调查结果显示，近八成的被调查者认为培训能够提升自身专业技能水平和素养，其中只有不到三成的被调查认为自己所在出版企业有制度化的培训体系，七成以上的被调查者表示所在企业缺乏规范的员工培训制度。不少出版企业由于资金限制、意识淡薄等原因，培训无计划、无制度，导致此项工作比较随意。因此，应当加大人力资本的投入力度，建立健全规范的培训体系，提高员工的专业素质（见图 4－7、图 4－8、图 4－9）。

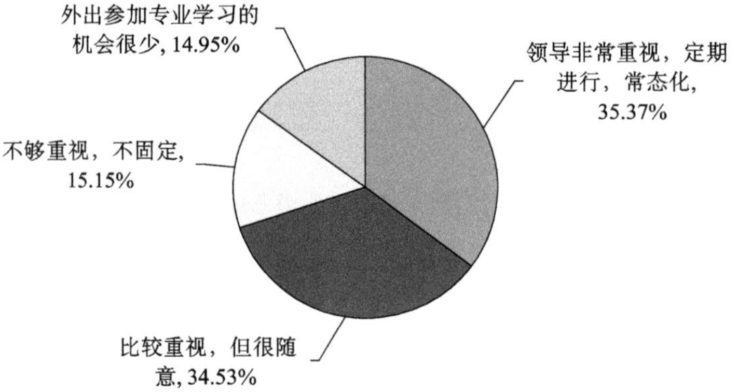

图 4－7　出版单位对培训的态度

3. 激励机制不健全

近半数的被调查者认为现有工资水平不能体现工作量，近六成的被调查者把提高个人经济收入作为提高职业技能的动力。许多单位没有建立科学的

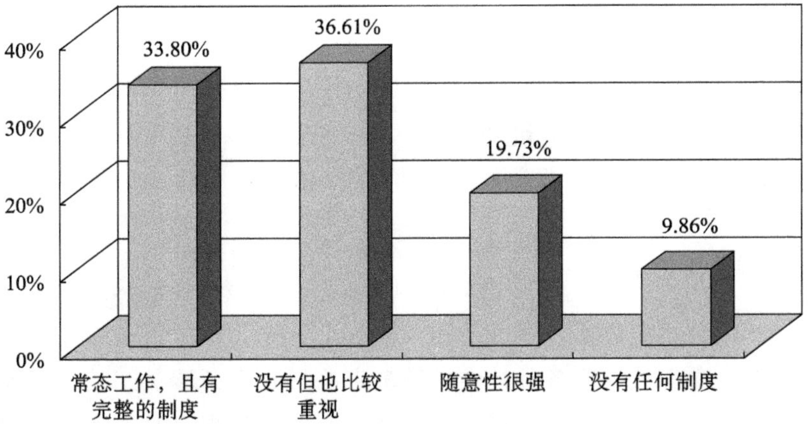

图 4-8 出版单位培训的制度化现状

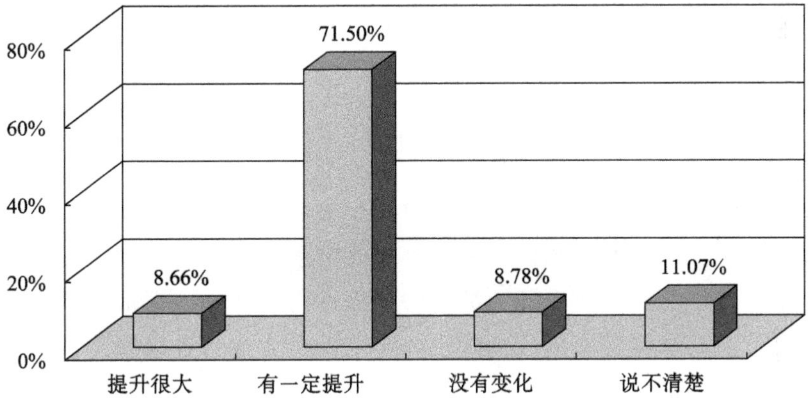

图 4-9 培训后，专业技能水平和素养的提升现状

薪酬体系，考核机制不够完善，缺乏严格、系统、科学的评定手段，不能按照科学的理论分析工具来分析员工的不同需求，更无法设计出针对不同需求员工的体现差异化的激励措施，且激励措施单一，缺乏文化精神激励机制，激励措施不到位，缺乏适应个体需求，使员工特别是技术人员和管理人员的个性需求很难被满足，从而造成人员的流失。

（三）加强培训，完善考核体系，建立健全人力资源激励机制

1. 加强员工培训

良好的培训机制离不开科学的培训规划。首先，出版企业应充分利用国家义务教育、高等教育和各种社会辅助教育等形式来开展员工培训工作，既要注重培训的内容，又要注重培训的层次。同时应根据自身的实际需要，制定多渠道、多形式的业务培训，以提高员工业务技能和敬业精神；其次，在培训人员方面，要多向国际领先企业学习先进的培训理念和培养方式，与之建立长期合作关系，选送后备人才出国深造学习；最后，应与国内出版业的领先企业加大交流力度，参观学习先进的人力资源培育机制，提高员工培训的效果。

2. 完善考核体系，建立良性竞争机制

完善绩效考核机制，为优秀人员脱颖而出创造良好的环境。建立和完善以业绩为导向，以品德、知识、能力等主要要素为内容的各类人力资源评价考核体系，通过绩效考核，调动员工的积极性与创造性，形成能者上、平者让、庸者下、人员能进能出的良好企业氛围。大力推行各级管理人员竞争上岗制度，进一步推广公开选拔高管人员，努力创造公开、平等、竞争、择优的良好用人环境。单位内的高管职位，原则上都应实行竞争上岗，通过述职、民主测评、考核、组织决定等程序择优聘用，从而提高管理队伍的素质。

3. 建立健全人力资源激励机制

首先，改革和完善现行分配制度，坚持把按劳分配与按生产要素分配相结合，结合年薪制和股权、期权、企业年金等多种分配方式，鼓励知识、技术、管理和资本等生产要素参与收益分配，建立符合市场经济法则的人力资源分配激励机制，实现一流人才以一流业绩赢得一流报酬。逐步完善重实绩、重贡献、向优秀人才和关键岗位倾斜的分配机制，对作出突出贡献的专

业技术人才、经营管理人才和技能人才予以重奖，设立企业重大贡献奖，于年底给予一次性奖励；其次，实行目标责任制，将从业者的收入与经济效益挂起钩来，对扭亏增盈有突出贡献的经营管理人员进行奖励，对未实现目标或给单位造成直接经济损失的则视情况给予相应处罚；最后，要提高员工的福利待遇，为员工提供优良的工作环境和充分的发展空间，最终提高员工工作的积极性。

（执笔人：丁凯）

专报五

我国出版社从业人员培训需求强烈
职业技能亟待提高

内容摘要：

- 三成左右的被调查者认为自身现有的知识基础和职业技能不能满足当前工作岗位的要求。
- 超过七成的被调查者参加各类培训的需求强烈，但却不愿承担过多的培训费用。
- 近七成的被调查者表示单位对在职员工的培训没有制度化、常态化，超过三成的被调查者表示单位提供培训的时间没有规律，随意性强。

完备的知识基础和职业技能是出版社从业人员必须具备的基础条件。知识基础主要包括社会科学、时事政治、自然科学等方面的内容；职业技能主要指从业人员所具备的专业技能、社会技能和使用现代信息化手段的技能。调查显示，我国出版社从业人员对提升自身知识基础及职业技能的需求强烈，但接受的培训机会较少，需求得不到满足，多数出版社尚未建立完备的在职员工培训机制。出版社的长远可持续发展和核心竞争力的形成客观上要求必须重视在职员工的职业技能培训，建立完善的职业技能培训制度，从根本上提高从业人员的综合素质。

（一）出版社从业人员对提升职业技能的需求强烈，但接受培训的机会较少

1. 出版社从业人员知识基础及职业技能不能完全满足工作岗位的需求

对出版社从业人员素质的调查主要涉及知识基础以及职业技能。调查结果显示，相当比例的被调查者在这两方面的储备均不能满足岗位的需求。对基础知识四个方面（社会科学、时事政治、自然科学、管理科学）的调查结果显示（见图5－1），27%的被调查者认为自身现有的社会科学知识满足不了岗位需求，17%的被调查者认为自身时事政治知识不能满足岗位需求，23%的被调查者认为自身自然科学知识不能满足岗位需求，33%的被调查者认为自身的管理科学知识还不能满足岗位需求。对职业技能的三个方面（包括社会技能、专业技能、使用现代信息化手段技能）的调查结果显示，30%的被调查者认为在社会技能方面欠缺应对突发事件的能力（见图5－2），46%的被调查者表示自身在专业软件知识与使用方面比较欠缺，满足不了岗位工作的需求。这些都表明，出版社在职员工的职业技能尚不能完全满足工作岗位的需求，整体水平亟待提高（见图5－3）。

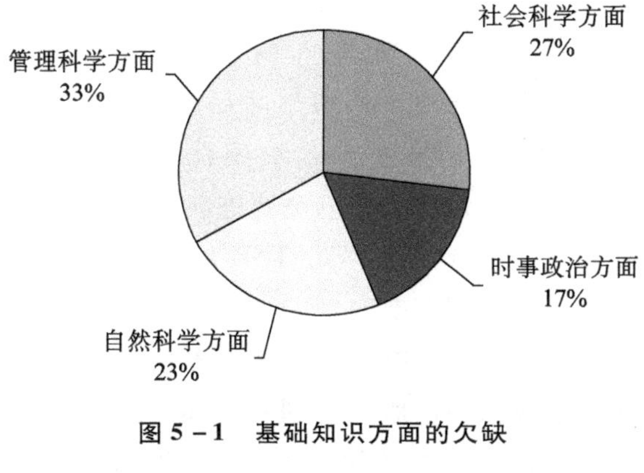

图5－1　基础知识方面的欠缺

2. 出版社从业人员对提升职业技能的需求强烈，但接受培训的机会较少

调查显示，77.37%的被调查者表示自己有参加各类培训学习的需求

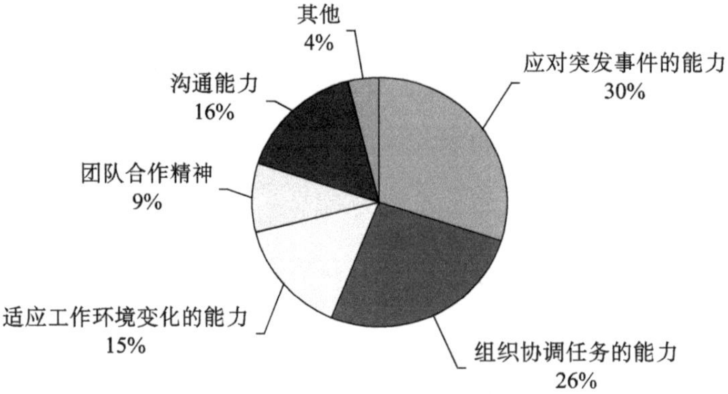

图 5－2 社会技能方面的欠缺

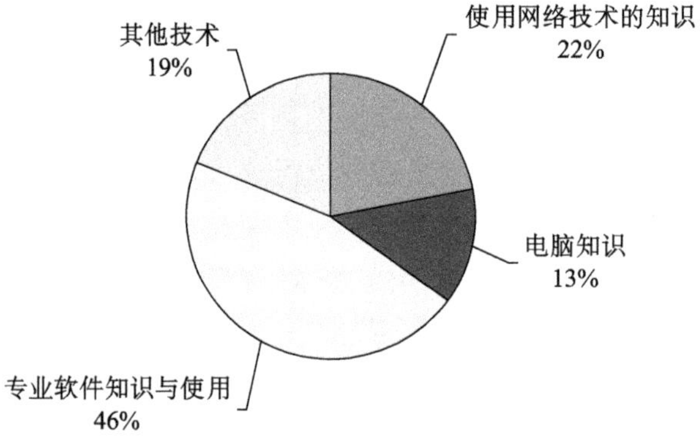

图 5－3 使用现代信息化手段方面的欠缺

（见图 5－4）。在基础知识方面，66.29% 的被调查者最想学习营销理论知识（见图 5－5），75.51% 的被调查者最想学习编辑与校对知识（见图 5－6），在使用现代信息化手段方面，74.81% 的被调查者最想培训学习信息技术知识（见图 5－7）。以上这些无疑反映出被调查者对提升自身知识基础与职业技能的需求较为强烈。但调查显示（见图 5－8），超过半数的被调查者表示很久没有参加职业培训，迫切需要改善个人职业技能培训状况，在所调查的出版社从业人员中，52% 的被调查者表示最近参加的一次培训是在半年前甚至更久前。这表明目前我国的出版社培训制度和培训体系不够健全，为出版社从业人员提供的职业技能培训机会相对较少。调查同时显示（见图5－9），34.53% 的被调查者认为单位对员工的培训不够重视也不固定，14.95% 的出版社从业人员认为外出参加专业学习的机会很少。此外，近七成（66.2%）的被调查者表示所在单位缺乏完整的培训制度（见图 5－10）。

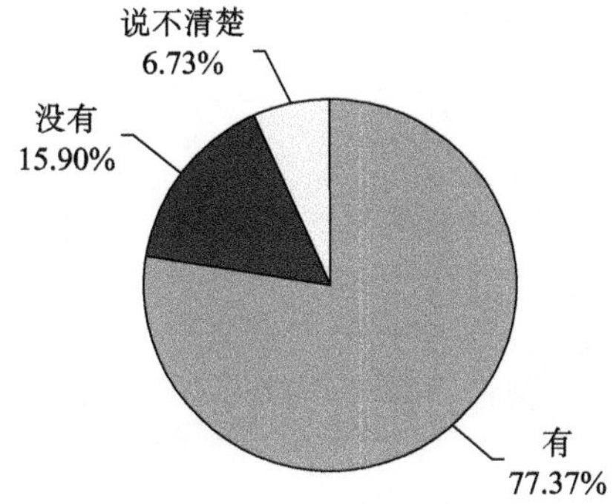

图 5－4　是否有参加各类培训学习的需求

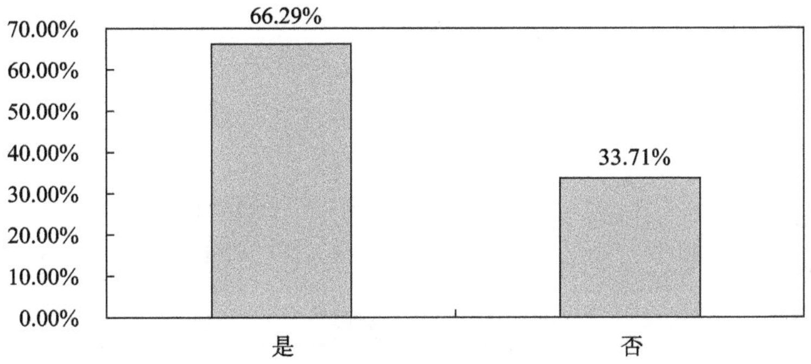

图 5－5　是否最想培训学习营销理论知识

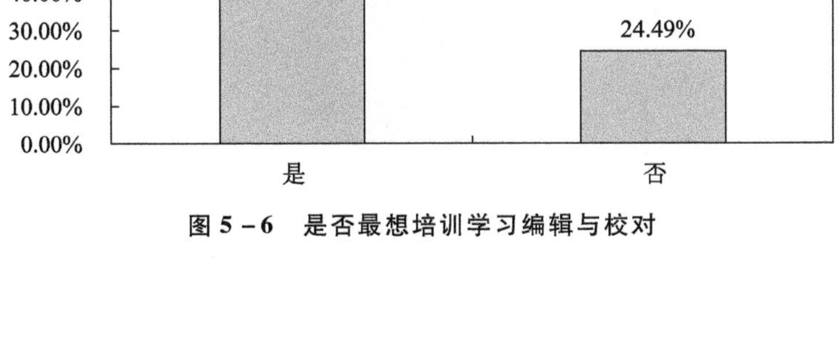

图 5－6　是否最想培训学习编辑与校对

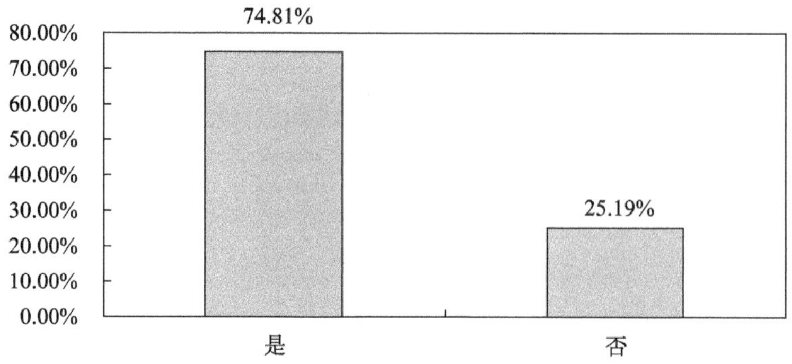

图 5－7　是否最想培训学习信息技术知识

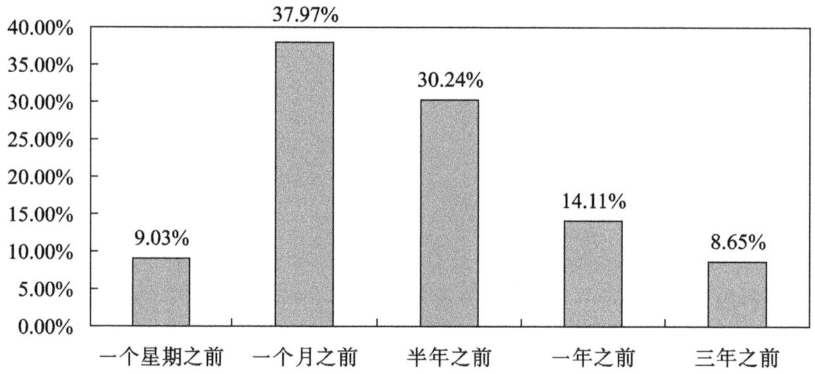

图 5－8　最近参加的培训是在多久之前

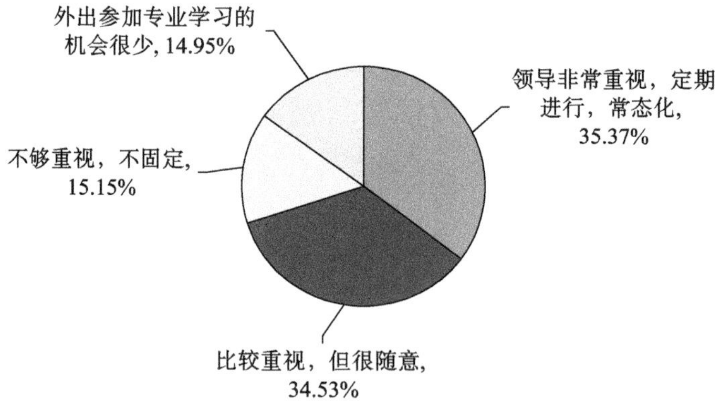

图 5－9　单位对在职员工的培训是否重视和常态化

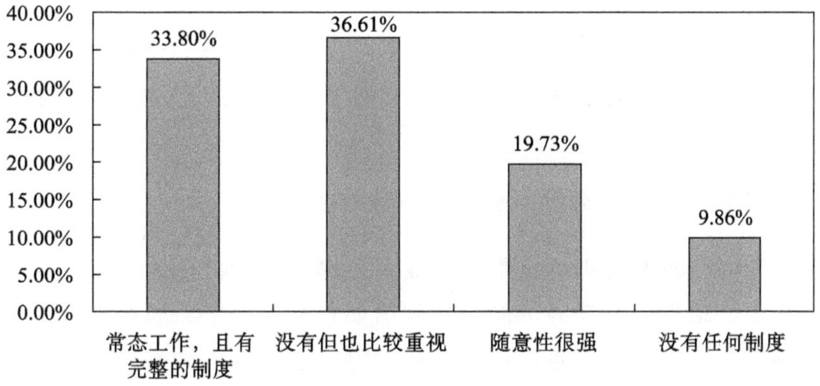

图 5-10　单位对于在职员工的培训是否制度化

3. 出版社从业人员不愿承担过高的培训费用

尽管大多数被调查者表示自身对培训的需求强烈，但在被问及是否愿承担培训学习费用时，调查显示，仅有 9.88% 的被调查者完全认可自己承担一部分职业技能培训费用，有近三成的被调查者不认可自己承担费用（见图 5-11）。

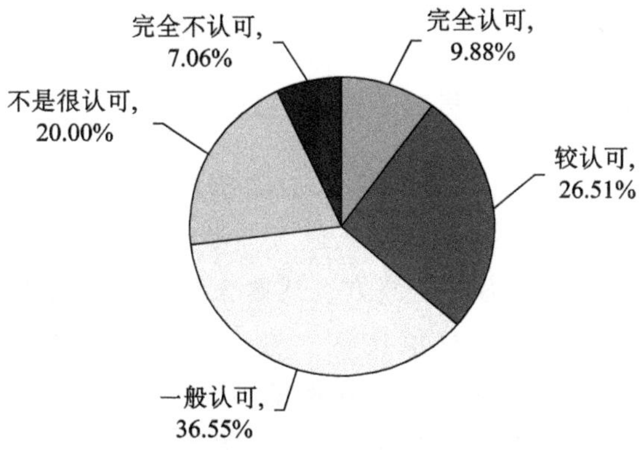

图 5-11　对自己承担一部分专业技能培训和学习费用认可态度

（二）培训制度不完善、专项培训费用不足以及提升技能的动机是影响出版社从业人员提升职业技能的主要因素

1. 政策限制影响出版社从业人员职业技能提升

国家的一些政策会影响出版社从业人员提升职业技能的需求。比如在一些大中城市，培训、升迁等可能会受到诸如户口、档案、职业准入等多方面因素的制约，这就使得出版社从业人员的整体水平得不到有效提高，从而影响整个出版业人员整体素质。

2. 出版社从业人员在职教育制度化尚未形成

近年来，党和国家号召建设“学习型社会”、“学习型组织”等，尽管如此，但大多数单位往往过多地重视眼前的经济效益，思想上对员工的素质提升和技能培训的重要性缺乏足够的认识，更没有形成完备的培训学习制度。调查显示（见图5－10），高达46.47%（9.86%＋36.61%）的被调查者明确表示所在单位没有完善的培训制度，仅有33.8%的被调查者表示所在单位制定了完整的常态化的培训制度，但这些企业仍存在培训渠道单一、培训机会和对外学术交流机会少等一系列问题，这些问题严重阻碍了出版社从业人员整体职业技能的提升。

3. 专项培训经费不足，员工不愿承担过多费用

对人力资本的投资，有利于提高人力资源对单位的贡献率。因此，加大对人力资本的投入，可以提升出版从业人员职业技能水平。根据相关统计，目前我国人力资本投资的力度与西方发达国家存在很大差距。2010年，我国“人力资本投资占国内生产总值比例”是12.0%，目标是到2020年达到15%。然而在2006年，美国的投入比例就高达23.14%，法国则为19.02%，相比之下，我国迫切需要加强对人力资本的投资。由此一来，职工若想参加职业技能培训，就需自己承担一部分费用。但愿意自己承担培训费用的员工所占比例较低，且这其中绝大多数人也只愿承担一少部分费用。调查显示（见图5－12），超过六成（63.07%）的被调查者表示自己最多只能承担0.5万—1万元，有近三成的被调查者表示最多只能承担0.5万元以下，由此也可看出员

工自身对智力资本的投资的重要性缺乏足够的认识，且经济承受力有限。

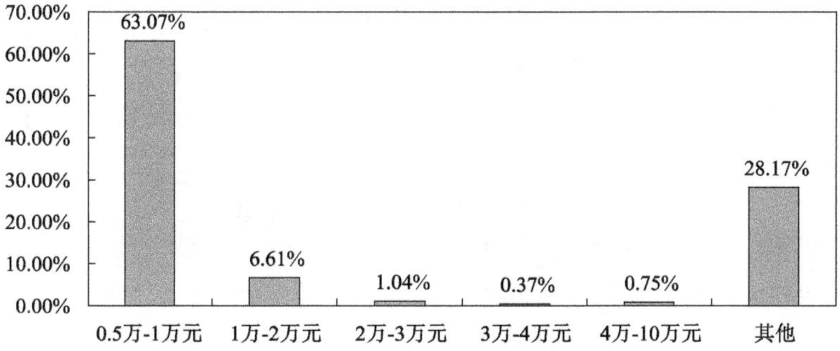

图 5－12　个人最多能承担的费用

4. 出版社从业人员提升职业技能的动机多关注短期的经济利益，动机层次不高

尽管出版社从业人员对职业技能提升的需求十分强烈，但由于自身动机过多关注眼前的经济收入和物质条件，从而导致目前出版社从业人员提升技能的需求层次较低。出版社从业人员对提升职业技能的需求强烈，但自身追求的层次不高，这就使得单位无法形成有效的培训机制。调查显示，58.13%的被调查者表示追求个人经济收入的提高和生活条件的改善是提升自身职业技能的主要原因，60.11%被调查者表示是单纯为提高自身职业素质而提高自身职业技能，仅有48.09%的被调查者表示是为提高工作能力、为企业多作贡献而进行职业技能的提升。此外，出版社从业人员过多顾及眼前利益，进行长远规划的较少。调查显示，仅有31.9%的被调查者具有明确的职业生涯规划（见图5－13、图5－14、图5－15、图5－16）。

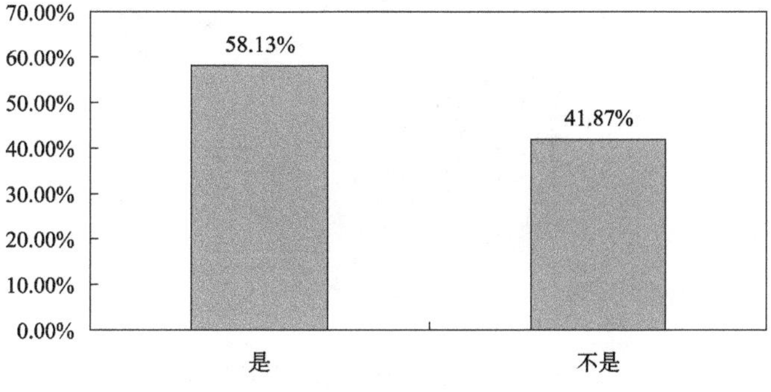

图 5－13　个人经济收入提高和生活条件改善是否是提高职业技能的原因和动力

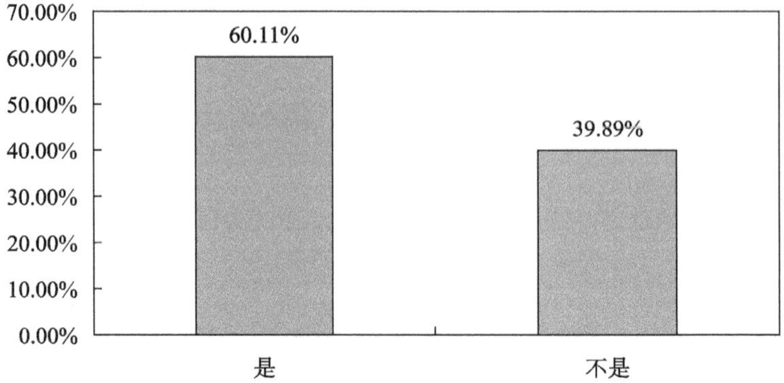

图 5－14　提高自身业务素质是否是提高职业技能的原因和动力

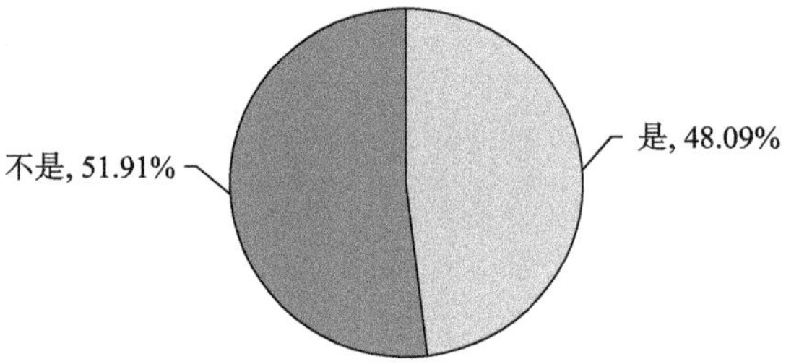

图 5－15　提高自身工作能力，为企业多作贡献，
是否为提高职业技能的原因和动力

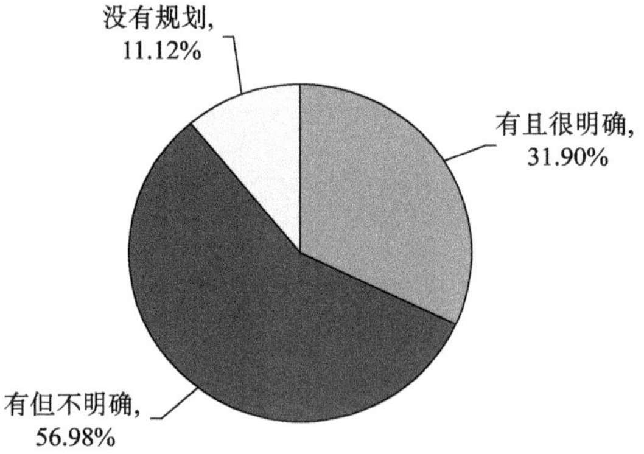

图 5－16　是否有明确的职业规划

（三）完善相关政策、建立健全培训制度、加大培训专项资金投入，不断提升出版社从业人员职业技能水平

1. 完善相关政策，针对不同地区、不同类型的出版社从业人员制定相关政策

政府有关部门要研究制定相关政策，制定切实可行的出版专业技术职称评定办法。在名额、评审标准等方面，适当向转企改制成功的出版社倾斜，让这些出版社的职工拥有更多的专业成长的机会，确保出版社从业人员薪酬待遇合理增长，并给予荣誉称号、专项经费等方面的特殊支持，从而留住人才。

2. 开展价值观宣讲教育，引导出版社从业人员树立正确的价值观和长远的职业发展理念

出版社从业人员对于提升职业技能的动机过多着眼于眼前经济利益，导致层次较低，这使得他们参加职业培训的功利性目的较强，他们更愿意接受那种短期的、见效快的培训项目，而对于具有长期效果的能提高单位整体素养的培训内容接受程度却较低，这就会对形成科学的培训制度产生负面影响，阻碍在职员工职业技能的提升。为了改变这种情况，需要在单位内大力开展有利于培养从业人员正确价值观的宣讲教育活动，形成优秀的企业文化，从而引导员工树立正确的价值观，并制定长远而明确的职业生涯规划，改善目前出版社从业人员存在的较为普遍的低层次职业技能提升动机。同时，应建立与职业技能水平提升相关联的激励机制，使出版社从业人员主动对自身职业技能进行提升，逐步实现其职业技能提升的内生化和自主化，从而提高出版社从业人员职业技能整体水平。

3. 建立健全职业技能培训制度

健全的职业技能培训制度应当是既要兼顾近期、中期，也要兼顾远期。也就是说要形成“持证上岗、继续教育、专业技术职务晋升”这样一种机制，用法律形式将职业技能培训固定下来，用法律法规的强制性来保证培训

制度的实施，从而促进出版社从业人员将自觉学习与强制性培训相结合，达到提升职业技能的目的。

首先，近期是指出版社在招聘人员过程中可以提高门槛，从业人员要取得相关从业资格，实行持证上岗。目前，我国从业资格考试涉及各个行业，但并不是所有行业都实行持证上岗，这使得一些没有取得相关从业资质的人员缺失了相当重要的岗位基础知识自学及培训环节。因此，在进入企业后，企业需对这些人员进行相关的培训，这无疑加大了企业的培训成本和培训任务，而且在没有法律法规强制性约束的情况下，导致这类培训大多流于形式，很难保证培训的效果。因此，企业在进行招聘时可以将从业资格作为录用的必要条件之一，从起点上提高出版社从业人员的专业素质。

其次，中期是指出版社从业人员在考取一定资质进入企业后还要参加“从业人员继续教育”。目前，我国《会计法》、《统计法》明确要求会计、统计从业人员参加“从业人员继续教育”，新闻出版行业也有类似的规定和要求。在法律法规层面强制要求从业人员定期接受行业专业知识和职业技能的培训，可以在很大程度上实现按需开课、授课，这一机制保证了从业人员能够定期接受先进知识与技能的学习和研讨，而且这一培训工作大多由社会专业培训机构承接，很好地提高了从业人员的业务水平。

最后，远期就是说除了中期的一些培训外，还可以为出版社从业人员提供交流、进修等高层次培训机会。对于一些职业技能水平较高，日常培训已无法满足需求的出版社从业人员，企业可以为其提供更为广阔的学习、交流渠道，可采取企业间交流、国内外进修等方式，这样，从人员入职之日起，便可以形成由法律法规保证的“近、中”期培训制度，以及为满足其较高层次职业技能提升需求的“远”期交流进修机制，如此一来，就可以很好地将出版社从业人员培训工作制度化、长效化。

目前我国出版业也出台了一些诸如此类的措施，如出版社社长或总编每隔一定时间必须参加脱产培训，考试合格后发给资格证，持证上岗。

出版社要根据自身特点，建立规范系统的职业技能培训制度，将职业技能提升纳入出版社日常管理工作。实行强制培训、定期培训、按需培训，拓宽已有培训渠道，加强学术交流，加大培训投入力度，将出版社从业人员的培训工作制度化、具体化。要充分利用国内外已有的先进的培训平台，开展对出版社从业人员的培训。

此外，培训机制还可以从出版社从业人员招聘环节入手，调整传统的

"宣讲、招聘、培训"次序，将"培训"环节提前到"招聘"环节之前。特别是企业与高校进行校企合作期间，可以采取企业专业培训与大学实践课程相结合的方式，将入职和岗前培训提前到招聘环节之前。这样做可以使即将走上工作岗位成为出版社从业人员的高校学生对于出版社有更为深入的了解，也可以在很大程度上避免学生盲目求职，避免企业盲目招聘，同时也能够吸引对企业和特定岗位真正有兴趣的人才。这种模式对于高校和用人单位来说都是双赢的，对高校而言，高校的课程设置通常理论有余而实践不足，企业入课堂可以提高学生实践能力，使学生尽早接触到具体的实践工作；对企业来讲，可以利用学校的软硬件设备产生更好的培训效果，加大企业在与高校合作过程中的影响力，同时可以极大降低企业实习期的培训成本和人力成本，更为重要的是有助于企业挖掘人才，将感兴趣的学生筛选出来，同时，高校优秀的毕业生源可以作为合作企业的长期人才储备，而且企业在完成培训、人才招聘工作的同时还在一定程度上解决了高校实习、就业等问题。因此，这种模式的校企合作可以作为出版社从业人员培训制度的预备环节。

4. 加大培训经费投入，多提供一些从业人员交流和学习的机会

出版社要支持员工参加学术交流、研讨会、论坛等活动，鼓励员工到国内相关高等学校或研究机构学习和培训，为参加培训的员工提供经费支持，并在时间上予以保证。同时也应该重视行业协会等机构组织的专题培训，学习和借鉴其他国家行业协会的先进管理经验。企业还可以设立"在职员工培训专项基金"，每年从企业的利润中提取一定的比例，作为基金来源，用于支持在职员工参加各种培训，对于通过培训提升自身职业技能并为企业作出较大贡献的员工要给予奖励。

（执笔人　刘洪兰）

专报六

我国书店从业人员素质较低，管理制度不够完善

内容摘要：

- 超过三分之二的被调查者最高学历为大专及以下且没有明确的职业生涯规划。
- 在提高个人素质的培训方面，有高达85.78%的被调查者认为一年内累计的培训支出不足0.5万元。
- 超过四成的被调查者认为所在书店缺乏科学有效的薪酬激励措施，激励效果不明显。

书店在文化产业的发展中发挥着重要作用，它不仅是图书发行和销售单位，更是一个国家精神文明的窗口。当前，包括书店在内的整个出版业正在处于从传统出版向数字出版转型与升级的过程之中，为了解书店在出版业转型与升级大背景下的发展状况，课题组以书店从业者为研究对象，采取抽样调查的方法，前后共发放调查问卷2500份，回收有效问卷2025份，问卷回收率为81%，被调查者主要分布在广东、湖北、陕西、河南、山东、辽宁、新疆等21个省（区），调查结果与分析如下：

(一) 我国书店从业人员专业素质低，培训制度不完善，培训效果不够理想，薪酬制度不够合理

1. 我国书店从业人员专业素质较低

(1) 我国书店从业人员学历较低

调查显示，高达69.71%被调查者的最高学历为大专及以下，被调查者中拥有硕士以上学历的只占1.1%（见图6-1）。学历是指人们在教育机构中接受科学、文化知识训练的学习经历。一个人在什么层次的教育机构中学习，接受了何种层次的训练，便具有相应层次的学历。一般情况下，学历是一个从业者综合素质的一种体现。一直以来，在我国书店的发展过程中，对从业人员的学历要求普遍不高，尤其是在一些民营书店，书店经营者认为只要有稳定的供货商，有顾客就足以支撑书店的发展。但在现阶段，这种传统想法显然已经过时，原因在于人们获取知识的途径多样且便捷，越来越多的信息可以从互联网上免费获得，尽管还会有不少读者选择去书店，是因为书店的环境会给人们带来舒适感和满足感，这些是网上购书所不能比拟的。直接接触顾客的这些书店从业者如果能够提供周到的服务，和顾客交流一些他们读书感受，顾客会感到更加信服和亲切。这就对从业者提出了一定程度的学历和专业技能的要求，因为中专、大专的教育是专业教育，注重提高学生的职业技能，而大学的教育则更加专业和全面，更加有助于与顾客进行良好的交流。在未来的发展中，书的这种特殊的商品，与读者的交流将会对从业者提出越来越高的学历要求和自身素质的要求。

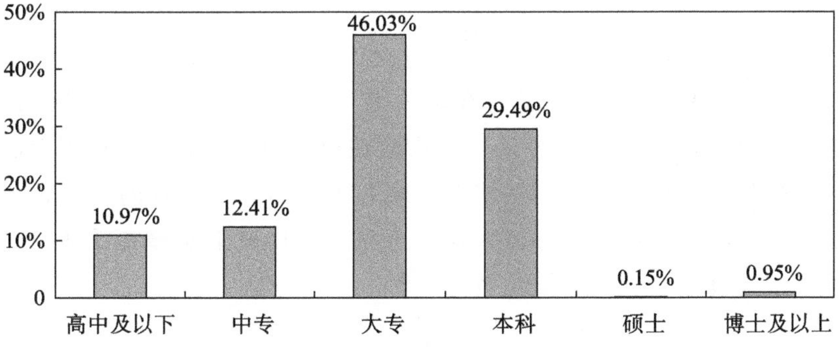

图6-1 书店被调查者学历状况

（2）缺乏明确的职业生涯规划

职业生涯规划是指针对个人职业选择的主观和客观因素进行分析和测定，确定个人的奋斗目标并努力实现这一目标的过程。职业生涯规划也是一个从业者对于自身职业的规划，它指导着从业者向着某个明确的目标努力。对于书店从业者职业生涯规划问题，调查显示，只有30.32%的被调查者表示自身有很明确的规划，高达60%的被调查者没有或缺乏清晰的职业生涯规划，个人发展处于盲目和自由状态，从业者安于现状，进取心不足，缺乏明确可以付诸行动的目标（见图6－2）。如果从业者缺少危机感，安于现状，对所处的环境缺乏分析和积极关注，这对于一个行业或者是一个企业的发展都是很不利的。

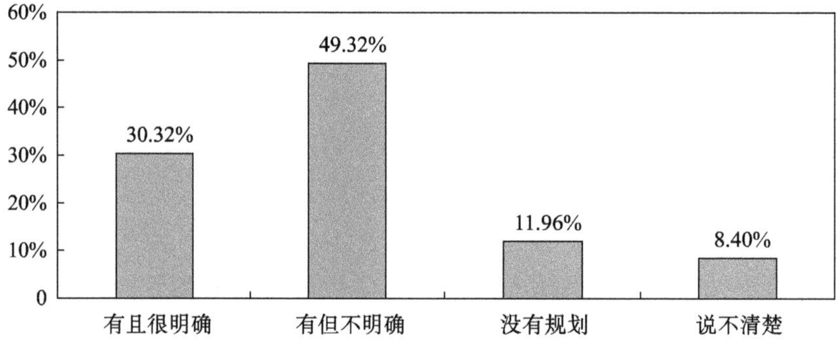

图6－2 被调查者职业生涯规划

2. 培训制度不完善，培训效果不够理想

（1）书店培训制度不够完善

在不断变化的环境中，企业和员工的学习能力是企业持续发展的长久动力。

关于员工培训的调查显示，只有34.95%的单位有定期的培训且能够形成常态化，34.00%的被调查者所在单位对于培训比较重视，但是还没有形成规范，约有30%的被调查者认为自己所在单位对从业人员的培训很随意或从来没有外出参加培训和学习的机会（见图6－3）。一个好的企业，应不断地对员工进行培训，向员工灌输企业的价值观，使员工能够自觉地按惯例工作，从而形成良好、融洽的工作氛围。

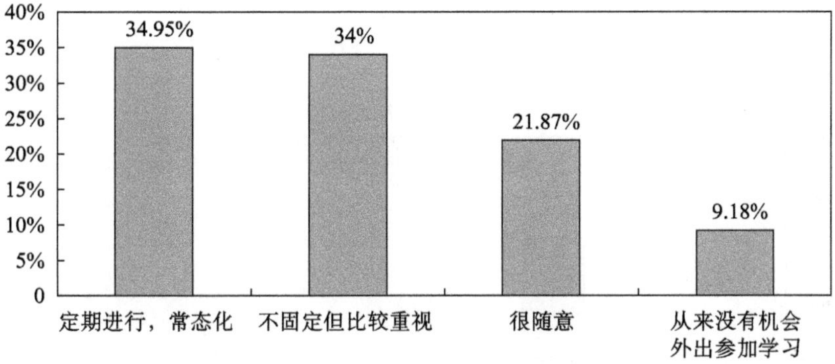

图 6-3 单位对于员工的培训状况

如果企业对员工培训制度化，就会在企业中形成一种人人努力学习的气氛，不断更新自己的知识，提高自身的专业技能，适应行业的发展，增强员工对于所在单位的忠诚度，减少流动性。如果企业没有制度或者是不重视培训，就会使得员工懒散，并最终会危害到企业的发展。

（2）从业人员不愿花费过多的资金用于培训和学习

培训的方式主要包括内部培训和外部培训两个方面。对于个人主动参加培训方面的调查显示，高达 85.78% 的被调查者认为一年里累计的培训支出在 0.5 万元以下（见图 6-4）。这表明从业者在培训方面主要还是依赖所在单位提供的培训，自己参加培训的热情和积极性不足。这一方面增加了企业组织培训的压力和成本，另一方面也造成了从业者不善于学习的安于现状心理。

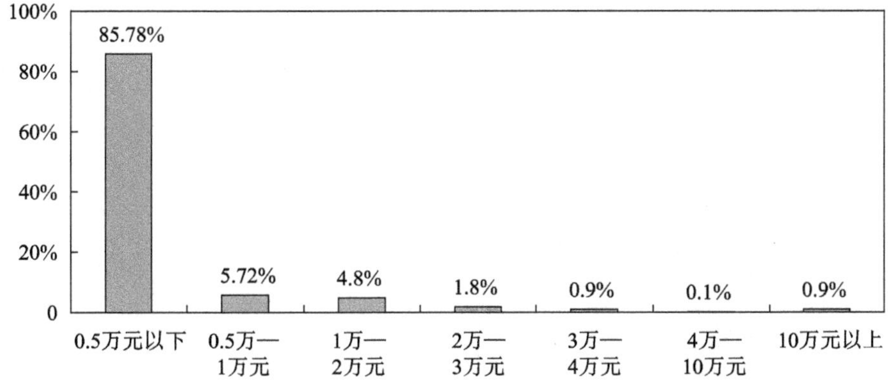

图 6-4 被调查者一年里参加培训个人愿意承担费用调查

（3）培训效果不理想

调查结果显示，只有不到四成的被调查者认为经过培训后专业技能的提升能够满足个人发展的需要，高达60%的被调查者认为培训效果一般或不能满足个人发展的需要，培训结果较差（见图6－5）。

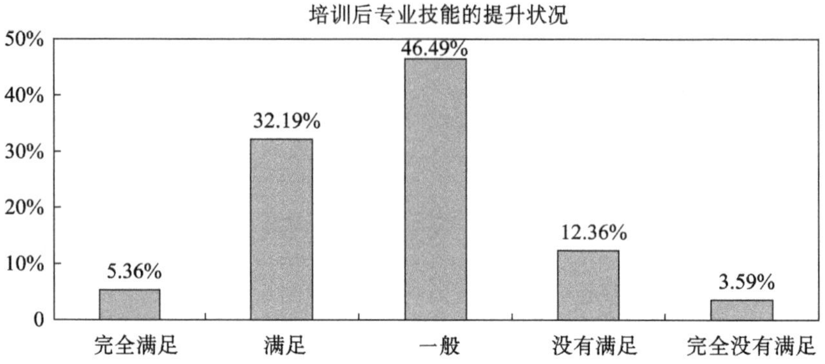

图6－5　参加专业技能培训后专业技能是否满足个人发展需要

3. 对上级主管部门的管理效能满意度不高，书店现有的薪酬激励制度不够合理

（1）被调查者对上级主管部门的管理效能满意度不高

调查显示，对上级部门在推动出版产业发展效能方面，只有38.12%的被调查者感到满意，超过60%的被调查者表示一般或不满意（见图6－6）。在对于近年来政府对发行业的改革取向时，57.58%的被调查者认为市场对出版单位的作用日益突出，表明书店从业者大部分已经认识到市场对于书店发展的重要性，同时认为政府的管控力进一步加强。从业者主动去了解影响自己所在行业的政策是一种对工作热爱和积极上进的表现，对比发现，书店从业者对自己从事职业的忠诚度要低于出版社。

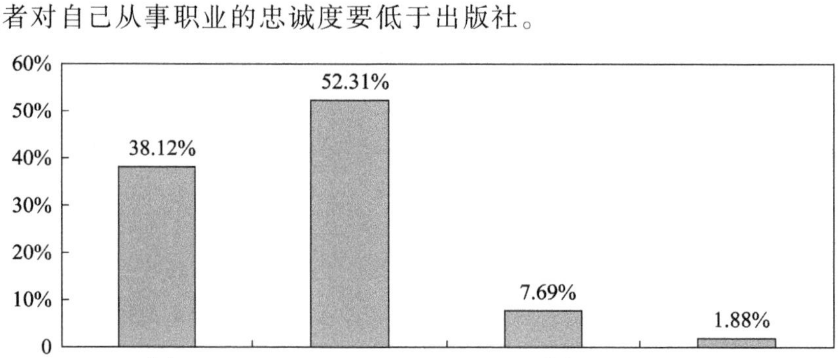

图6－6　被调查者对于上级部门在推动出版产业发展效能方面的满意度

（2）薪酬制度不完善，不能完全体现工作量

我国出版业转企改制的任务已基本完成，作为参与到市场竞争中的企业有效利用薪酬制度来激励员工是非常重要的。薪酬激励制度是管理学中的一个重要的组成部分，良好的薪酬体系能够有效地促进从业者的工作积极性进而促进行业的良性发展，而不完善的薪酬体系则有可能抑制从业者的工作积极性，阻碍行业的发展。调查显示，44.35%的被调查者认为目前书店的薪酬体系没有发挥应有的激励作用（见图6－7）。

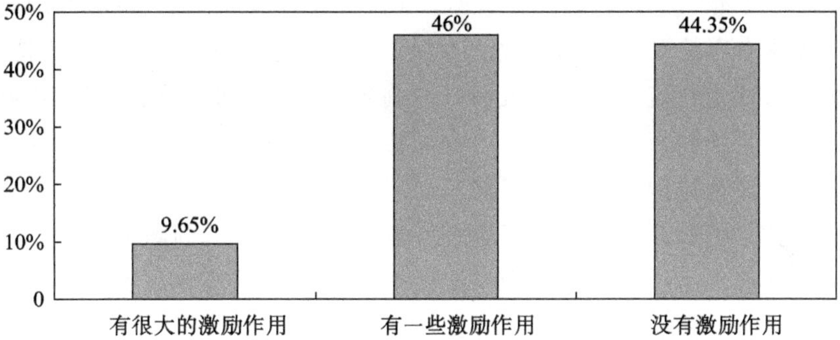

图6－7 目前公司薪酬对被调查者的薪酬激励作用

（二）培训制度不完善，薪酬制度不合理是产生如上问题的主要原因

1. 有效的产业政策引导得进一步探索和完善

本次调查的书店主要涉及新华书店和部分民营书店，大多数“新华系”的书店自从新华书店1937年4月成立以来，除了经历的历史事件造成重大损失外，其他时间发展均比较稳定，长期的稳定会导致员工在一定程度上存在满足感，从而存在懒惰的心理特征。面对网上书店对实体书店的冲击，书店所处的宏观环境发生了巨大变化，而不少实体书店反应迟缓，不少倒闭破产。从宏观方面来看，互联网阅读、手机阅读等多媒体阅读对书店的业务也产生巨大影响，书店的转型和政策调整迫在眉睫。

近年来，国家新闻出版广电总局多措并举，大力推动出版物市场繁荣发展。全民阅读写入中央文件，各地读书节、读书月等活动蓬勃开展。国家累

计投入财政资金上百亿元实施“农家书屋”等文化惠民工程，城乡居民人均纸质图书阅读量不断增加，有力拉动了图书消费市场。税收优惠政策落地，从2013年1月1日至2017年12月31日，图书批发、零售环节免征增值税，对国有书店和民营书店、大型书城和中小书店实现了全行业普惠。财政扶持力度加大，2013年财政部首次安排实体书店奖励资金，12个城市的56家特色实体书店获得9000万元资金支持；2014年奖励范围扩大到12个省，共获得奖励资金1.185亿元。中央奖励政策的出台，带动了地方扶持政策，北京、天津、上海、江苏、浙江、安徽、福建、广东、广西、四川等地相继出台了对实体书店的资金奖励、政府补贴、贷款贴息、租金减免等扶持措施。在市场需求日趋旺盛和宏观政策利好的刺激下，发行业抓住机遇，不断推动经营创新、服务创新，一批重点企业加快壮大，行业引领作用更加明显；实体书店积极探索转型发展，多元经营和特色经营方兴未艾；网上书店继续保持高速增长，线上线下加快发展融合；发行网点数量再创新高，物流基础设施进一步完善，逐步由传统出版物流向现代综合物流转变。发行业处在调整结构的关键时期，需要制定科学的产业政策导引。

2. 企业缺乏完备的培训制度

一直以来，传统书店对于从业者的学历要求不高，所以造成了从业者学历偏低的现象。同时，由于书店利润降低，工资标准相对较低，对高学历的大学生就业吸引力较弱，加之书店的管理层次相对较少，不能为高学历人才提供发展所需要的空间和机会，导致图书发行行业不能吸引高学历人才的进入。同时，刚刚进入行业的高学历从业者也需要从基础工作开始做起，而这些基础工作一般对人际关系要求比较高，而对专业能力和销售知识的要求并不是太高。因此，书店老板会更倾向于招聘学历较低、工资要求较低的从业者。

现实情况是，我国书店员工学历和技术水平本来就不是很高，必须辅助以培训才能发挥出巨大的潜力。调查显示，我国书店只有47.71%的被调查者所在单位有比较规范的培训制度，半数以上的书店没有规范而持久的培训制度，这就严重的限制了书店从业人员的素质提升。

3. 薪酬激励不够合理

薪酬制度是管理学中非常重要的一项内容，是关于组织标准报酬的制度，制定时是以员工劳动的熟练程度、复杂程度、责任及劳动强度为基准，按照员工实际完成的劳动定额、工作时间或劳动消耗而计付的劳动薪酬。

目前，薪酬已不是单一的工资，也不是纯粹的经济性报酬。从对员工的激励角度上讲，可以将薪酬分为两类：一类是外在激励性因素，如工资、固定津贴、社会强制性福利、公司内部统一的福利项目等；另一类是内在激励性因素，如员工的个人成长、挑战性工作、工作环境、培训等。如果外在性因素达不到员工期望，会使员工感到不安全，出现士气下降、人员流失，甚至招聘不到人员等现象。另一方面，尽管高额工资和多种福利项目能够吸引员工加入并留住员工，但这些常常被员工视为应得的待遇，难以起到激励作用。目前，绝大多数书店的薪酬制度比较单一，且过多倾向于经济方面的激励，导致激励的效果比较短暂，对从业人员综合素质的长远提升激励效果较差。

（三）建立和完善的从业人员补充和培训制度，提高书店科学化管理水平

1. 完善人才引进机制

人力资源是企业重要的资源，我国书店目前存在从业人员学历不高的问题，是由于我国书店的人才引进机制不完善，高学历从业者看不到自己在书店行业的榜样从而无法产生持续的动力，因此，书店管理者需要制定和实施特殊优惠管理方式和举措，帮助更多的高学历高能力的从业者进入书店，促进书店的良性发展，针对书店特别紧缺的专门人才应采取更加特殊的措施。

2. 建立完备的培训制度

加强对书店从业人员的培训，制定合理的薪酬和绩效考核制度。由于过去的几十年我国书店业务平稳前进，不少管理者的经营方法和理念已经不适合发展的需要。重新培训一些管理和经营知识是极为必要的。前面提到的关于薪酬的满意和激励情况，被调查者表示对薪酬的满意度不高，对从业者来说，“哪些手段是有激励性的”，调查结果显示，28.85%的被调查者认为自我价值的实现对他们来说是最有激励的，其次是晋升的机会，占20.41%

（见图 6－8）。这与理论上的马斯洛需要层次理论是完全吻合的，因此，应制订科学的薪酬和激励制度，更好地满足员工发展的需要，调动书店从业者的积极性，更好地去应对行业转型。

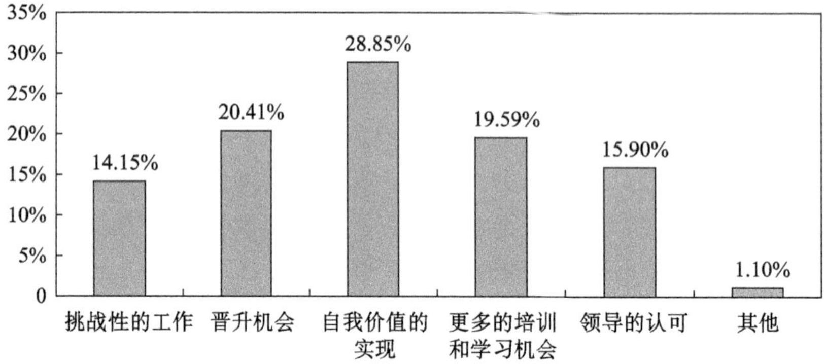

图 6－8　被调查者认为更有激励作用的措施

（执笔人：赵辉）

专报七

我国出版从业人员整体素质较低，期待建立科学的培训体系

内容摘要：

- 45.76%的书店从业人员为大专学历，56.42%的出版社从业人员为本科学历。
- 约有73.48%的出版社从业人员对自身承担一部分培训费用持较为认可的态度，其中59%的从业人员一年累计的培训费用个人最多承担0.5万—1万元。
- 34%的出版社从业人员和39%的书店从业人员认为企业在培训经费方面投入不足。
- 31%的出版社和书店从业人员认为企业理论培训太多，实务性培训不足。
- 24%的出版社从业人员和30%的书店从业人员认为企业在培训方面行业和外部培训太少，企业内部培训过多。
- 23%的出版社从业人员和32%的书店从业人员认为企业专业技能培训走形式，缺乏实质内容。
- 近三成的出版社和书店对从业员工培训时间缺乏规律。

人员素质主要是指从事某项工作应具备的知识、技能以及思想道德方面的品质。出版业从业人员的素质则主要包括基本素质、专业素质和思想政治素质。其中，基本素质是指出版从业人员应具备的文化知识、语言文字功底、判断力等。专业素质是指出版从业人员在从事的专业岗位上，应具备的专业理论知识、专业技能、创新能力等。思想政治素质则指的是出版从业人员在思想政治方面与党的思想始终保持一致，需要具备良好的职业道德，较强的文化使命感和社会责任感，并且具有团队合作意识等。

当前，我国出版业正处于传统计划经济向市场经济转型时期，出版从业人员素质升级是我国出版业转型的关键点。我国出版从业人员的素质存在不少问题，例如，出版从业人员的思想观念比较落后，数字出版技术能力较弱，缺乏企业经营管理能力的专才，掌握市场营销能力的人才较少，缺乏国际出版贸易等专业知识。因此，出版从业人员素质升级，主要是针对传统出版从业人员在具备基本素质和思想政治素质的前提下，着力专业素质的提升。即增强出版从业人员的创新意识，提高出版从业人员的数字出版技术能力，加强出版从业人员经营管理能力和国际交往能力等。

随着出版业近年来的快速发展，出版人员素质升级已经成为制约我国出版强国的首要问题。只有加快出版从业人员素质升级，培养一批具有高素质的、复合型出版专业人才，才能有利于我国出版业的健康有序发展。

（一）我国出版从业人员整体专业素质较低，与国际同行竞争处于劣势，出版从业人员对提升专业素质的需求强烈

1. 出版从业人员的学历结构不合理

从书店的调查数据来看，拥有大专学历的从业人员占45.76%，本科学历从业人员占29.32%，中专学历的从业人员占12.34%（见图7-1）。出版社从业人员的学历结构以本科为主，占56.42%，相当于出版社整体从业人员的一半以上，其次是硕士学历的从业人员占30.95%（见图7-2）。

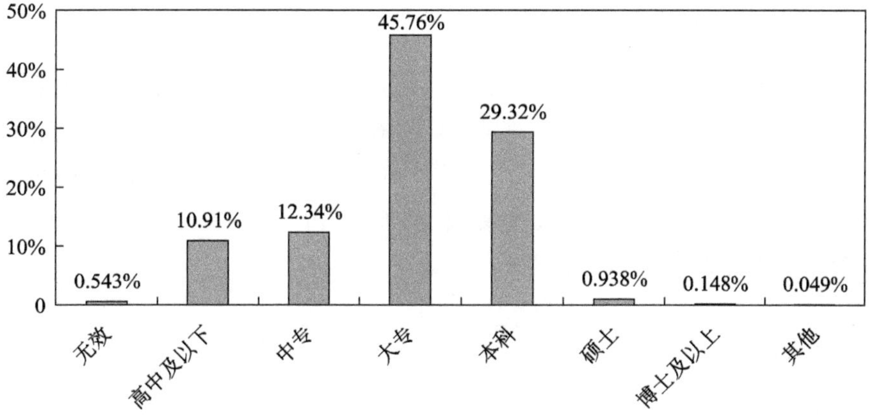

图 7－1　书店从业人员总体学历情况

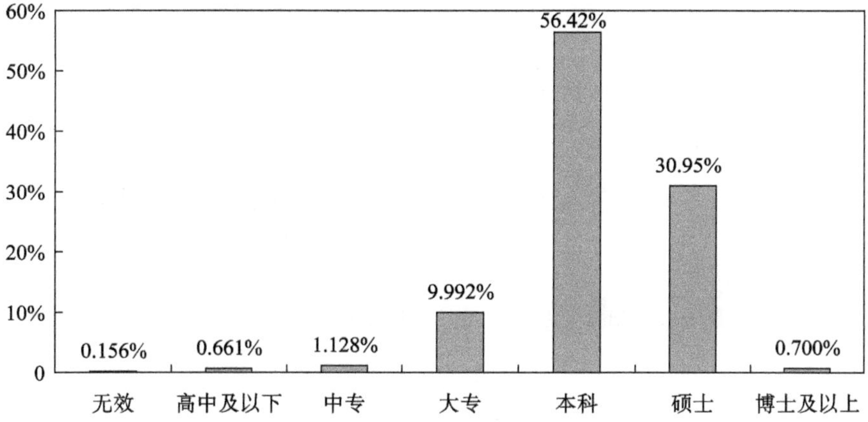

图 7－2　出版社从业人员总体学历情况

通过以上数据的分析，书店和出版社从业人员的文化程度存在一定的差异。书店从业人员的学历水平以大专学历为主，出版社从业人员的学历水平则以本科学历为主。虽然学历并不能代表一个人的一切，但学历还是在很大程度上决定了人才对工作岗位的胜任程度。特别是出版业是知识产业，其生产的产品是精神文化内容。因此，现代出版企业更需要高学历的出版从业人员。就书店从业人员来说，应对其开展适当的在职或脱产培训，大力引进本科学历人才，使本科学历的人才成为书店从业人员的主体。出版社在聘用新人时，应注重应聘人员的学历情况，聘用更多具有硕士学历的出版从业人员为宜。

2. 出版从业人员工作岗位和所学专业匹配度不高

调查数据显示，仅有15%的出版社从业人员认为所在的工作岗位和所学的专业完全匹配，认为基本匹配的占67.34%，认为完全不匹配的占14.19%（见图7－3）。此外，认为现有知识基础和职业技能完全满足工作岗位要求的仅占10.5%，认为基本满足的占56.57%，还很欠缺的占25.23%（见图7－4）。

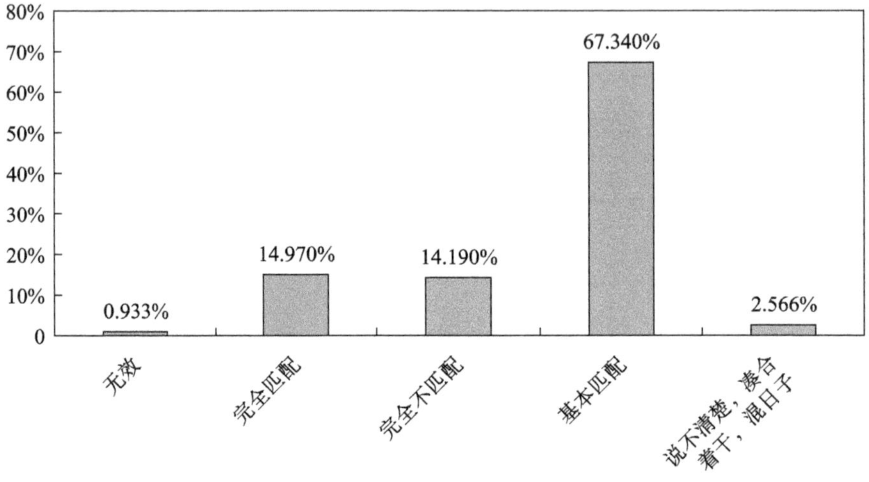

图7－3 出版社从业人员工作岗位和所学专业匹配情况

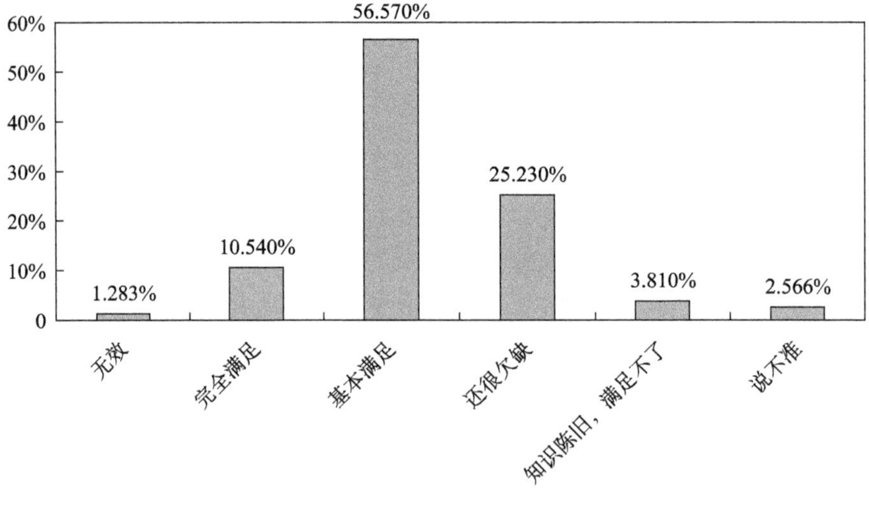

图7－4 出版社从业人员知识基础和职业技能满足工作岗位的情况

从书店从业人员在所在的工作岗位和所学的专业匹配度情况来看，只有12.26%的从业人员认为完全匹配，认为基本匹配的从业人员占51.13%，认为完全不匹配的占26.51%（见图7－5）。其次，在现有知识基础和职业技能满足工作岗位要求情况方面，认为完全满足工作岗位要求的仅占16.81%，认为基本满足的占60.13%，认为还很欠缺的占14.46（见图7－6）。

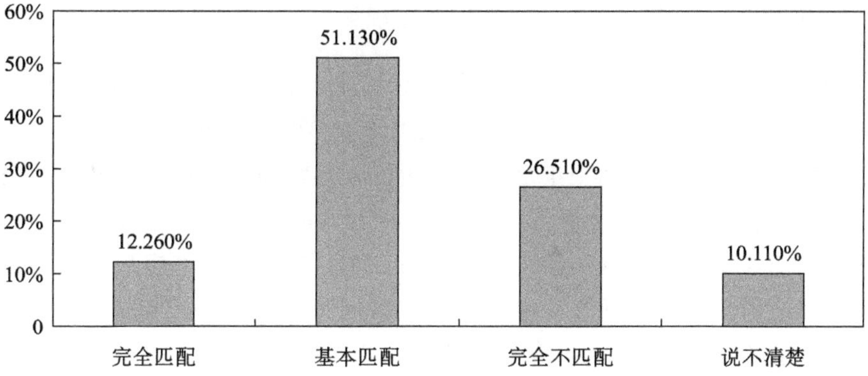

图7－5　书店从业人员工作岗位和所学专业匹配情况

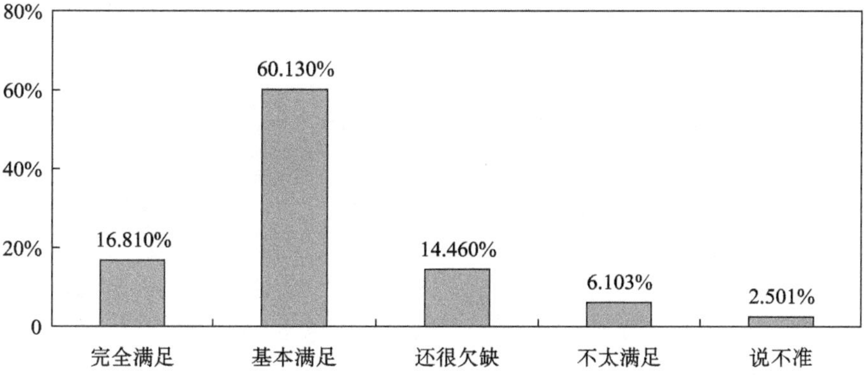

图7－6　书店从业人员知识基础和职业技能满足工作岗位的情况

上述对出版社和书店从业人员工作岗位与所学专业匹配程度的分析显示，二者从业人员在出版实际工作中存在的问题相同。即所学专业能够完全满足工作岗位需求的从业人员较少。因此，随着数字出版技术的快速发展，出版从业人员急需提升专业素质，从而更好地满足工作岗位的需求。

（二）出版从业人员对培训的需求强烈，但现实情况是培训周期不固定，培训内容与实际需求存在矛盾

1. 出版社和书店对员工培训周期缺乏规律

调查数据显示，约有 34% 的出版社对从业人员的培训周期缺乏规律性，一年只培训一次的出版社约占总体数量的 15%。由此可见，出版社对从业人员培训的周期缺乏规律和一年培训一次的出版社之和约占总数的49%（见图 7－7），这说明有接近一半的出版社对从业人员的继续教育重视不够。另据对书店从业人员多久培训一次的调查统计，有 34.35% 的书店从业人员认为其所在书店的培训周期缺乏规律性，半年培训一次的占 19.74%，3—4 个月培训一次的为 14.66%，一年培训一次的约为 13%（见图 7－8）。

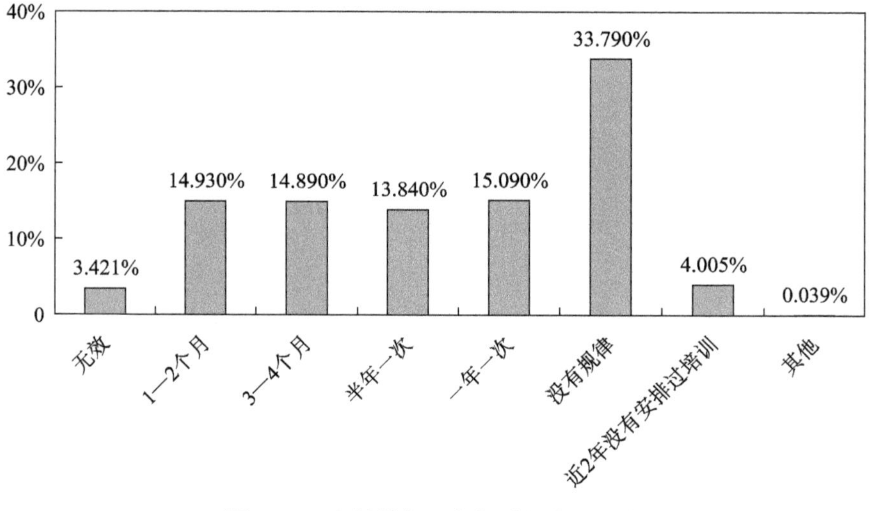

图 7－7 出版社每隔多长时间培训一次

2. 出版社和书店对员工的培训内容与实际需求存在矛盾

出版企业对专业技能培训体系存在哪些方面的缺陷，以出版社人员调查的情况为例，有近三分之一的从业人员认为出版社在培训经费方面投入不足，占整个出版从业人员的 34%。其次有 31% 的从业人员认为理论性培训

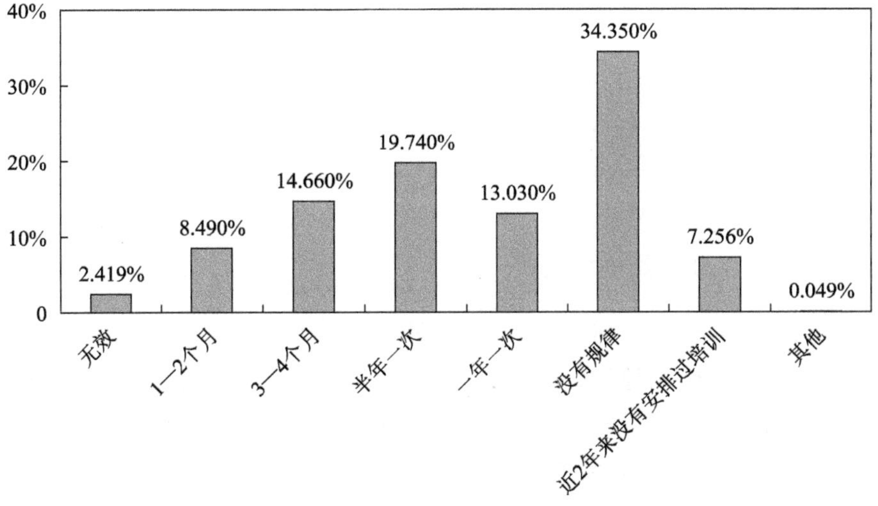

图 7－8　书店每隔多长时间培训一次

太多，实务性培训不足。有 25% 的从业人员认为工作太忙，没时间参加培训。认为行业和外部培训太少，企业内部培训过多的占 24%。有 23% 的从业人员认为专业技能培训走形式，没有实质内容。有 22% 的编辑从业人员认为缺少参加培训的机会。同时，以书店从业人员调查的情况为例，超过三分之一的从业人员认为其所在书店培训经费投入不足，占整个书店从业人员的 39%。约有 32% 的从业人员认为书店在职业技能培训走形式，缺乏实质内容。有 31% 的从业人员认为其理论性培训太多，实务性培训不足。认为行业和外部培训太少，企业内部培训过多占 30% 左右（见表 7－1）。

表 7－1　出版社和书店在职业技能培训体系方面存在的缺陷　单位：%

序号	培训体系存在的主要缺陷	出版社	书店
1	培训经费投入不足	34	39
2	专业技能培训走形式，缺乏实质内容	23	32
3	行业和外部培训太少，企业内部培训过多	24	30
4	理论培训太多，实务性培训不足	31	31
5	编辑人员缺少参加培训的机会	22	10
6	培训内容与实际需求错位，无法解决现实问题	15	10
7	工作太忙，没时间参加培训	25	17
8	缺乏有能力、高水平的培训教师	15	18
9	国家政策对于技能培训的重视不够	6	8
10	技能培训渠道过于单一	17	18
11	出版单位缺乏职业技能提升的相关激励制度	20	21
12	其他	2	4

（三）强化对从业人员的培训，切实提高出版从业人员的整体素质

1. 强化对从业人员的培训

第一，定期培训，与时俱进。时代在不断变化，国家在快速发展，国际环境也日益复杂化，不同的文化意识形态也必然会影响到出版的各个环节。及时掌握出版业发展的最新动态，了解国内外的方针政策，介绍国内外的先进出版理念以及成功出版营销的案例，应当成为出版从业人员常态化的培训内容。同时，与时俱进的培训内容，更能调动出版从业人员参加培训的积极性，有助于出版从业人员及时安排好手头上的工作进度。

第二，培训内容贴近实际出版从业人员的需求。可以增加市场调研、图书选题策划、加强内容资源的深加工，增强整合营销的能力。

第三，针对不同人群，分层次进行培训。根据课题组对出版社从业人员的调研显示，很多编辑从业人员由于平时工作比较忙，缺少参加培训的机会。因此，出版企业的培训形式可以多样化，针对不同从业人群的特点，进行分层次的培训。出版人员水平参差不齐，各有所长。图书出版业务有策划、组稿和营销之分，编辑更有资深和新手之别。对于如此庞大而复杂的行业队伍，为使不同年龄、不同分工、不同职称、不同级别的人员在培训时都能学到自己最急需的知识，继续教育应多层次开展。例如，针对编辑从业时间在 3 年以下的，可以开设专门的编辑专业技能培训。针对编辑从业时间在 10 年以上的，可着重对其进行图书营销方面的实务培训。针对没有时间参加培训的编辑人员还可进行网络在线课程辅导。

2. 政府和企业应加大对出版从业人员培训经费的投入力度

调查数据显示，出版社和书店从业人员认为出版企业缺乏对培训经费的投入力度分别占 34% 和 39% 。由此可看出，在实际出版从业人员培训方面，政府和出版企业都应当加大对出版从业人员培训经费的投入，可以设立相应的出版从业人员培训基金。国家需要出台相应的法律条例，以督促行业相关部门重视对从业人员培训教育经费的投入。此外，我们不能忽视的是，近一

半以上的出版社从业人员对自身承担一部分培训费用是持认可的态度，并且，有 59% 的出版社从业人员认为自身最多能够承担 1 万元以下的培训经费。因此，出版企业在提高出版从业人员的培训经费的同时，还可参考出版从业人员自身对培训费用的承担额度，以及提取其工资的一定比例来作为培训费用。这样既可以为出版企业节省一部分培训经费，又能满足出版从业人员对培训的实际需求。

3. 加强出版从业人员的国际交流和培训

一方面，从出版企业来说，应当积极展开与国外出版企业的战略合作，选派部分优秀的出版从业人员进行国际交流和培训，从而促进双方出版从业人员的深入学习与交流。与此同时，还可邀请国外优秀的出版从业人员来出版企业进行定期的培训与交流，方便出版从业人员及时了解国外出版业的发展现状，扩宽出版从业人员的国际视角，共同提高出版从业人员的专业水平。另一方面，从出版从业人员来说，在条件允许的情况下，应当积极参加形式多样的国际图书展览会和国际版权贸易订货会等，丰富自身的国际出版专业知识，扩展出版从业人员的人脉关系。同时，还可选择自费出国进修的方式，比如在国外知名大学进行出版专业系统理论培训，或者是进入国外知名出版企业内部进行工作见习等。

（执笔人：王关义、梁明月）

附录 1

我国出版业转型与素质调查问卷

尊敬的各位出版工作者：

您好！我们正在承担科技部的一项重大研究课题，旨在了解我国出版业的基本情况、出版业转型和发展现状以及出版业人员素质、技术素质、制度与管理素质等方面的具体状况，以便向政府相关职能部门真实全面反映我国出版业的现状与面临的问题，反映一线出版工作者的需求和建议，有针对性地提出推动我国出版业转型与素质升级的对策，特开展了此次调查问卷活动，希望您在百忙之中抽出宝贵时间如实填写本问卷。

我们非常真诚地感谢您能参与本次问卷调查的填写，并能真实反映您在工作中的需求和想法。您的意见和建议是形成我们调研报告的重要素材，回收汇集后将进行计算机处理，并对企业和您个人的相关信息予以保密，您的意见、要求和建议必将成为上级部门制定相关政策的依据和参考，我们期待着您的回答。

填写时，请注意以下几点：

①请根据本企业或您的实际情况如实填写。

②请您亲自填写，不要找人代填，也不要与他人商量后填写。

③请您逐题、逐项填写，不要遗漏。

谢谢您的合作与支持！

"中国出版业转型与升级战略研究"课题组

2013 年 6 月

A. 出版社（含图书、音像和电子出版机构）

一、基本情况及对出版业发展前景的看法

1. 单位全称：________________________________

2. 单位所在地：____________省（自治区、直辖市）_______________市（地区）

3. 单位所有制性质是什么？（　　）

A. 公有制　　B. 非公有制

C. 外资　　D. 中外合资

E. 其他

4. 上级主管部门是________________________________。

5. 单位人员数量多少？（　　）

A. 数量 < 50　　B. 50 ≤ 数量 < 100

C. 100 ≤ 数量 < 300　　D. 300 ≤ 数量 < 500

E. 500 ≤ 数量 < 1000　　F. 1000 ≤ 数量 < 2000

G. 2000 ≤ 数量 < 5000　　H. 数量 ≥ 5000

6. 单位建筑面积多少平方米？（　　）

A. 面积 < 50　　B. 50 ≤ 面积 < 100

C. 100 ≤ 面积 < 500　　D. 500 ≤ 面积 < 1000

E. 1000 ≤ 面积 < 5000　　F. 5000 ≤ 面积 < 10000

G. 面积 ≥ 10000

7. 单位固定资产规模多少万元？（　　）

A. 金额 < 50　　B. 50 ≤ 金额 < 100

C. 100 ≤ 金额 < 500　　D. 500 ≤ 金额 < 1000

E. 1000 ≤ 金额 < 5000　　F. 5000 ≤ 金额 < 10000

G. 10000 ≤ 金额 < 50000　　H. 金额 > 50000

8. 单位年出版物品种数量如何？（　　）

A. 数量 < 100　　B. 100 ≤ 数量 < 500

C. 500 ≤ 数量 < 1000　　D. 1000 ≤ 数量 < 3000

E. 3000≤数量<5000　　F. 数量≥5000

9. 单位年营业额多少万元？（　　）

A. 营业额<500　　B. 500≤营业额<1000

C. 1000≤营业额<5000　　D. 5000≤营业额<10000

E. 10000≤营业额<50000　　F. 50000≤营业额<100000

G. 100000≤营业额<500000　　H. 营业额≥500000

二、人员素质

10. 您的性别是什么？（　　）

A. 男　　B. 女

11. 您的年龄多大（岁）？（　　）

A. 年龄<20　　B. 20≤年龄<30

C. 30≤年龄<40　　D. 40≤年龄<50

E. 年龄≥50

12. 您现在工作部门是＿＿＿＿＿＿＿＿＿＿。

13. 您的月收入是多少元？（　　）

A. 金额<3000　　B. 3000≤金额<5000

C. 5000≤金额<7000　　D. 金额≥7000

14. 您认为现有工资水平是否体现您的工作量？（　　）

A. 完全体现　　B. 基本体现

C. 一般　　D. 不完全体现

E. 完全没有体现

15. 您在出版行业中持续工作了多长时间（年）？（　　）

A. 年限<3　　B. 3≤年限<5

C. 5≤年限<10　　D. 10≤年限<15

E. 15≤年限<25　　F. 年限≥25

16. 您的学历如何？（　　）

A. 高中及以下　　B. 中专

C. 大专　　D. 本科

E. 硕士　　F. 博士及以上

17. 您的技术职称是什么？（　　）

A. 助理编辑（初级）　　B. 编辑（中级）

C. 副编审（副高级）　D. 编审（正高级）

E. 其他__________

18. 您的专业背景如何？（　　）

A. 文学　B. 法学

C. 管理　D. 艺术

E. 语言　F. 经济

G. 工科　H. 哲学

I. 医学　J. 军事学

K. 农学　L. 教育学

M. 历史学　N. 其他（请注明）__________

19. 您目前的工作是什么？（　　）

A. 策划编辑　B. 销售或发行

C. 印务　D. 设计

E. 校对　F. 文字编辑

G. 行政管理　H. 其他

20. 您认为目前您所从事的岗位工作与您所学的专业匹配程度如何？（　　）

A. 完全匹配　B. 完全不匹配

C. 基本匹配　D. 说不清楚

21. 您认为现有的知识基础和职业技能能否满足工作岗位的要求？（　　）

A. 完全满足　B. 基本满足

C. 还很欠缺　D. 知识陈旧，满足不了

E. 说不准

22. 如果不能满足，您认为自己在知识基础和职业技能等方面存在哪些欠缺？（可多选）

（1）基础知识方面（　　）

A. 社会科学方面　B. 时事政治方面

C. 自然科学方面　D. 管理科学方面

（2）社会技能方面（　　）

A. 应对突发事件的能力　B. 组织协调任务能力

C. 适应工作环境变化的能力　D. 团队合作精神

E. 沟通能力　F. 其他（请注明）__________

(3) 专业技能方面（　　）

A. 语言文字能力　　B. 策划能力

C. 逻辑思维方法　　D. 创新能力

E. 计算机信息技术处理能力　　F. 装帧设计

G. 市场开拓　　H. 经营管理

(4) 使用现代信息化手段方面（　　）

A. 使用网络技术的知识　　B. 电脑知识

C. 专业软件知识与使用　　D. 其他技术

23. 您目前是否有参加各类培训学习方面的需求？（　　）

A. 有　　B. 没有

C. 说不清楚

24. 如果有，您最想培训学习哪方面的知识？（　　）

A. 政治理论知识　　B. 法律知识学习

C. 财务理论知识　　D. 营销理论知识

E. 编辑与校对　　F. 信息技术知识

G. 出版工艺的学习　　H. 宣传策划理论知识

I. 其他__________

25. 您目前主要通过哪些途径来解决现有知识基础和职业技能无法完全适应岗位需求的问题？（可多选）（如已满足岗位要求，则免填此项）（　　）

A. 参加工作和学习方法培训等短期培训课程

B. 国内进修　　C. 国外进修

D. 在职攻读大学专科、本科、硕士、博士等学历学位，提升知识能力

E. 参加职业资格考试，获取资格证书

F. 自己利用业余时间自学补充知识

G. 企业内部培训人员相互间交流学习方法和学习技能

H. 换一个自己适应的岗位

I. 脱产性技术培训　　J. 其他（请注明）__________

26. 您还希望通过哪些途径来缩小现有知识基础和职业技能与岗位需求的差距？（可多选）（　　）

A. 参加工作和学习方法培训等短期培训课程

B. 国内进修　　C. 国外进修

D. 攻读大学本专科、硕士、博士等学历学位，提升知识能力

E. 参加职业资格考试，获取资格证书

F. 自己利用业余时间补充知识

G. 企业内部人员相互间交流学习方法和学习技能

H. 换一个自己适应的岗位

I. 脱产性技术培训　　J. 其他（请注明）__________

27. 在您个人的职业发展中，迫切需要提高职业技能的原因和动力是什么？（可多选）（　　）

A. 个人经济收入提高和生活条件改善

B. 提高工作能力，为企业多做贡献

C. 更好的对外联系和渠道拓宽　　D. 自身职务、职称的提升

E. 提高自身业务素质　　F. 名誉、声望的提高

G. 转换工作岗位或跳槽　　H. 其他原因（请注明）__________

28. 您对自己承担一部分专业技能培训和学习费用认可态度如何？（　　）

A. 完全认可　　B. 较认可

C. 一般认可　　D. 不是很认可

E. 完全不认可

29. 如果需要个人承担一部分培训费用，您认为一年里累计的培训费用（包括多次累计）您最多能够承担多少（万元）？（　　）

A. 金额 <1　　B. $1\leq$金额<2

C. $2\leq$金额<3　　D. $3\leq$金额<4

E. $4\leq$金额<10　　F. 金额≥10

30. 到目前为止，您提升专业技能的需求是否受到过某些国家政策的限制？（　　）

A. 有　　B. 没有

31. 如有，主要是哪些方面（可多选）？（　　）

A. 户口　　B. 档案

C. 职业准入　　D. 社会保险

E. 其他（请注明）__________

32. 您认为贵单位的从业人员在工作中的团队合作状况怎么样？（　　）

A. 非常好　　B. 很好

C. 一般　　D. 不好

E. 非常不好

33. 您所在单位对于在职员工的培训是否重视和常态化？（　　）

A. 领导非常重视，定期进行，常态化

B. 比较重视，但很随意　　C. 不够重视，不固定

D. 外出参加专业学习的机会很少

34. 您所在单位对于在职员工的培训是否制度化？（　　）

A. 常态工作，且有完整的制度　　B. 没有但也比较重视

C. 随意性很强　　D. 没有任何制度

35. 您所在的单位每隔多长时间提供一次培训？（　　）

A. 1—2 个月　　B. 3—4 个月

C. 半年一次　　D. 一年一次

E. 没有规律

F. 近 2 年来没有安排过培训

36. 你最近参加的培训是在多久之前？（　　）

A. 一个星期之前　　B. 一个月之前

C. 半年之前　　D. 一年之前

E. 三年以前

37. 您在参加培训后，专业技能水平与素养是否得到了提升？（　　）

A. 提升很大　　B. 有一定提升

C. 没有变化　　D. 说不清楚

38. 您是否具有明确的职业生涯规划？（　　）

A. 有且很明确　　B. 有但不明确

C. 没有规划

39. 您在工作中所需要的专业和技能信息和资讯从何处获得？（可多选）（　　）

A. 企业内部定期发布的各类信息报告

B. 参加学术会议

C. 自己读书、看报和专业性学习

D. 定期参加行业培训和交流获得信息

E. 来自于同学、亲友或者其他企业人员

F. 其他（请注明）__________

40. 您对贵单位从业人员整体素质（不包括思想政治素质方面）怎么评价？（　　）

A. 优秀　　　　B. 良好

C. 较差　　　　D. 很差

41. 您对我国从业人员整体素质（不包括思想政治素质方面）怎么评价？（　　）

A. 优秀　　　　B. 良好

C. 较差　　　　D. 很差

42. 就我国目前出版业从业人员的素质现状（不包括思想政治素质方面），您认为在国际出版业竞争中是否有优势？（　　）

A. 有优势，不担忧　　　　B. 较有优势

C. 一般　　　　D. 处于劣势，担忧

E. 说不清楚

43. 您认为我国出版业在应对国际同行竞争时，最缺乏什么样的出版人才？（可多选）（　　）

A. 具有国际视野和战略的人　　　　B. 精通出版业务的人

C. 精通外语的人　　　　D. 有较强公关能力的人

E. 图书翻译人才　　　　F. 熟悉国际法律知识的人才

G. 高技术人才　　　　H. 其他（请注明）__________

44. 您认为在发展数字出版的过程中，出版从业人员应该具有哪些能力？（可多选）（　　）

A. 重新整合专业资源的能力　　　　B. 个性化定制服务的能力

C. 数字技术方面的能力和知识

D. 具备执行数字化标准和开发运营数字化平台的能力

E. 其他（请注明）____________________

三、技术素质

45. 您认为目前贵单位在出版技术运用上处于什么阶段？（　　）

A. 传统出版阶段　　　　B. 现代出版阶段

C. 介于两者之间

46. 贵单位给你配备了几台电脑？（　　）

A. 没有　　　　B. 一台

C. 两台　　　　D. 两台以上

47. 目前贵单位的电脑新旧程度如何？（　　）

A. 全新　　B. 新旧各占一半

C. 介于两者之间

48. 贵单位的硬件设备每几年更换一次（更新周期）？（　　）

A. 年限 < 2　　B. 2 ≤ 年限 < 5

C. 年限 ≥ 5

49. 贵单位的宽带网络、计算机硬件设备是否稳定、高效？（　　）

A. 非常稳定　　B. 稳定

C. 一般　　D. 不稳定

E. 非常不稳定

50. 贵单位在编辑校对方面处于以下哪个阶段？（　　）

A. 全部智能化编校　　B. 半智能化编校

C. 人工编校

51. 贵单位在日常编校工作中是否使用“黑马”等自动化软件？（　　）

A. 配置并经常使用　　B. 偶尔使用

C. 没有使用　　D. 根本没有

52. 如果使用“黑马”等软件编校，那么这些软件的版本情况如何？（　　）

A. 最新版　　B. 比较新

C. 先进　　D. 陈旧过时

53. 在使用新技术、新设备的过程中是否遇到过由于标准不同而影响工作的情况？（　　）

A. 经常遇到　　B. 偶尔遇到

C. 从没遇到过

54. 贵单位是否具有按需出版的意识和能力？（　　）

A. 有意识、也有能力　　B. 意识不强，但有能力

C. 有意识，但不具备能力　　D. 意识不强，也不具备能力

55. 在数字化转型过程中，贵单位在以下哪些基础性工作领域有所探索？（可多选）（　　）

A. 办公自动化（OA）　　B. 企业资源管理（ERP）

C. 编务管理信息系统　　D. 内容资源管理（CMS）

E. 电子商务　　F. 其他（请注明）＿＿＿＿＿＿

56. 贵单位有多大比例的内容或出版物是以数字化出版的形式提供给消

费者的？（　　）

A. 比例 <5%　　B. 5% ≤比例 <10%

C. 10% ≤比例 <20%　　D. 20% ≤比例 <40%

E. 40% ≤比例 <70%　　F. 比例≥70%

57. 贵单位是否有数字版权保护的技术？（　　）

A. 有　　B. 没有

C. 不清楚

58. 贵单位现有的出版技术水平处在哪个阶段？（　　）

A. 国际领先水平　　B. 国内先进水平

C. 省内先进水平　　D. 本地先进水平

E. 比较落后　　F. 落后

59. 贵单位现有的技术主要来源于何方？（　　）

A. 国际市场购买　　B. 国内市场购买

C. 自主研发　　D. 委托开发

E. 与国内大学或研究院所合作开发

F. 其他

60. 贵单位每年用于数字出版技术开发的投资占经费总支出的比例大约是多少？（　　）

A. 比例 <1%　　B. 1% ≤比例 <5%

C. 5% ≤比例 <10%　　D. 10% ≤比例 <15%

E. 15% ≤比例 <20%　　F. 20% ≤比例 <25%

G. 比例≥25%

61. 贵单位是否在与其他数字技术提供商开展合作？（　　）

A. 是　　B. 否

62. 如果没有，是否在考虑与之合作？（　　）

A. 是　　B. 否

63. 您对中国出版产业整体技术素质怎么评价？（　　）

A. 很先进　　B. 先进

C. 比较先进　　D. 落后

E. 非常落后

64. 对我国目前出版业的技术素质您认为是否能够适应国际出版业竞争的需要？（　　）

A. 非常适应　　B. 适应

C. 不太适应　　D. 根本不能适应

65. 若要适应国际竞争的需要您认为从哪些方面改善出版技术的现状？（可多选）（　　）

A. 加大研发资金投入　　B. 加强对新技术的敏锐感

C. 走产学研合作之路　　D. 加强与国外的交流合作

E. 完善文化科技创新环境　　F. 其他（请注明）＿＿＿＿＿

四、制度与管理素质

66. 您对党和政府推动出版产业化、市场化、国际化的政策是否赞成？（　　）

A. 完全赞成　　B. 不赞成

C. 一般，不了解　　D. 不关心

67. 您对政府主管部门拟取消书号限制的政策所持的态度如何？（　　）

A. 完全赞成　　B. 不赞成

C. 不了解　　D. 不关心

68. 您认为近年来政府对出版业的改革取向是什么？（　　）

A. 政府的管控力进一步加强　　B. 市场对出版单位的作用日益突出

C. 计划经济的色彩进一步减弱　　D. 不关心

E. 不了解

69. 您对上级政府主管部门对出版单位管理的评价是什么？（　　）

A. 管理制度比较科学规范

B. 管理制度过多过死，不够科学

C. 对出版单位管得过死，出版企业无自主权

D. 应该发挥市场调节的作用

E. 不关心、不了解

70. 您目前所在单位是否实现了彻底的转企改制？（　　）

A. 完全实现了　　B. 有推动但不彻底

C. 表面上完成了，但没有多大变化，换汤不换药

D. 根本没有变化，还是老样子

E. 不了解　　F. 不关心

71. 通过转企改制，贵单位有了如下哪些变化？（可多选）（　　）

A. 对市场的依赖更强　　B. 对政府职能部门的依赖更强

C. 企业内部员工的压力更大，危机感更加强烈，工作积极性进一步激发和提高

D. 企业活力增强了　　E. 企业效益明显提升

F. 企业的应变能力进一步提高

G. 企业管理的科学化水平明显提高，效益显著提高

H. 员工的收入有了增加

I. 根本上没有多大变化，还是老样子

J. 不了解　　K. 不关心

72. 贵单位目前的主要业务是否主要依靠市场调节？（　　）

A. 是　　B. 没有

C. 主要依靠政府的支持和扶持

D. 政府主管部门和市场同时发挥作用

73. 贵单位是否在实行新的版税制的付酬方式？（　　）

A. 是　　B. 没有

C. 两者相结合

74. 贵单位目前主营业务市场化程度或比例是多少？（　　）

A. 比例 $<10\%$　　B. $10\% \leqslant$ 比例 $<20\%$

C. $20\% \leqslant$ 比例 $<50\%$　　D. $50\% \leqslant$ 比例 $<70\%$

E. 比例 $\geqslant 70\%$

75. 贵单位的出版业务是否能满足市场和读者的需求？

A. 完全能　　B. 基本能

C. 不能　　D. 完全不能

76. 贵单位目前有无开展同外国出版单位的合作和交流？（　　）

A. 有　　B. 没有

C. 不了解

77. 贵单位目前与国外出版单位的业务联系方式主要有哪些？（可多选）（　　）

A. 版权输出　　B. 版权引进

C. 合作出版　　D. 合资建立新的出版单位

E. 人员方面的交流　　F. 管理经验的交流

G. 其他领域的交流与合作

78. 您认为我国出版业在国际竞争中面临的主要问题有哪些方面？（可多选）(　　)

A. 营销策划方面　　B. 版权贸易方面

C. 法律方面　　D. 技术设备方面

E. 科学管理方面　　F. 人才方面

G. 资金方面　　H. 其他（请注明）__________

79. 您对我国出版业的整体素质怎么看？(　　)

A. 很强　　B. 比较强

C. 很弱

D. 不能适应国际竞争的需要，缺乏竞争力

80. 近年来，各级政府对出版产业的发展和或技术创新方面出台了一系列的鼓励和优惠支持政策，贵单位是否享受过？(　　)

A. 是　　B. 否

若是，享受过的具体政策是__________

81. 若否，您认为是受到以下哪些因素的限制？(多选)(　　)

A. 企业规模　　B. 企业性质

C. 经营范围　　D. 地区差异

E. 市场准入　　F. 其他__________

82. 贵单位在出版经营过程中是否受到上级职能部门或相关部门的干预？(　　)

A. 是　　B. 否

83. 若是，您对这些职能部门干预的评价是什么？(可多选)(　　)

A. 非常有针对性，及时和必要　　B. 完全没有必要

C. 瞎指挥　　D. 其他__________

84. 若是，主要受到哪些职能部门的影响（可多选）(　　)

A. 新闻出版行政主管部门　　B. 公安部门

C. 工商管理部门　　D. 税务部门

E. 文化市场管理部门　　F. 劳动部门

G. 土地部门　　H. 其他部门__________

85. 您对这些部门在推动出版产业发展的效能方面的看法？(　　)

A. 非常满意　　B. 比较满意

C. 一般　　D. 不满意

E. 完全不满意

86. 您是否了解党和国家有关提升出版从业者素质的相关政策？（　　）

A. 非常了解　　B. 比较了解

C. 完全不知道

87. 您对党和国家提升出版从业者职业技能水平的相关政策感到满意吗？（　　）

A. 非常满意　　B. 比较满意

C. 一般　　D. 不满意

E. 非常不满意

88. 贵单位是否拥有比较完备的管理制度或规定？（　　）

A. 有完整的制度　　B. 没有系统的管理制度

C. 随意性很强　　D. 没有任何制度

89. 您对贵单位管理的科学化水平评价是什么？（　　）

A. 很科学　　B. 科学

C. 基本科学　　D. 不科学

E. 传统的经验管理

90. 贵单位的财务管理制度、人事制度、激励制度等是否科学合理？（　　）

A. 非常科学　　B. 科学

C. 基本科学　　D. 不科学

91. 您认为贵单位在同行中的竞争力如何？（　　）

A. 很强，领袖地位　　B. 已形成一定的优势

C. 一般　　D. 很差

92. 您认为贵单位出版的主要大类图书产品市场占有率多少？（　　）

A. 占有率 $<5\%$　　B. $5\% \leqslant$ 占有率 $<15\%$

C. $15\% \leqslant$ 占有率 $<30\%$　　D. 占有率 $\geqslant 30\%$

93. 您认为贵单位对于提升出版从业人员的专业技能的重视程度如何？（　　）

A. 非常重视　　B. 比较重视

C. 一般　　D. 不太重视

E. 说不准

94. 贵单位拥有对出版从业人员进行专业技能培训的规范培训制度吗？

（　　）

A. 有　　　　B. 没有

C. 不清楚

95. 您对贵单位的专业技能培训体系的评价是？（　　）

A. 非常满意　　　　B. 满意

C. 不清楚　　　　D. 不满意

E. 非常不满意

96. 您认为现在贵单位出版专业技能培训体系存在哪些缺陷？（可多选）（　　）

A. 培训经费投入不足

B. 专业技能培训走形式，没有实质内容

C. 行业和外部培训太少，企业内部培训过多

D. 理论性培训太多，实务性培训不足

E. 编辑人员缺少参加培训的机会

F. 培训内容与实际需求错位，无法解决现实问题

G. 工作太忙，没时间参加培训

H. 缺乏有能力、高水平的培训教师

I. 国家政策对于技能培训的重视不够

J. 技能培训渠道过于单一

K. 出版单位缺乏职业技能提升的相关激励制度

L. 其他（请注明）__________

97. 您认为目前公司的薪酬状况对您是否有激励作用？（　　）

A. 有很大的激励作用　　　　B. 有一些激励作用

C. 没有激励作用

98. 如果没有激励作用，以下选项您认为哪些对您更有激励作用？（可多选）（　　）

A. 晋升的机会　　　　B. 挑战性的工作

C. 自我价值的实现　　　　D. 更多的培训和学习机会

E. 领导的认可　　　　F. 灵活的工作时间

G. 其他（请注明）____________________

五、资本化、国际化等方面

99. 贵单位目前是否通过上市发行股票筹集发展过程中所需的资本？（　　）

A. 已经整体上市　　B. 部分业务上市
C. 没有上市　　D. 不能上市
E. 不想上市

100. 贵单位上市的动机是什么？（　　）

A. 实行现代企业制度，筹集业务拓展所需资本
B. 提高资本运营水平　　C. 实行多元化经营的需要
D. 圈钱　　E. 不了解
F. 其他______________________

101. 贵单位上市前后发展态势有什么变化？（　　）

A. 管理水平显著提升　　B. 主营业务规模显著扩大
C. 经营领域扩大　　D. 经济效益显著提升
E. 员工工资明显增加　　F. 无显著变化
G. 不了解

102. 贵单位上市筹集来的资金主要用于哪些方面？（　　）

A. 扩大主营业务　　B. 涉足新的业务领域
C. 提高员工待遇　　D. 改善办公条件
E. 提升技术水平　　F. 总体竞争力显著增强
G. 没变化　　H. 不了解

103. 您对国际范围内出版业发展的前景如何判断？（　　）

A. 朝阳产业，发展前景非常好　　B. 一般
C. 衰退　　D. 暗淡，没有希望

104. 您对中国出版业发展的前景如何判断？（　　）

A. 朝阳产业，发展前景非常好　　B. 一般
C. 衰退　　D. 暗淡，没有希望

105. 您对中国出版业发展的宏观环境如何评价？（　　）

A. 非常好　　B. 好
C. 一般　　D. 非常差，亟待改善

B. 期刊杂志社

一、单位基本情况

1. 单位全称：________________

2. 刊物名称：________________

3. 单位所在地：________省（自治区、直辖市）________市（地区）

4. 上级主管部门是________________

5. 单位的所有制性质是什么？（　　）

A. 公有制　　B. 非公有制

C. 外资　　D. 中外合资

E. 其他

6. 单位类型是什么？（　　）

A. 事业　　B. 企业

C. 刚刚实现转企改制，改为企业　　D. 其他

7. 贵单位主办单位是谁？（　　）

A. 独立的期刊社（独立法人）　　B. 出版传媒机构下属

C. 高校、学会、科研机构主办　　D. 群众社团、行业协会主办

E. 政府机构主办　　F. 其他

8. 贵单位期刊数量多少种？（　　）

A. 1 种　　B. 2—5 种

C. 6—10 种　　D. 11 种及以上

9. 期刊发行周期如何？（　　）

A. 周刊　　B. 旬刊

C. 半月刊　　D. 月刊

E. 双月刊　　F. 季刊

G. 其他

10. 如果经营多种期刊，其中影响力最大的期刊属于哪类？（　　）

A. 周刊　　B. 旬刊

C. 半月刊　　D. 月刊

E. 双月刊　　F. 季刊

G. 其他

11. 期刊学科属性如何？(　　)

A. 自然科学（科学和学术）　　B. 自然科学（科学普及）

C. 社会科学（学术与专业）　　D. 社会科学（大众人文类期刊）

E. 其他

12. 如属学术期刊，则是何类别？(　　)

A. SCI 期刊　　B. EI 期刊

C. CSSCI　　D. 其他

13. 期刊服务的对象主要属于国民经济哪个产业？(　　)

A. 第一产业（农业）　　B. 第二产业（工业）

C. 第三产业　　D. 其他

14. 贵单位是否为独立法人？(　　)

A. 是　　B. 否

15. 若否，贵单位是否为独立法人内部的一个二级单位？(　　)

A. 是　　B. 否

16. 贵单位的办刊经费来源状况如何？(　　)

A. 完全的市场化，依靠出版产品的发行收入

B. 依靠所在单位的财政经费补贴

C. 向作者适当收取版面费补贴　　D. 依靠刊登广告

E. 社会赞助与捐赠　　F. 其他

17. 单位人员数量多少（人)？(　　)

A. 人数 <5　　B. $5 \leqslant$ 人数 <10 人

C. $10 \leqslant$ 人数 <30 人　　D. $30 \leqslant$ 人数 <50 人

E. $50 \leqslant$ 人数 <100 人　　F. 100 人 $\leqslant$ 人数 <300 人

G. 人数 $\geqslant 300$

18. 单位固定资产建筑面积多少平方米？(　　)

A. 面积 <50　　B. $50 \leqslant$ 面积 <100

C. $100 \leqslant$ 面积 <500　　D. $500 \leqslant$ 面积 <1000

E. $1000 \leqslant$ 面积 <5000　　F. $5000 \leqslant$ 面积 <10000

G. 面积 $\geqslant 10000$

19. 期刊年发行数量多少万册？（　　）

A. 1≤数量＜5　　B. 5≤数量＜10

C. 10≤数量＜20　　D. 20≤数量＜50

E. 50≤数量＜100　　F. 数量≥100

20. 刊物发行量在同类刊物中的排名如何？（　　）

A. 前10名　　B. 11—50名

C. 51—100名　　D. 100名以外

21. 刊物在同类刊物中的影响力如何？（　　）

A. 前10名　　B. 11—50名

C. 51—100名　　D. 100名以外

22. 单位固定资产规模多少万元？（　　）

A. 金额＜50　　B. 50≤金额＜100

C. 100≤金额＜500　　D. 500≤金额＜1000

E. 1000≤金额＜5000　　F. 5000≤金额＜10000

G. 10000≤金额＜50000　　H. 金额≥50000

23. 单位年营业额多少万元？（　　）

A. 营业额＜50　　B. 50≤营业额＜100

C. 100≤营业额＜500　　D. 500≤营业额＜1000

E. 1000≤营业额＜5000　　F. 5000≤营业额＜10000

G. 10000≤营业额＜50000　　H. 营业额≥50000

24. 您对贵社发展的前景如何判断？（　　）

A. 上升成长期，发展前景非常好　　B. 饱和期，成长性一般

C. 衰退期，暗淡，没有希望　　D. 说不清楚，不关心

25. 您对我国报刊业发展的前景如何判断？（　　）

A. 发展前景非常好　　B. 一般

C. 出现衰退迹象，需要及时振兴　　D. 暗淡，没有希望

26. 您对国际范围内报刊业发展的前景如何判断？（　　）

A. 发展前景非常好　　B. 一般

C. 衰退　　D. 暗淡，没有希望

27. 您对我国报刊业发展的宏观环境如何评价？（　　）

A. 非常好　　B. 好

C. 一般　　D. 非常差，亟待改善

二、人员素质

28. 您的性别是什么？（ ）

A. 男　　B. 女

29. 您的年龄多大（岁）？（ ）

A. 年龄 < 20　　B. 20 ≤ 年龄 < 30

C. 30 ≤ 年龄 < 40　　D. 40 ≤ 年龄 < 50

E. 年龄 ≥ 50

30. 您现在工作部门是＿＿＿＿＿＿＿＿＿＿

31. 您的学历是什么？（ ）

A. 高中及以下　　B. 中专

C. 大专　　D. 本科

E. 硕士　　F. 博士及以上

32. 您的技术职称是什么？（ ）

A. 助理（初级）　　B. 编辑（中级）

C. 副编审（副高级）　　D. 编审（高级）

E. 其他（请注明）＿＿＿＿＿

33. 您的专业背景是什么？（ ）

A. 文学　　B. 法学

C. 管理　　D. 艺术

E. 语言　　F. 经济

G. 工科　　H. 哲学

I. 医学　　J. 军事学

K. 农学　　L. 教育学

M. 历史学　　N. 其他（请注明）＿＿＿＿＿

34. 您目前的工作是什么？（ ）

A. 策划编辑　　B. 销售或发行

C. 印务　　D. 设计

E. 校对　　F. 文字编辑

G. 行政管理　　H. 经营或财务管理

I. 其他（请注明）＿＿＿＿＿

35. 您认为目前您所从事的岗位工作与您所学的专业匹配程度如何？

（　　）

A. 完全匹配　　　　B. 完全不匹配

C. 基本匹配　　　　D. 说不清楚

36. 您在期刊行业中持续工作了多长时间（年）？（　　）

A. 年限<3　　　　B. 3≤年限<5

C. 5≤年限<10　　　　D. 10≤年限<15

E. 15≤年限<25　　　　F. 年限≥25

37. 您认为现有的知识基础和专业技能能满足工作岗位要求的程度如何？（　　）

A. 完全满足　　　　B. 基本满足

C. 还很欠缺　　　　D. 不能满足

E. 说不准

38. 如果不能满足，您认为自己在知识基础和专业技能等方面存在哪些欠缺？（可多选）

（1）基础知识方面（　　）

A. 社会科学方面　　　　B. 时事政治方面

C. 自然科学方面　　　　D. 管理科学方面

（2）社会技能方面（　　）

A. 应对突发事件的能力　　　　B. 组织协调任务能力

C. 适应工作环境变化的能力　　　　D. 团队合作精神

E. 沟通能力　　　　F. 其他（请注明）________

（3）专业技能方面（　　）

A. 语言文字能力　　　　B. 策划能力

C. 逻辑思维方法　　　　D. 创新能力

E. 信息技术处理能力　　　　F. 装帧设计

G. 市场开拓　　　　H. 经营管理

（4）使用现代信息化手段方面（　　）

A. 使用网络技术的知识　　　　B. 电脑知识

C. 专业软件知识与使用　　　　D. 其他技术

39. 您目前是否有参加各类出版方面培训的需求？（　　）

A. 有　　　　B. 没有

C. 说不清楚

40. 如果有，您最想培训学习哪方面的知识？（　　）

A. 政治理论知识　　B. 法律知识学习

C. 财务理论知识　　D. 营销理论知识

E. 编辑与校对　　F. 信息技术知识

G. 版面设计　　H. 宣传策划理论知识

I. 其他（请注明）__________

41. 您目前主要通过哪些途径来解决现有知识基础和专业技能无法完全适应岗位需求的问题？(可多选)（如已满足岗位要求，则免填此项）（　　）

A. 参加工作和学习方法培训等短期培训课程

B. 国内进修　　C. 国外进修

D. 攻读大学本专科、硕士、博士等学历学位，提升知识能力

E. 参加职业资格考试，获取资格证书

F. 自己利用业余时间自学补充知识

G. 企业内部培训人员相互间交流学习方法和学习技能

H. 换一个自己适应的岗位

I. 脱产性技术培训　　J. 其他（请注明）__________

42. 您希望通过哪些途径缩小现有知识基础和专业技能与岗位需求的差距？(可多选)（　　）

A. 参加工作和学习方法培训等短期培训课程

B. 国内进修　　C. 国外进修

D. 攻读大学本专科、硕士、博士等学历学位，提升知识能力

E. 参加职业资格考试，获取资格证书

F. 自己利用业余时间补充知识

G. 企业内部人员相互间交流学习方法和学习技能

H. 换一个自己适应的岗位

I. 脱产性技术培训　　J. 其他（请注明）__________

43. 在您个人的职业发展中，迫切需要提高专业技能的原因和动力是？(可多选)（　　）

A. 个人经济收入提高和生活条件改善

B. 提高工作能力，为企业多做贡献

C. 对外联系的渠道拓宽　　D. 自身职务、职称的提升

E. 提高自身业务素质　　F. 名誉、声望的提高

G. 转换工作岗位或跳槽　　　　H. 其他原因（请注明）＿＿＿＿＿

44. 您认为贵单位的从业人员在工作中的团队合作状况怎么样？（　　）

A. 非常好　　　　B. 很好

C. 一般　　　　D. 不好

E. 非常不好

45. 您是否具有明确的职业生涯规划？（　　）

A. 很明确　　　　B. 有，但是不明确

C. 没有规划

46. 您所在单位对于在职员工的培训是否制度化？（　　）

A. 有完整的制度　　　　B. 没有但也比较重视

C. 随意性很强　　　　D. 没有任何制度

47. 您所在单位对于在职员工的培训是否常态化？（　　）

A. 定期进行，常态化　　　　B. 很随意

C. 不固定但比较重视　　　　D. 培训机会很少

E. 从来没有机会外出参加学习和培训的机会

48. 您所在的单位每隔多长时间提供一次培训？（　　）

A. 1—2 个月　　　　B. 3—4 个月

C. 半年一次　　　　D. 一年一次

E. 没有规律　　　　F. 近 2 年来没有安排过培训

49. 你最近参加的培训是在多久之前？（　　）

A. 一个星期之前　　　　B. 一个月之前

C. 半年之前　　　　D. 一年之前

E. 三年以前

50. 您在参加专业技能培训后，专业技能水平是否得到了提升？（　　）

A. 提升很大　　　　B. 有一定提升

C. 没有变化　　　　D. 说不清楚

51. 参加完专业技能培训后，专业技能提升是否满足了您个人发展的目的？（　　）

A. 完全满足　　　　B. 满足

C. 一般　　　　D. 没有满足

E. 完全没有满足

52. 您在工作中所需要的专业技能信息和资讯从何处获得？（可多选）

(　　)

A. 企业内部定期发布的各类信息报告

B. 参加学术会议

C. 自己读书、看报和专业性学习

D. 定期参加行业培训和交流获得信息

E. 来自于同学、亲友或者其他企业人员

F. 其他（请注明）__________

53. 您对我国期刊业从业人员整体素质（不包括思想政治素质方面）怎么评价？(　　)

A. 优秀　　B. 良好

C. 较差　　D. 很差

54. 就我国目前期刊业从业人员的素质现状（不包括思想政治素质方面），您认为在国际期刊业竞争中是否有优势？(　　)

A. 不担忧，有优势　　B. 较有优势

C. 一般　　D. 较差

E. 非常差

55. 您认为我国期刊业在应对国际同行竞争时，最缺乏什么样的人才？(可多选)(　　)

A. 具有国际视野和战略的人　　B. 精通期刊业务的人

C. 精通外语的人　　D. 有较强公关能力的人

E. 外语翻译人才　　F. 熟悉国际法律知识的人才

G. 高技术人才　　H. 封面与版式设计人才

I. 其他（请注明）__________

56. 您认为数字出版对期刊业产生哪些方面的影响？

A. 期刊内容方面　　B. 期刊表现形式方面

C. 期刊读者群的阅读习惯方面　　D. 期刊阅读人群的数量方面

E. 竞争更加激烈，读者数量显著减少，市场容量下降

F. 没有产生明显的影响　　G. 其他（请注明）__________

57. 您认为期刊从业人员应该具有哪些能力？(可多选)(　　)

A. 重新整合专业资源的能力　　B. 个性化定制服务的能力

C. 数字技术方面的能力和知识

D. 具备执行数字化标准和开发运营数字化平台的能力

E. 市场推广的能力　　F. 其他（请注明）__________

三、技术素质

58. 您认为目前贵单位在出版技术使用上处于什么阶段？（　　）

A. 传统出版阶段　　B. 现代出版阶段

C. 介于两者之间

59. 贵单位的人均电脑数量如何？（　　）

A. 不到一台　　B. 一台

C. 两台　　D. 两台以上

60. 贵单位的硬件设备每几年更换一次？

A. 2 年以下　　B. 2—5 年

C. 5 年以上

61. 贵单位的宽带网络、计算机硬件设备是否稳定、高效？（　　）

A. 非常稳定　　B. 稳定

C. 一般　　D. 不稳定

E. 非常不稳定

62. 贵单位在编辑校对方面处于以下哪个阶段？（　　）

A. 全部智能化编校　　B. 半智能化编校

C. 人工编校

63. 贵单位在日常编校工作中是否使用黑马等自动化软件吗？（　　）

A. 配置并经常使用　　B. 偶尔使用

C. 没有使用　　D. 根本没有

64. 如果使用黑马等软件编校，那么这些软件的版本情况如何？（　　）

A. 最新版　　B. 比较新

C. 先进　　D. 陈旧过时

65. 在使用新技术、新设备的过程中是否遇到过由于标准不同而影响工作的情况？（　　）

A. 经常遇到　　B. 偶尔遇到

C. 从没遇到过

66. 贵单位是否具有按需出版的能力？（　　）

A. 有　　B. 没有

67. 在数字化转型过程中，贵单位在以下哪些基础性工作领域中有所探

索？（可多选）（ ）

A. 办公自动化（OA） B. 企业资源管理（ERP）

C. 编务管理信息系统 D. 内容资源管理（CMS）

E. 电子商务 F. 其他__________

68. 贵单位有多大比例的内容或期刊是以数字化出版的形式提供给消费者的？（ ）

A. 比例＜5% B. 5%≤比例＜10%

C. 10%≤比例＜20% D. 20%≤比例＜40%

E. 40%≤比例＜70% F. 比例≥70%

69. 贵单位是否有数字版权保护的技术？（ ）

A. 有 B. 没有

C. 不清楚

70. 贵单位现有的技术水平处在哪个阶段？（ ）

A. 国际领先水平 B. 国内先进水平

C. 省内先进水平 D. 本地先进水平

E. 比较落后 F. 落后

71. 贵单位现有的技术主要来源于哪些方面？（ ）

A. 国际市场购买 B. 国内市场购买

C. 自主研发 D. 委托开发

E. 与国内大学或研究院所合作开发 F. 其他

72. 贵单位每年用于数字出版技术开发的投资占经费总支出的比例大约是多少？（ ）

A. 比例＜1% B. 1%≤比例＜5%

C. 5%≤比例＜10% D. 10%≤比例＜15%

E. 15%≤比例＜20% F. 20%≤比例＜25%

G. 比例≥25%

73. 贵单位是否在与其他数字技术提供商开展战略合作？（ ）

A. 是 B. 否

74. 如果没有，是否在考虑与之合作？（ ）

A. 是 B. 否

75. 您对中国出版产业整体技术素质怎么评价？（ ）

A. 很先进 B. 先进

C. 比较先进　　D. 落后

E. 非常落后

76. 您认为我国目前出版产业的技术素质是否适应国际出版业的竞争？（　　）

A. 非常适应　　B. 适应

C. 一般　　D. 根本不能适应

77. 您认为要适应国际竞争的需要应从哪些方面改变出版技术现状？（可多选）（　　）

A. 加大研发资金投入　　B. 加强对新技术的研发

C. 走产学研合作之路　　D. 加强与国外的交流合作

E. 完善文化科技创新环境　　F. 其他（请注明）____________

四、制度与管理素质

78. 您对党和政府推动出版产业化、市场化、国际化的政策是否赞成？（　　）

A. 完全赞成　　B. 不赞成

C. 不了解　　D. 不关心

79. 您认为近年来政府对出版业的改革取向是什么？（　　）

A. 政府的管控力进一步加强　　B. 市场对出版单位的作用日益突出

C. 计划经济的色彩进一步减弱　　D. 不关心

E. 不了解

80. 您对上级政府主管部门对出版单位管理的评价是什么？（　　）

A. 管理制度比较科学规范　　B. 管理制度过多过死，不够科学

C. 对出版单位管得过死，出版企业无自主权

D. 应该发挥市场调节的作用　　E. 不关心、不了解

81. 您目前所在单位是否实现了彻底的转企改制？（　　）

A. 完全实现了　　B. 有推动但不彻底

C. 表面上完成了，但没有多大变化，换汤不换药

D. 根本没有变化，还是老样子

E. 不了解　　F. 不关心

82. 通过转企改制，贵单位有了如下哪些变化？（可多选）（　　）

A. 对市场的依赖更强　　B. 对政府职能部门的依赖更强

C. 企业内部员工的压力更大，危机感更加强烈，工作积极性进一步提高

D. 企业活力增强了　　E. 企业效益明显提升

F. 企业的应变能力进一步提高

G. 企业管理的科学化水平明显提高，效益显著提高

H. 员工的收入有了增加

I. 根本上没有多大变化，还是老样子

J. 不了解　　K. 不关心

83. 贵单位目前的主要业务是否主要依靠市场调节？（　　）

A. 是　　B. 没有

C. 主要依靠政府的支持和扶持

D. 政府主管部门和市场同时发挥作用

84. 贵单位是否在实行新的稿酬方式？（　　）

A. 是　　B. 没有

C. 两者相结合

85. 贵单位目前主营业务的市场化程度或比例是多少？（　　）

A. 比例 $<10\%$　　B. $10\% \leqslant$ 比例 $<20\%$

C. $20\% \leqslant$ 比例 $<50\%$　　D. $50\% \leqslant$ 比例 $<70\%$

E. 比例 $\geqslant 70\%$

86. 贵单位的出版业务是否能满足市场的需求？

A. 完全能　　B. 基本能

C. 不能　　D. 完全不能

87. 贵单位目前有无开展和外国出版单位的合作和交流？（　　）

A. 有　　B. 没有

C. 不了解

88. 贵单位目前与国外出版单位的业务联系方式主要有哪些？（可多选）（　　）

A. 版权输出　　B. 版权引进

C. 合作出版　　D. 合资建立新的出版单位

E. 人员方面的交流　　F. 管理经验的交流

G. 其他领域的交流与合作

89. 您认为中国出版业在国际竞争中面临的主要问题有哪些方面？（可多选）（　　）

A. 营销策划方面　　B. 版权贸易方面
C. 法律方面　　D. 技术设备方面
E. 科学管理方面　　F. 人才方面
G. 其他（请注明）__________

90. 您对中国出版业的整体素质怎么看？（　　）
A. 很强　　B. 比较强
C. 很弱
D. 不能适应国际竞争的需要，缺乏竞争力

91. 近几年，各级政府对出版产业的发展和或技术创新方面都出台了一系列的鼓励和优惠政策，贵单位是否享受过？（　　）
A. 是　　B. 否

92. 若否，您认为是受到以下哪些因素的限制？（多选）（　　）
A. 企业规模　　B. 企业性质
C. 经营范围　　D. 地区差异
E. 市场准入　　F. 其他（请注明）__________

93. 贵单位在生产经营过程中是否受到上级职能部门或相关部门的干预？（　　）
A. 是　　B. 否

94. 若是，主要受到哪些职能部门的影响？（可多选）（　　）
A. 新闻出版行政主管部门　　B. 公安部门
C. 工商管理部门　　D. 税务部门
E. 文化市场管理部门　　F. 劳动部门
G. 土地部门　　H. 其他部门（请注明）__________

95. 您对这些部门在推动出版产业发展的效能方面看法如何？（　　）
A. 非常满意　　B. 比较满意
C. 一般　　D. 不满意
E. 完全不满意

96. 您是否了解党和国家有关提升出版从业者素质的相关政策？（　　）
A. 非常了解　　B. 比较了解
C. 完全不知道

97. 您对党和国家提升出版从业者职业技能水平的相关政策感到满意吗？（　　）

A. 非常满意　　B. 比较满意
C. 一般　　D. 不满意
E. 非常不满意

98. 贵单位是否拥有比较完备的管理制度或规定？（　　）
A. 有完整的制度　　B. 没有但也比较重视
C. 随意性很强　　D. 没有任何制度

99. 您对贵单位管理的科学化水平评价是什么？（　　）
A. 很科学　　B. 科学
C. 基本科学　　D. 不科学
E. 传统的经验管理

100. 贵单位的财务管理制度、人事制度、激励制度等是否科学合理？（　　）
A. 非常科学　　B. 科学
C. 基本科学　　D. 不科学

101. 贵单位在同行中的竞争力如何？（　　）
A. 很强　　B. 领袖地位
C. 一般　　D. 很差

102. 贵单位期刊在同类刊物中的市场占有率是多少？（　　）
A. 占有率 $<5\%$　　B. $5\% \leqslant$ 占有率 $<15\%$
C. $15\% \leqslant$ 占有率 $<30\%$　　D. 占有率 $\geqslant 30\%$

103. 贵单位对于提升出版从业人员的职业技能的重视程度如何？（　　）
A. 非常重视　　B. 比较重视
C. 一般　　D. 不太重视
E. 说不准

104. 贵单位是否有对出版从业人员进行职业技能培训的规范培训制度？（　　）
A. 有　　B. 没有
C. 不清楚

105. 您对贵单位的职业技能培训体系的评价是？（　　）
A. 非常满意　　B. 满意
C. 不清楚　　D. 不满意
E. 非常不满意

106. 您认为现在的企业职业技能培训体系存在哪些缺陷？（可多选）（　　）

A. 培训经费投入不足

B. 职业技能培训走形式，没有实质内容

C. 行业和外部培训太少，企业内部培训过多

D. 理论性培训太多，实务性培训不足

E. 编辑人员缺少参加培训的机会

F. 培训内容与实际需求错位，无法解决现实问题

G. 工作太忙，没时间参加培训

H. 缺乏有能力、高水平的培训教师

I. 国家政策对于技能培训的重视不够

J. 技能培训渠道过于单一

K. 企业缺乏职业技能提升的相关激励制度

L. 其他（请注明）__________

107. 您对自己承担一部分职业技能培训和学习费用认可态度如何？（　　）

A. 完全认可　　B. 较认可

C. 一般认可　　D. 不是很认可

E. 完全不认可

108. 如果需要个人承担一部分培训费用，您认为一年里累计的培训费用（包括多次累计）您最多能够承担多少元？（　　）

A. 5000≤费用<10000　　B. 10000≤费用<20000

C. 20000≤费用<30000　　D. 30000≤费用<40000

E. 40000≤费用<100000　　F. 费用≥100000

109. 到目前为止，您提升职业技能的需求是否受到过某些国家政策的限制？（　　）

A. 有　　B. 没有

110. 如有，主要是哪些方面（可多选）？（　　）

A. 户口　　B. 档案

C. 职业准入　　D. 社会保险

E. 其他（请注明）__________

111. 您的月收入是多少元？（　　）

A. 收入 <3000　　B. 3000≤收入 <5000

C. 5000≤收入 <7000　　D. 收入≥7000

112. 您认为现有工资水平是否体现您的工作量？（　　）

A. 完全体现　　B. 基本体现

C. 一般　　D. 不完全体现

E. 完全没有体现

113. 您认为目前杂志社的薪酬状况对您是否有激励作用？

A. 有很大的激励作用　　B. 有一些激励作用

C. 没有激励作用

114. 如果没有激励作用，以下选项您认为哪些对您更有激励作用？（可多选）（　　）

A. 晋升的机会　　B. 挑战性的工作

C. 自我价值的实现　　D. 更多的培训和学习机会

E. 领导的认可　　F. 其他

C. 报　　社

一、单位基本情况

1. 单位全称：________________________________

2. 单位所在地：_____________省（自治区、直辖市）_______________市（地区）

3. 单位所有制性质是什么？（　　）

A. 公有制　　B. 非公有制
C. 外资　　D. 中外合资
E. 其他

4. 贵单位主营业务是什么？（　　）

A. 日报　　B. 晨报
C. 晚报　　D. 都市报
E. 其他

5. 贵报专业领域属于什么？（　　）

A. 大众类　　B. 专业类
C. 经济　　D. 文化、生活、服务
E. 体育、健康　　F. 科技
G. 国防、军事　　H. 教育

6. 上级主管部门是________________________________

7. 贵报社是否为独立法人？（　　）

A. 是　　B. 否

8. 贵报社是否为独立法人内部的一个二级单位？（　　）

A. 是　　B. 否

9. 支撑贵单位生存的财务资金来源状况如何？（　　）

A. 完全的市场化，依靠出版产品的收入维持生存
B. 依靠所在单位的经费补贴
C. 向作者收取版面费
D. 依靠刊登广告

E. 与企业及其他单位合作，获得赞助

F. 其他（请注明）________________

10. 单位人员数量是多少？（　　）

A. 人数 < 5　　B. 5 ≤ 人数 < 10

C. 10 ≤ 人数 < 30　　D. 30 ≤ 人数 < 50

E. 50 ≤ 人数 < 100　　F. 100 ≤ 人数 < 200

G. 人数 ≥ 200

11. 其中：正式编制的员工人数是多少？（　　）

A. 人数 < 5　　B. 5 ≤ 人数 < 10

C. 10 ≤ 人数 < 30　　D. 30 ≤ 人数 < 50

E. 50 ≤ 人数 < 100　　F. 100 ≤ 人数 < 200

G. 人数 ≥ 200

12. 单位办公建筑面积为多少平方米？（　　）

A. 面积 < 50　　B. 50 ≤ 面积 < 100

C. 100 ≤ 面积 < 500　　D. 500 ≤ 面积 < 1000

E. 1000 ≤ 面积 < 5000　　F. 5000 ≤ 面积 < 10000

G. 面积 ≥ 10000

13. 单位年报纸品种数量多少？（　　）

A. 品种数 < 5　　B. 5 ≤ 品种数 < 10

C. 品种数 ≥ 10

14. 报纸年发行数量多少万份？（　　）

A. 数量 < 1　　B. 1 ≤ 数量 < 5

C. 5 ≤ 数量 < 10　　D. 10 ≤ 数量 < 30

E. 30 ≤ 数量 < 50　　F. 50 ≤ 数量 < 100

G. 数量 ≥ 100

15. 报社固定资产规模多少万元？（　　）

A. 金额 < 50　　B. 50 ≤ 金额 < 100

C. 100 ≤ 金额 < 500　　D. 500 ≤ 金额 < 1000

E. 1000 ≤ 金额 < 5000　　F. 5000 ≤ 金额 < 10000

G. 10000 ≤ 金额 < 50000　　H. 金额 ≥ 50000

16. 单位年营业额多少万元？（　　）

A. 营业额 < 50　　B. 50 ≤ 营业额 < 100

C. 100≤营业额<500

D. 500≤营业额<1000

E. 1000≤营业额<5000

F. 5000≤营业额<10000

G. 10000≤营业额<50000

H. 营业额≥50000

二、人员素质

17. 您的性别是什么？（　　）

A. 男

B. 女

18. 您的年龄多大（岁）？（　　）

A. 年龄<20

B. 21≤年龄<30

C. 31≤年龄<40

D. 41≤年龄<50

E. 年龄≥50

19. 您现在工作部门是__________。

20. 您的学历如何？（　　）

A. 高中及以下

B. 中专

C. 大专

D. 本科

E. 硕士

F. 博士及以上

21. 您的技术职称是什么？（　　）

A. 助理编辑

B. 编辑（中级）

C. 副编审（副高）

D. 编审（高级）

E. 其他__________

22. 您的专业背景如何？（　　）

A. 文学

B. 法学

C. 管理

D. 艺术

E. 语言

F. 经济

G. 工科

H. 哲学

I. 医学

J. 军事学

K. 农学

L. 教育学

M. 历史学

N. 其他__________

23. 您目前的工作是什么？（　　）

A. 策划编辑

B. 销售或发行

C. 印务

D. 设计

E. 校对

F. 文字编辑

G. 行政管理　　H. 财务会计

I. 其他

24. 您认为目前您所从事的岗位工作与您所学的专业匹配程度如何？(　　)

A. 完全匹配　　B. 完全不匹配

C. 基本匹配　　D. 说不清楚

25. 您在报纸行业中持续工作了多长时间（年）？(　　)

A. 年限 <3　　B. 3≤年限 <5

C. 5≤年限 <10　　D. 10≤年限 <15

E. 15≤年限 <25　　F. 年限≥25

26. 您认为现有的知识基础和职业技能能否满足工作岗位的要求？(　　)

A. 完全满足　　B. 基本满足

C. 还很欠缺　　D. 不太满足

E. 说不准

27. 如果不能满足，您认为自己在知识基础和职业技能等方面存在哪些欠缺？(可多选)

(1) 基础知识方面（　　）

A. 社会科学方面　　B. 时事政治方面

C. 自然科学方面　　D. 管理科学方面

(2) 社会技能方面（　　）

A. 应对突发事件的能力　　B. 组织协调任务能力

C. 适应工作环境变化的能力　　D. 团队合作精神

E. 沟通能力　　F. 其他（请注明）＿＿＿＿＿＿

(3) 专业技能方面（　　）

A. 语言文字能力　　B. 策划能力

C. 逻辑思维方法　　D. 创新能力

E. 信息技术处理能力　　F. 装帧设计

G. 市场开拓　　H. 经营管理

(4) 使用现代信息化手段方面（　　）

A. 使用网络技术的知识　　B. 电脑知识

C. 专业软件知识与使用　　D. 其他技术

28. 您目前是否有参加各类培训学习方面的需求？(　　)

A. 有　　　　　　　　　　　　B. 没有

C. 说不清楚

29. 如果有，您最想培训学习哪方面的知识？（　　）

A. 政治理论知识　　　　　　　B. 法律知识学习

C. 管理知识　　　　　　　　　D. 发行理论知识

E. 编辑与校对　　　　　　　　F. 信息技术知识

G. 出版工艺的学习　　　　　　H. 宣传策划理论知识

I. 其他__________

30. 您目前主要通过哪些途径来解决现有知识基础和职业技能无法完全适应岗位需求的问题？（可多选）（如已满足岗位要求，则免填此项）（　　）

A. 参加工作和学习方法培训等短期培训课程

B. 国内进修　　　　　　　　　C. 国外进修

D. 攻读大学本专科、硕士、博士等学历学位，提升知识能力

E. 参加职业资格考试，获取资格证书

F. 自己利用业余时间自学补充知识

G. 企业内部培训人员相互间交流学习方法和学习技能

H. 换一个自己适应的岗位

I. 脱产性技术培训　　　　　　J. 其他（请注明）__________

31. 您还希望通过哪些途径来缩小现有知识基础和职业技能与岗位需求的差距？（可多选）（　　）

A. 参加工作和学习方法培训等短期培训课程

B. 国内进修　　　　　　　　　C. 国外进修

D. 攻读大学本专科、硕士、博士等学历学位，提升知识能力

E. 参加职业资格考试，获取资格证书

F. 自己利用业余时间补充知识

G. 企业内部人员相互间交流学习方法和学习技能

H. 换一个自己适应的岗位

I. 脱产性技术培训　　　　　　J. 其他（请注明）__________

32. 在您个人的职业发展中，迫切需要提高职业技能的原因和动力是？（可多选）（　　）

A. 个人经济收入提高和生活条件改善

B. 提高工作能力，为企业多做贡献

C. 对外联系的渠道拓宽　　D. 自身职务、职称的提升
E. 提高自身业务素质　　F. 名誉、声望的提高
G. 转换工作岗位或跳槽　　H. 其他原因（请注明）__________

33. 您认为贵单位的从业人员在工作中的团队合作状况怎么样？（　　）
A. 非常好　　B. 很好
C. 一般　　D. 不好
E. 非常不好

34. 您所在单位对于在职员工的培训是否制度化？（　　）
A. 有完整的制度　　B. 没有但也比较重视
C. 随意性很强　　D. 没有任何制度

35. 对于工作，您是否具有明确的职业生涯规划？（　　）
A. 有，很明确　　B. 有，但是不明确
C. 没有规划

36. 您所在单位对于在职员工的培训是否常态化？（　　）
A. 定期进行，常态化　　B. 很随意
C. 不固定但比较重视　　D. 从来没有机会外出参加学习

37. 您所在的单位每隔多久提供一次培训？（　　）
A. 1—2 个月　　B. 3—4 个月
C. 半年一次　　D. 一年一次
E. 没有规律　　F. 近 2 年来没有安排过培训

38. 您最近参加完一次培训是在多久之前？（　　）
A. 一个星期之前　　B. 一个月之前
C. 半年之前　　D. 一年之前
E. 三年以前

39. 您在参加专业技能培训后，职业技能水平是否得到了提升？（　　）
A. 提升很大　　B. 有一定提升
C. 没有变化　　D. 说不清楚

40. 参加完专业技能培训后，专业技能提升是否满足了您个人发展的目标或要求？（　　）
A. 完全满足　　B. 满足
C. 一般　　D. 没有满足
E. 完全没有满足

41. 您对自己承担一部分职业技能培训和学习费用认可态度如何？(　　)

A. 完全认可　　B. 较认可

C. 一般认可　　D. 不是很认可

E. 完全不认可

42. 如果需要个人承担一部分培训费用，您认为一年里累计的培训费用（包括多次累计）您最多能够承担多少元？(　　)

A. 费用 < 0.5 万　　B. 0.5 万 ≤ 费用 < 1 万

C. 1 万 ≤ 费用 < 2 万　　D. 2 万 ≤ 费用 < 3 万

E. 3 万 ≤ 费用 < 4 万　　F. 4 万 ≤ 费用 < 10 万

G. 费用 ≥ 10 万

43. 您的月收入是多少元？(　　)

A. 收入 < 3000　　B. 3000 ≤ 收入 < 5000

C. 5000 ≤ 收入 < 10000　　D. 收入 ≥ 10000

44. 您认为现有工资水平是否体现您的工作量？(　　)

A. 完全体现　　B. 基本体现

C. 一般　　D. 不完全体现

E. 完全没有体现

45. 您认为目前公司的薪酬状况对您是否有激励作用？(　　)

A. 有很大的激励作用　　B. 有一些激励作用

C. 没有激励作用

46. 如果没有激励作用，以下选项您认为哪些对您更有激励作用？（可多选）(　　)

A. 晋升的机会　　B. 挑战性的工作

C. 自我价值的实现　　D. 更多的培训和学习机会

E. 领导的认可　　F. 其他____________________

47. 您在工作中所需要的职业技能信息和资讯从何处获得？（可多选）(　　)

A. 企业内部定期发布的各类信息报告

B. 参加学术会议

C. 自己读书、看报和专业性学习

D. 定期参加行业培训和交流获得信息

E. 来自于同学、亲友或其他企业人员

F. 网络学习　　　　　　　　　　G. 其他（请注明）__________

48. 您对我国报业从业人员整体素质（不包括思想政治素质方面）怎么评价？（　　）

A. 优秀　　　　　　　　　　　　B. 良好

C. 一般　　　　　　　　　　　　D. 较差

E. 很差

49. 就我国目前报业从业人员的素质现状（不包括思想政治素质方面）您认为在国际出版业竞争中是否拥有优势？（　　）

A. 有优势，不担忧　　　　　　　B. 较有优势

C. 一般　　　　　　　　　　　　D. 无优势，非常担忧

E. 不清楚

50. 您认为我国报业在应对国际同行竞争时，最缺乏什么样的人才？（可多选）（　　）

A. 具有国际视野和战略的人　　　B. 精通出版业务的人

C. 精通外语的人　　　　　　　　D. 有较强公关能力的人

E. 图书翻译人才　　　　　　　　F. 熟悉国际法律知识的人才

G. 高技术人才　　　　　　　　　H. 其他（请注明）__________

51. 您认为在发展数字出版的过程中，我国报业从业人员应该具有哪些能力？（可多选）（　　）

A. 重新整合专业资源的能力　　　B. 个性化定制服务的能力

C. 数字技术方面的能力和知识

D. 具备执行数字化标准和开发运营数字化平台的能力

E. 其他____________________

三、技术素质

52. 您认为目前贵报社在出版技术应用上处于什么阶段？（　　）

A. 传统出版阶段　　　　　　　　B. 现代出版阶段

C. 介于两者之间

53. 贵单位的人均电脑数多少？（　　）

A. 不到一台　　　　　　　　　　B. 一台

C. 两台　　　　　　　　　　　　D. 两台以上

54. 贵单位的硬件技术设备每几年更换一次？（　　）

A. 2 年以下　　B. 2—5 年

C. 5 年以上

55. 贵单位的宽带网络、计算机硬件设备是否稳定、高效？（　　）

A. 非常稳定　　B. 稳定

C. 一般　　D. 不稳定

E. 非常不稳定

56. 贵单位在编辑校对方面处于以下哪个阶段？（　　）

A. 全部智能化编校　　B. 半智能化编校

C. 人工编校

57. 贵单位在日常编校工作中是否使用黑马等自动化软件？（　　）

A. 配置并经常使用　　B. 偶尔使用

C. 没有使用　　D. 根本没有

E. 没有听说过

58. 如果使用黑马等软件编校，那么这些软件的版本情况如何？（　　）

A. 最新版　　B. 比较新

C. 先进　　D. 陈旧过时

59. 在使用新技术、新设备的过程中是否遇到过由于标准不同而影响工作的情况？（　　）

A. 经常遇到　　B. 偶尔遇到

C. 从没遇到过

60. 在数字化转型过程中，贵单位在以下哪些基础性工作领域中有所探索？（可多选）（　　）

A. 办公自动化（OA）　　B. 企业资源管理（ERP）

C. 编务管理信息系统　　D. 内容资源管理（CMS）

E. 电子商务　　F. 其他（请注明）__________

61. 贵报社有多大比例的内容或出版物是以数字化的形式提供给消费者的？（　　）

A. 比例 $<5\%$　　B. $5\% \leqslant$ 比例 $<10\%$

C. $10\% \leqslant$ 比例 $<20\%$　　D. $20\% \leqslant$ 比例 $<40\%$

E. $40\% \leqslant$ 比例 $<70\%$　　F. 比例 $\geqslant 70\%$

62. 贵报社是否使用数字版权保护技术？（　　）

A. 有，使用　　B. 没有，从来未使用

C. 不清楚

63. 贵报社现有的出版技术水平属于？（ ）

A. 国际领先水平 B. 国内先进水平

C. 省内先进水平 D. 本地先进水平

E. 比较落后 F. 落后

64. 请问贵单位现有技术的主要来源在哪里？（ ）

A. 国际市场购买 B. 国内市场购买

C. 自主研发 D. 委托开发

E. 与国内大学或研究院所合作开发

F. 其他

65. 贵单位每年用于数字出版技术开发的投资占经费总支出的比例多大？（ ）

A. 比例＜1％ B. 1％≤比例＜5％

C. 5％≤比例＜10％ D. 10％≤比例＜15％

E. 15％≤比例＜20％ F. 20％≤比例＜25％

G. 比例≥25％

66. 贵单位是否在与其他数字技术提供商开展战略合作？（ ）

A. 是 B. 否

C. 不清楚

67. 如果没有，是否在考虑与之合作？（ ）

A. 是 B. 否

C. 不清楚

68. 您对我国报业整体技术素质怎么评价？（ ）

A. 很先进 B. 先进

C. 比较先进 D. 落后

E. 非常落后

69. 您认为我国目前报业的技术素质能否适应国际出版业的竞争？（ ）

A. 非常适应 B. 适应

C. 一般 D. 根本不能适应

70. 您认为要适应国际竞争的需要应从哪些方面改变出版技术的现状？（可多选）（ ）

A. 加大研发资金投入 B. 加强对新技术的消化与吸收

C. 走产学研合作之路　　D. 加强与国外的交流合作

E. 完善文化科技创新环境　　F. 其他（请注明）＿＿＿＿＿＿

四、制度与管理素质

71. 您对党和政府推动出版产业化、市场化、国际化的政策是否赞成？（　　）

A. 完全赞成　　B. 不赞成

C. 不了解　　D. 不关心

72. 您是否赞成政府主管部门彻底放开对报纸的管控？（　　）

A. 完全赞成　　B. 不赞成

C. 反对　　D. 不关心

73. 您认为近年来政府对出版业的改革取向是什么？（　　）

A. 政府的管控力进一步加强

B. 市场对出版单位的调控作用日益突出

C. 计划经济的色彩进一步减弱

D. 不关心　　E. 不了解

74. 您对上级政府主管部门对出版单位管理的评价是什么？（　　）

A. 管理制度比较科学规范　　B. 管理制度过多过死，不够科学

C. 对出版单位管得过死，出版企业无自主权，应该发挥市场调节的作用

D. 不关心、不了解

75. 您目前所在报社是否实现了彻底的转企改制？（　　）

A. 完全实现了　　B. 有推动但不彻底

C. 表面上完成了，但没有多大变化，换汤不换药

D. 根本没有变化，还是老样子

E. 不了解　　F. 不关心

76. 贵报社通过转企改制发生了哪些变化？（可多选）（　　）

A. 对市场的依赖性更强　　B. 对政府职能部门的依赖性更强

C. 企业内部员工的压力更大，危机感更加强烈，工作积极性进一步提高

D. 企业活力增强了　　E. 企业效益明显提升

F. 企业的应变能力进一步提高

G. 企业管理的科学化水平明显提高，效益显著提高

H. 员工的收入有了增加

I. 根本上没有多大变化，还是老样子

J. 不了解　　K. 不关心

77. 贵报社目前的主要业务依靠市场调节的程度有多大？(　　)

A. 非常大　　B. 主要依靠市场调控

C. 主要依靠政府的支持和扶持

D. 政府主管部门和市场同时发挥作用

78. 贵报社是否在实行新的版税制付酬方式？(　　)

A. 是　　B. 没有

C. 两者相结合

79. 贵报社目前主营业务的市场化程度或比例是多少？(　　)

A. 比例 <10% 以下　　B. 10% ≤比例 <20%

C. 20% ≤比例 <50%　　D. 50% ≤比例 <70%

E. 比例≥70%

80. 贵报社的出版业务是否能满足市场的需求？

A. 完全能　　B. 基本能

C. 不能　　D. 完全不能

81. 贵报社目前有无开展和国外出版单位的合作和交流？(　　)

A. 有　　B. 没有

C. 不了解

82. 贵报社目前与国外出版单位的业务联系方式主要有哪些？(可多选)(　　)

A. 版权输出　　B. 版权引进

C. 合作出版　　D. 合资建立新的出版单位

E. 人员方面的交流　　F. 管理经验的交流

G. 其他领域的交流与合作

83. 您认为我国报业在国际竞争中面临的主要问题有哪些方面？(可多选)(　　)

A. 营销策划方面　　B. 版权贸易方面

C. 法律方面　　D. 技术设备方面

E. 科学管理方面　　F. 人才方面

G. 其他__________

84. 您对我国报业的整体综合素质怎么评价？(　　)

A. 很强　　B. 比较强

C. 很弱

D. 不能适应国际竞争的需要，缺乏竞争力

85. 近几年，各级政府对出版业的发展和或技术创新方面都出台了一系列的鼓励和优惠政策，贵单位是否享受过？（　　）

A. 是　　B. 否

C. 不清楚

86. 若否，您认为是受到以下哪些因素的限制？（多选）（　　）

A. 企业规模　　B. 企业性质

C. 经营范围　　D. 地区差异

E. 市场准入　　F. 其他__________

87. 贵报社在生产经营过程中是否受到上级职能部门或相关部门的干预？

A. 是　　B. 否

C. 不清楚

88. 若是，主要受到哪些职能部门的影响？（可多选）（　　）

A. 新闻出版行政主管部门　　B. 公安部门

C. 工商管理部门　　D. 税务部门

E. 文化市场管理部门　　F. 劳动部门

G. 土地部门　　H. 其他部门__________

89. 您对以上部门在推动出版业发展的效能方面的看法？

A. 非常满意　　B. 比较满意

C. 一般　　D. 不满意

E. 完全不满意

90. 您是否了解党和国家有关提升出版从业者素质的相关政策？（　　）

A. 非常了解　　B. 比较了解

C. 完全不知道

91. 您对党和国家提升出版从业者职业技能水平的相关政策感到满意吗？（　　）

A. 非常满意　　B. 比较满意

C. 一般　　D. 不满意

E. 非常不满意

92. 贵单位是否拥有比较完备的管理制度或规定？（　　）

A. 有完整的制度　　B. 没有但也比较重视
C. 随意性很强　　D. 没有任何制度

93. 您对贵单位管理的科学化水平评价是什么？（　　）
A. 很科学　　B. 科学
C. 基本科学　　D. 不科学
E. 传统的经验管理

94. 贵单位的财务管理制度、人事制度、激励制度等是否科学合理？（　　）
A. 非常科学　　B. 科学
C. 基本科学　　D. 不科学

95. 您认为贵单位在同行业中的竞争力如何？（　　）
A. 很强　　B. 领袖地位
C. 一般　　D. 很差

96. 贵单位出版物（报纸）在本区域范围内的市场占有率多大？（　　）
A. 占有率 $<5\%$　　B. $5\% \leqslant$ 占有率 $<15\%$
C. $15\% \leqslant$ 占有率 $<30\%$　　D. 占有率 $\geqslant 30\%$

97. 您认为贵单位对于提升报纸从业人员职业技能的重视程度如何？（　　）
A. 非常重视　　B. 比较重视
C. 一般　　D. 不太重视
E. 说不准

98. 贵报社是否拥有对出版从业人员进行职业技能培训的规范制度？（　　）
A. 有　　B. 没有
C. 不清楚

99. 您对贵报社的职业技能培训体系的评价是什么？（　　）
A. 非常满意　　B. 满意
C. 不清楚　　D. 不满意
E. 非常不满意

100. 您认为现在的企业职业技能培训体系存在哪些缺陷？（可多选）（　　）
A. 培训经费投入不足

B. 职业技能培训走形式，没有实质内容

C. 行业和外部培训太少，企业内部培训过多

D. 理论性培训太多，实务性培训不足

E. 编辑人员缺少参加培训的机会

F. 培训内容与实际需求错位，无法解决现实问题

G. 工作太忙，没时间参加培训

H. 缺乏有能力、高水平的培训教师

I. 国家政策对于技能培训的重视不够

J. 技能培训渠道过于单一

K. 企业缺乏职业技能提升的相关激励制度

L. 其他（请注明）__________

101. 您对国际范围内纸质报纸的发展前景如何判断？（　　）

A. 发展前景非常好　　B. 一般

C. 衰退　　D. 暗淡，没有希望

102. 您对我国报业发展的前景如何判断？（　　）

A. 发展前景非常好　　B. 一般

C. 衰退　　D. 暗淡，没有希望

103. 您对我国报业发展的宏观环境前景如何评价？（　　）

A. 非常好　　B. 好

C. 一般　　D. 非常差，亟待改善

D. 图书发行：含新华书店、民营书商

一、单位基本情况

1. 单位全称：________________________________

2. 单位所在地：_____________省（自治区、直辖市）_______________市（地区）

3. 单位所有制性质是什么？（　　）

A. 公有制　　B. 非公有制

C. 外资　　D. 中外合资

E. 其他

4. 贵书店主营业务是什么？（　　）

A. 图书　　B. 图书、期刊、报纸

C. 图书报刊与音像制品均有　　D. 综合性书店

5. 书店上级主管部门是________________________________

6. 书店是否为独立法人？（　　）

A. 是　　B. 否

7. 书店人员数量有多少？（　　）

A. 人数 <5　　B. $6\leqslant$人数 <10

C. $10\leqslant$人数 <30　　D. $30\leqslant$人数 <50

E. $50\leqslant$人数 <100　　F. $100\leqslant$人数 <200

G. 人数 $\geqslant200$

8. 书店建筑面积是多少平方米？（　　）

A. 面积 <50　　B. $50\leqslant$面积 <100

C. $100\leqslant$面积 <500　　D. $500\leqslant$面积 <1000

E. $1000\leqslant$面积 <5000　　F. $5000\leqslant$面积 <10000

G. 面积 $\geqslant10000$

9. 书店固定资产规模多少万元？（　　）

A. 金额 <50　　B. $50\leqslant$金额 <100

C. $100\leqslant$金额 <500　　D. $500\leqslant$金额 <1000

E. 1000≤金额<5000　　F. 5000≤金额<10000

G. 10000≤金额<50000　　H. 金额≥50000

10. 书店年营业额多少万元？（　　）

A. 金额<50　　B. 50≤金额<100

C. 100≤金额<500　　D. 500≤金额<1000

E. 1000≤金额<5000　　F. 5000≤金额<10000

G. 10000≤金额<50000　　H. 金额≥50000

11. 您对国际范围内图书发行业发展的前景如何判断？（　　）

A. 发展前景非常好　　B. 一般

C. 衰退　　D. 暗淡，没有希望

12. 您对我国图书发行业发展的前景如何判断？（　　）

A. 发展前景非常好　　B. 一般

C. 衰退　　D. 暗淡，没有希望

13. 您对我国图书发行业发展的宏观环境如何评价？（　　）

A. 非常好　　B. 好

C. 一般　　D. 非常差，亟待改善

二、人员素质

14. 您的性别是什么？（　　）

A. 男　　B. 女

15. 您的年龄多少岁？（　　）

A. 年龄<20　　B. 21≤年龄<30

C. 30≤年龄<40　　D. 40≤年龄<50

E. 年龄≥50

16. 您现在工作部门是____________________。

17. 您的学历是什么？（　　）

A. 高中及以下　　B. 中专

C. 大专　　D. 本科

E. 硕士　　F. 博士及以上

18. 您的技术职称是什么？（　　）

A. 初级发行员　　B. 中级发行员

C. 高级发行员　　D. 其他（请注明）__________

19. 您目前的工作岗位是什么？（　　）

A. 营销人员

B. 物流人员（含进货、分发、库存等环节）

C. 财务人员　　D. 行政管理与后勤保障人员

E. 计算机管理人员　　F. 其他（请注明）__________

20. 您认为目前您所从事的岗位工作与您所学的专业匹配程度？（　　）

A. 完全匹配　　B. 基本匹配

C. 完全不匹配　　D. 说不清楚

21. 您在发行行业中持续工作了多长时间（年）？（　　）

A. 年限<3　　B. 3≤年限<5

C. 5≤年限<10　　D. 10≤年限<15

E. 15≤年限<25　　F. 年限≥25

22. 您认为现有的知识基础和职业技能能否满足工作岗位的要求？（　　）

A. 完全满足　　B. 基本满足

C. 还很欠缺　　D. 不太满足

E. 说不准

23. 如果不能满足，您认为自己在知识基础和职业技能等方面存在哪些欠缺？（可多选）

（1）基础知识方面（　　）

A. 社会科学方面　　B. 时事政治方面

C. 自然科学方面　　D. 管理科学方面

（2）社会技能方面（　　）

A. 应对突发事件的能力　　B. 组织协调任务能力

C. 适应工作环境变化的能力　　D. 团队合作精神

E. 沟通能力　　F. 其他__________________

（3）专业技能方面（　　）

A. 语言文字能力　　B. 策划能力

C. 逻辑思维方法　　D. 创新能力

E. 信息技术处理能力　　F. 装帧设计

G. 市场开拓　　H. 经营管理

（4）使用现代信息化手段方面（　　）

A. 使用网络技术的知识　　B. 电脑知识

C. 专业软件知识与使用　　　　D. 其他技术

24. 您目前是否有参加各类培训学习方面的需求？（　　）

A. 有　　　　B. 没有

C. 说不清楚

25. 如果有，您最想培训学习哪方面的知识？（　　）

A. 政治理论知识　　　　B. 法律知识学习

C. 财务理论知识　　　　D. 营销理论知识

E. 编辑与校对　　　　F. 信息技术知识

G. 出版工艺的学习　　　　H. 宣传策划理论知识

I. 其他（请注明）__________

26. 您目前主要通过哪些途径来解决现有知识基础和职业技能无法完全适应岗位需求的问题？（可多选）（如已满足岗位要求，则免填此项）（　　）

A. 参加工作和学习方法培训等短期培训课程

B. 国内进修　　　　C. 国外进修

D. 攻读大学本专科、硕士、博士等学历学位，提升知识能力

E. 参加职业资格考试，获取资格证书

F. 自己利用业余时间自学补充知识

G. 企业内部培训人员相互间交流学习方法和学习技能

H. 换一个自己适应的岗位

I. 脱产性技术培训　　　　J. 其他（请注明）__________

27. 您还希望通过哪些途径来缩小现有知识基础和职业技能与岗位需求的差距？（可多选）（　　）

A. 参加工作和学习方法培训等短期培训课程

B. 国内进修　　　　C. 国外进修

D. 攻读大学本专科、硕士、博士等学历学位，提升知识能力

E. 参加职业资格考试，获取资格证书

F. 自己利用业余时间补充知识

G. 企业内部人员相互间交流学习方法和学习技能

H. 换一个自己适应的岗位

I. 脱产性技术培训　　　　J. 其他（请注明）__________

28. 在您个人的职业发展中，迫切需要提高职业技能的原因和动力是？（可多选）（　　）

A. 个人经济收入提高和生活条件改善

B. 提高工作能力，为企业多做贡献

C. 对外联系的渠道拓宽　　D. 自身职务、职称的提升

E. 提高自身业务素质　　F. 名誉、声望的提高

G. 转换工作岗位或跳槽　　H. 其他原因（请注明）__________

29. 您认为贵单位的从业人员在工作中的团队合作状况怎么样？（　　）

A. 非常好　　B. 很好

C. 一般　　D. 不好

E. 非常不好

30. 您所在单位对于在职员工的培训是否制度化？（　　）

A. 有完整的制度　　B. 没有但也比较重视

C. 随意性很强　　D. 没有任何制度

31. 对于工作，您是否具有明确的职业生涯规划？（　　）

A. 有且很明确　　B. 有但是不明确

C. 没有规划　　D. 说不清楚

32. 您所在单位对于在职员工的培训是否常态化？（　　）

A. 定期进行，常态化　　B. 很随意

C. 不固定但比较重视　　D. 从来没有机会外出参加学习

33. 您所在的单位每隔多长时间提供一次培训（　　）

A. 1—2 个月　　B. 3—4 个月

C. 半年一次　　D. 一年一次

E. 没有规律　　F. 近 2 年来没有安排过培训

34. 您最近参加的培训是在多久之前？（　　）

A. 一个星期之前　　B. 一个月之前

C. 半年之前　　D. 一年之前

E. 三年以前

35. 您在参加专业技能培训后，职业技能水平是否得到了提升？（　　）

A. 提升很大　　B. 有一定提升

C. 没有变化　　D. 说不清楚

36. 参加专业技能培训后，专业技能提升是否满足了您个人发展的目的？（　　）

A. 完全满足　　B. 满足

C. 一般　　　　　　　　　　D. 没有满足

E. 完全没有满足

37. 您在工作中所需要的职业技能信息和资讯从何处获得？（可多选）（　　）

A. 企业内部定期发布的各类信息报告

B. 参加学术会议　　　　　　C. 自己读书、看报和专业性学习

D. 定期参加行业培训和交流获得信息

E. 来自于同学、亲友或者其他企业人员

F. 其他（请注明）__________

38. 您对我国发行业从业人员整体素质（不包括思想政治素质方面）怎么评价？（　　）

A. 优秀　　　　　　　　　　B. 良好

C. 一般　　　　　　　　　　D. 较差

E. 很差

39. 就我国目前发行业从业人员的素质现状（不包括思想政治素质方面）您认为同国际同行竞争时是否有竞争力？（　　）

A. 竞争力强　不担忧　　　　B. 较有竞争力

C. 一般，担忧　　　　　　　D. 很差，非常担忧

40. 您认为我国发行业在应对国际同行竞争时，最缺乏什么样的出版人才？（可多选）（　　）

A. 具有国际视野和战略的人　　B. 精通出版业务的人

C. 精通外语的人　　　　　　　D. 有较强公关能力的人

E. 图书翻译人才　　　　　　　F. 熟悉国际法律知识的人才

G. 高技术人才　　　　　　　　H. 其他

三、技术素质

41. 贵单位的人均电脑数如何？（　　）

A. 不到一台　　　　　　　　B. 一台

C. 两台　　　　　　　　　　D. 两台以上

42. 贵单位的硬件设备每几年更换一次？（　　）

A. 2 年以下　　　　　　　　B. 2—5 年

C. 5 年以上

43. 贵单位的宽带网络、计算机硬件设备是否稳定、高效？（　　）

A. 非常稳定　　B. 稳定

C. 一般　　D. 不稳定

E. 非常不稳定

44. 贵单位在图书库存管理方面处于以下哪个阶段？（　　）

A. 全部智能化管理　　B. 半智能化管理

C. 人工与高技术结合　　D. 人工管理

45. 贵单位是否具有按需供货的能力？（　　）

A. 有　　B. 没有

C. 不清楚

46. 贵单位现有的图书物流技术水平属于？（　　）

A. 国际领先水平　　B. 国内先进水平

C. 省内先进水平　　D. 本地先进水

E. 比较落后　　F. 落后

47. 您对我国发行业整体技术素质怎么评价？（　　）

A. 很先进　　B. 先进

C. 比较先进　　D. 落后

E. 非常落后

48. 您认为我国目前发行业的技术素质能否适应国际出版业竞争？（　　）

A. 非常适应　　B. 适应

C. 一般　　D. 根本不能适应

49. 您认为要适应国际竞争应从哪些方面改变图书发行技术的现状？（可多选）（　　）

A. 加大研发资金投入　　B. 加强对新技术的消化与吸收

C. 走产学研合作之路　　D. 加强与国外的技术交流合作

E. 完善文化科技创新环境　　F. 其他（请注明）__________

四、制度与管理素质

50. 您对党和政府推动出版产业化、市场化、国际化的政策是否赞成？（　　）

A. 完全赞成　　B. 较赞成

C. 一般　　D. 不赞成，不关心

E. 完全不赞成

51. 您认为近年来政府对发行业的改革取向是什么？（可多选）（　　）

A. 政府的管控力进一步加强　　B. 市场对出版单位的作用日益突出

C. 计划经济的色彩进一步减弱　　D. 不关心

E. 不了解

52. 您对上级政府主管部门对出版发行单位管理的评价是什么？（　　）

A. 管理制度比较科学规范　　B. 管理制度过多过死，不够科学

C. 对出版单位管得过死，出版企业无自主权

D. 应该发挥市场调节的作用　　E. 不关心、不了解

53. 贵单位目前的主要业务是否主要依靠市场调节？（　　）

A. 是　　B. 没有

C. 主要依靠政府的支持和扶持

D. 政府主管部门和市场同时发挥作用

54. 贵单位目前的主营业务市场化程度或比例是多少？（　　）

A. 比例 < 10%　　B. 10% ≤ 比例 < 20%

C. 20% ≤ 比例 < 50%　　D. 50% ≤ 比例 < 70%

E. 比例 ≥ 70%

55. 贵单位的发行业务是否能满足市场的需求？

A. 完全能　　B. 基本能

C. 不能　　D. 完全不能

56. 贵单位目前有无开展和外国出版发行单位的合作和交流？（　　）

A. 有　　B. 没有

C. 不了解

57. 贵单位目前与国外出版单位的业务联系方式主要有哪些？（可多选）（　　）

A. 版权输出　　B. 版权引进

C. 合作出版　　D. 合资建立新的出版单位

E. 人员方面的交流　　F. 管理经验的交流

G. 其他领域的交流与合作

58. 您认为我国出版发行业在国际竞争中面临的主要问题有哪些方面？（可多选）（　　）

A. 营销策划方面　　B. 版权贸易方面

C. 法律方面　　D. 技术设备方面

E. 科学管理方面　　F. 人才方面

G. 其他（请注明）__________

59. 您对我国出版发行业的整体素质怎么看？（　　）

A. 很强　　B. 比较强

C. 很弱

D. 不能适应国际竞争的需要，缺乏竞争力

60. 贵单位在生产经营过程中是否受到上级职能部门或相关部门的干预？（　　）

A. 是　　B. 否

61. 若是，主要受到哪些职能部门的影响？（可多选）（　　）

A. 新闻出版行政主管部门　　B. 公安部门

C. 工商管理部门　　D. 税务部门

E. 文化市场管理部门　　F. 劳动部门

G. 土地部门　　H. 其他部门（请注明）__________

62. 您对这些部门在推动出版产业发展的效能方面的表明看法？（　　）

A. 非常满意　　B. 比较满意

C. 一般　　D. 不满意

E. 完全不满意

63. 您是否了解党和国家有关提升出版发行业从业者素质的相关政策？（　　）

A. 非常了解　　B. 比较了解

C. 完全不知道

64. 您对党和国家提升出版发行从业者职业技能水平的相关政策感到满意吗？（　　）

A. 非常满意　　B. 比较满意

C. 一般　　D. 不满意

E. 非常不满意

65. 贵单位是否拥有比较完备的管理制度或规定？（　　）

A. 有完整的制度　　B. 没有但也比较重视

C. 随意性很强　　D. 没有任何制度

66. 您对贵单位管理的科学化水平评价是什么？（　　）

A. 很科学　　B. 科学

C. 基本科学　　D. 不科学

E. 传统的经验管理

67. 您认为贵单位的财务管理制度、人事管理制度、激励制度等是否科学合理？（　　）

A. 非常科学　　B. 科学

C. 基本科学　　D. 不科学

68. 你认为贵单位在同行中的竞争力如何？（　　）

A. 很强　　B. 领袖地位

C. 一般　　D. 很差

69. 您认为贵单位对于提升发行从业人员的职业技能的重视程度如何？（　　）

A. 非常重视　　B. 比较重视

C. 一般　　D. 不太重视

E. 说不准

70. 贵单位拥有对发行从业人员进行职业技能培训的规范培训制度吗？（　　）

A. 有　　B. 没有

C. 不清楚

71. 您对贵单位的职业技能培训体系的评价是？（　　）

A. 非常满意　　B. 满意

C. 不清楚　　D. 不满意

E. 非常不满意

72. 您认为现在的企业职业技能培训体系存在哪些缺陷？（可多选）（　　）

A. 培训经费投入不足

B. 职业技能培训走形式，没有实质内容

C. 行业和外部培训太少，企业内部培训过多

D. 理论性培训太多，实务性培训不足

E. 编辑人员缺少参加培训的机会

F. 培训内容与实际需求错位，无法解决现实问题

G. 工作太忙，没时间参加培训

H. 缺乏有能力、高水平的培训教师

I. 国家政策对于技能培训的重视不够

J. 技能培训渠道过于单一

K. 企业缺乏职业技能提升的相关激励制度

L. 其他（请注明）__________

73. 您对自己承担一部分职业技能培训和学习费用认可态度如何？（　　）

A. 完全认可　　B. 较认可

C. 一般认可　　D. 不是很认可

E. 完全不认可

74. 如果需要个人承担一部分培训费用，您认为一年里累计的培训费用（包括多次累计）您最多能够承担多少元？（　　）

A. 费用 <0.5 万　　B. 0.5≤费用 <1

C. 1 万≤费用 <2 万　　D. 2 万≤费用 <3 万

E. 3 万≤费用 <4 万　　F. 4 万≤费用 <10 万

G. 费用≥10 万

75. 您的月收入是多少元？（　　）

A. 收入 <3000　　B. 3000≤收入 <5000

C. 5000≤收入 <10000　　D. 费用≥10000

76. 您认为现有工资水平是否体现您的工作量？（　　）

A. 完全体现　　B. 基本体现

C. 一般　　D. 不完全体现

E. 完全没有体现

77. 您认为目前公司的薪酬状况对您是否有激励作用？

A. 有很大的激励作用　　B. 有一些激励作用

C. 没有激励作用

78. 如果没有激励作用，以下选项您认为哪些对您更有激励作用？（可多选）（　　）

A. 晋升的机会　　B. 挑战性的工作

C. 自我价值的实现　　D. 更多的培训和学习机会

E. 领导的认可　　F. 其他______________

E. 新闻出版主管部门

一、基本情况

1. 单位全称：________________________________

2. 单位所在地：____________省（自治区、直辖市）______________市

3. 贵局主管业务涉及出版领域的是什么？（　　）

A. 出版社　　B. 报纸

C. 期刊　　D. 图书发行

E. 多个出版领域　　F. 印刷等

4. 贵局的主要职责是什么？（　　）

A. 制定新闻出版业的方针政策

B. 制定新闻出版事业和产业发展规划、调控目标及产业政策并指导实施，推进新闻出版业的体制机制改革

C. 负责新闻出版单位进行行业监管，按规定实施准入和退出管理

D. 负责全省（区、直辖市）出版物内容监管图书发行

E. 拟订全省（区、直辖市）出版物市场的调控政策、措施并指导实施，组织、指导对出版物市场经营活动的监管工作

F. 负责新闻出版和著作权管理人才队伍建设规划并组织实施，负责新闻出版从业人员职业资格管理和职业技能鉴定工作

G. 其他（请注明）__________

5. 贵局编制内的人数是多少？（　　）

A. 人数 < 30　　B. 30 ≤ 人数 < 50 人

C. 50 ≤ 人数 < 100　　D. 100 ≤ 人数 < 200

E. 人数 ≥ 200

6. 贵局主管区域的图书及音像出版单位有多少家？（　　）

A. 数量 < 20　　B. 20 ≤ 数量 < 30

C. 30 ≤ 数量 < 50　　D. 50 ≤ 数量 < 100

E. 数量 ≥ 100

7. 贵局主管区域的报社单位有多少家？（　　）

A. 数量<20　　B. 20≤数量<50

C. 50≤数量<100　　D. 100≤数量<300

E. 300≤数量<500　　F. 数量≥500

8. 贵局主管区域的期刊有多少种？（　　）

A. 数量<20　　B. 20≤数量<50

C. 50≤数量<100　　D. 100≤数量<300

E. 数量≥300

9. 贵局主管区域的各类书店有多少家？（　　）

A. ≤数量<20　　B. 20≤数量<50

C. 50≤数量<100　　D. 100≤数量<300

E. 数量≥300

10. 贵省（区、市）新闻出版业目前年产值多少亿元？（　　）

A. 产值<100　　B. 100≤产值<300

C. 300≤产值<500　　D. 500≤产值<1000

E. 产值≥1000

11. 贵省（区、市）新闻出版业从业人员数量多少人？（　　）

A. 人数<5 万　　B. 5 万≤人数<10 万

C. 10 万≤人数<20 万　　D. 20 万≤人数<30 万

E. 人数≥30 万

12. 您对国际范围内出版业发展的前景如何判断？（　　）

A. 发展前景非常好　　B. 一般

C. 衰退　　D. 暗淡，没有希望

13. 您对我国出版发展的宏观环境如何评价？（　　）

A. 非常好　　B. 好

C. 一般　　D. 非常差，亟待改善

二、个人情况

14. 您的性别是什么？（　　）

A. 男　　B. 女

15. 您的年龄是多少岁？（　　）

A. 年龄<20　　B. 20≤年龄<30

C. 30≤年龄<40　　D. 40≤年龄<50

E. 年龄≥50

16. 您现在工作部门是____________________。

17. 您的学历是什么？（　　）

A. 高中及以下　　B. 中专

C. 大专　　D. 本科

E. 硕士　　F. 博士及以上

18. 您的技术职称是什么？（　　）

A. 助理编辑（初级）　　B. 编辑（中级）

C. 副编审（副高）　　D. 编审（高级）

E. 其他__________

19. 您的行政职务是什么？（　　）

A. 科级　　B. 副处级

C. 处级　　D. 处级以上

E. 其他__________

20. 您的专业背景是什么？（　　）

A. 文学　　B. 法学

C. 管理　　D. 艺术

E. 语言　　F. 经济

G. 工科　　H. 哲学

I. 医学　　J. 军事学

K. 农学　　L. 教育学

M. 历史学　　N. 其他__________

21. 您在出版行业中持续工作了多长时间（年）？（　　）

A. 年限<3　　B. 3≤年限<5

C. 5≤年限<10　　D. 10≤年限<15

E. 15≤年限<25　　F. 年限≥25

22. 您目前是否有参加各类培训学习方面的需求？（　　）

A. 有　　B. 没有

C. 说不清楚

23. 如果有，您最想培训学习哪方面的知识？（　　）

A. 政治理论知识　　B. 法律知识学习

C. 财务理论知识　　D. 营销理论知识

E. 编辑与校对　　F. 信息技术知识

G. 出版工艺的学习　　H. 宣传策划理论知识

I. 其他＿＿＿＿＿

24. 您所在单位对于在职员工的培训是否常态化？（　　）

A. 定期进行，常态化　　B. 很随意

C. 不固定但比较重视　　D. 从来没有机会外出参加学习

25. 您所在的单位每隔多久提供一次培训？（　　）

A. 1—2 个月　　B. 3—4 个月

C. 半年一次　　D. 一年一次

E. 没有规律　　F. 近 2 年来没有安排过培训

26. 你最近参加的一次培训是在多久之前？（　　）

A. 一个星期之前　　B. 一个月之前

C. 半年之前　　D. 一年之前

E. 三年以前

27. 您对中国出版产业从业人员整体素质（不包括思想政治素质方面）怎么评价？（　　）

A. 优秀　　B. 良好

C. 较差　　D. 很差

28. 您认为我国目前出版产业从业人员的素质现状（不包括思想政治素质方面）在国际出版业竞争中是否有优势？（　　）

A. 不担忧，完全有优势　　B. 较有优势

C. 一般　　D. 较差

E. 非常差

29. 您认为中国出版业在应对国际同行竞争时，最缺乏什么样的出版人才？（可多选）（　　）

A. 具有国际视野和战略的人　　B. 精通出版业务的人

C. 精通外语的人　　D. 有较强公关能力的人

E. 图书翻译人才　　F. 熟悉国际法律知识的人才

G. 高技术人才　　H. 其他＿＿＿＿＿

30. 您认为在发展数字出版的过程中，我国出版从业人员应该具有怎样的能力？（可多选）（　　）

A. 重新整合专业资源的能力　　B. 个性化定制服务的能力

C. 数字技术方面的能力和知识

D. 具备执行数字化标准和开发运营数字化平台的能力

E. 其他____________________

三、思想观念

31. 您认为中国新闻出版业由传统的计划经济体制向市场经济体制改革的目标取向是否正确？（ ）

A. 正确　B. 不正确

C. 说不清

32. 您认为中国新闻出版业市场化改革能否取得成功？（ ）

A. 成功　B. 不成功

C. 说不清

33. 贵局管辖区域内的新闻出版业转企改制的任务是否按期完成？（ ）

A. 完成　B. 未完成

C. 说不清

34. 通过市场化改革，新闻出版业出现的情况是什么？（ ）

A. 加速发展，整体实力显著增强　B. 没有变化

C. 出现衰退

35. 贵省（区、市）新闻出版业目前市场化程度或比例如何？（ ）

A. 比例<30%　B. 30%≤比例<50%

C. 50%≤比例<80%　D. 比例≥80%

E. 不清楚

36. 你对中国出版业产业化改革的价值取向是否认同？（ ）

A. 是　B. 否

C. 说不清

37. 您认为出版业转型改制的难点是什么？（可多选）（ ）

A. 产权改革　B. 公司治理机制的构建

C. 激励机制　D. 资本运作

E. 人员队伍　F. 企业家队伍

G. 其他

38. 您认为目前制约出版企业上市的因素是什么？（可多选）（ ）

A. 制度供给不足　B. 产权不明晰

C. 产品结构不合理　　D. 职业经理人匮乏

E. 融资能力低　　F. 战略投资者缺乏

G. 内部人控制　　H. 其他

39. 你认为目前制约中国出版业竞争力的主要因素是什么？（　　）

A. 管理体制　　B. 运行机制

C. 人员素质　　D. 技术落后

E. 信息化水平　　F. 资本融通

G. 其他因素

40. 您对我国出版业走出国门的前景如何判断？（　　）

A. 前景乐观，充满信心　　B. 比较乐观

C. 一般　　D. 不乐观

E. 说不清楚

41. 贵省（区、市）目前有多少家新闻出版单位已经走出国门，开展国际范围的合作交流？（　　）

A. 数量 <10　　B. $10\leqslant$ 数量 <50

C. $50\leqslant$ 数量 <100　　D. $100\leqslant$ 数量 <300

E. 数量 $\geqslant 300$　　F. 不清楚

42. 贵省（区、市）新闻出版业中是否已经有国外的同行进入？（　　）

A. 有　　B. 没有

C. 不清楚　　D. 其他__________

43. 您认为目前制约省（区、市）出版业走出去的主要因素是什么？（可多选）（　　）

A. 制度安排　　B. 外语与翻译水平

C. 版权贸易专业人才　　D. 出版产品

E. 经营管理　　F. 技术手段

G. 其他__________

44. 贵省（区、市）新闻出版单位是否与外国出版商开展战略合作？（　　）

A. 是　　B. 否

45. 如果没有，是否有出版单位正在或计划考虑与之合作？（　　）

A. 是　　B. 否

46. 您对中国出版从业人员整体素质怎么评价？（　　）

A. 很高　　B. 较高
C. 一般　　D. 低
E. 非常低

47. 您对中国出版产业整体技术素质怎么评价？（　　）
A. 很先进　　B. 先进
C. 比较先进　　D. 落后
E. 非常落后

48. 您认为我国目前出版产业的技术素质能否适应国际出版业竞争？（　　）
A. 非常适应　　B. 适应
C. 一般　　D. 根本不能适应

49. 您认为要适应国际竞争应从哪些方面改变出版技术的现状？（可多选）（　　）
A. 加大研发资金投入　　B. 加强对新技术的敏锐感
C. 走产学研合作之路　　D. 加强与国外的交流合作
E. 完善文化科技创新环境　　F. 其他______

50. 对我国目前出版业的整体管理水平怎么评价？（　　）
A. 非常高　　B. 一般
C. 低　　D. 很低，亟待改善

51. 若要提升中国出版业整体素质，您认为应当从哪些方面入手？（可多选）（　　）
A. 从业人员素质　　B. 管理者素质
C. 管理体制　　D. 技术水平
E. 信息化水平　　F. 国际交流与合作
G. 其他方面

四、制度与管理素质

52. 您对党和政府推动出版产业化、市场化、集团化、资本化、国际化的政策是否赞成？（　　）
A. 完全赞成　　B. 不赞成
C. 不了解　　D. 不关心

53. 贵省（区、市）有无出版类企业上市融资？（　　）

A. 有　　B. 无

C. 不了解

54. 若有出版类企业上市，具体有几家？(　　)

A. 数量 <3　　B. 3≤数量 <5

C. 5≤数量 <10　　D. 数量≥10

55. 从实际效果来看，出版企业上市后出现了哪些变化？(　　)

A. 管理水平显著提升　　B. 主营业务规模显著扩大

C. 经营领域扩大　　D. 经济效益显著提升

E. 员工工资明显增加　　F. 综合竞争力显著增强

G. 无显著变化　　H. 不了解

56. 出版企业上市筹集来的资金主要用于哪些方面？(　　)

A. 扩大主营业务

B. 强化了与出版主营业务密切相关领域的业务

C. 涉足了与出版不相关新的业务领域

D. 提高员工待遇　　E. 改善办公条件

F. 提升技术水平　　G. 不了解

57. 您对党和政府推动出版公共服务体系建设的政策是否赞成？(　　)

A. 完全赞成　　B. 不赞成

C. 不了解　　D. 不关心

58. 您对政府主管部门取消书号限制的政策所持的态度是？(　　)

A. 完全赞成　　B. 较赞成

C. 一般　　D. 不赞成

E. 说不清楚

59. 您认为近年来政府对出版业的改革取向是什么？(　　)

A. 政府的管控力进一步加强　　B. 市场对出版单位的作用日益突出

C. 计划经济的色彩进一步减弱　　D. 不关心

E. 不了解

60. 贵省（区、市）目前出版领域的主要经营业务是否主要依靠市场调节？(　　)

A. 是　　B. 没有

C. 主要依靠政府的支持和扶持

D. 政府主管部门和市场同时发挥作用

61. 贵省（区、市）目前与国外出版单位的业务联系方式主要有哪些？（可多选）（　　）

A. 版权输出　　B. 版权引进

C. 合作出版　　D. 合资建立新的出版单位

E. 人员方面的交流　　F. 管理经验的交流

G. 其他领域的交流与合作

62. 您认为中国出版业在国际竞争中面临的主要问题有哪些方面？（可多选）（　　）

A. 营销策划方面　　B. 版权贸易方面

C. 法律方面　　D. 技术设备方面

E. 科学管理方面　　F. 人才方面

G. 出版物内容方面的问题　　H. 其他__________

63. 您对中国出版业的整体素质怎么评价？（　　）

A. 很强　　B. 比较强

C. 很弱

D. 不能适应国际竞争的需要，缺乏竞争力

64. 您对党和国家提升出版从业者职业技能水平的相关政策的满意度如何？（　　）

A. 非常满意　　B. 比较满意

C. 一般　　D. 不满意

E. 非常不满意

附录Ⅱ

促进出版业改革与发展的相关政策

1. 《网络出版服务管理规定》

2016 年 2 月 4 日由国家新闻出版广电总局、工业和信息化部联合发布，旨在规范网络出版服务秩序，促进网络出版服务业健康有序发展。该《规定》共包括七章六十一条，自 2016 年 3 月 10 日起施行。

2. 《关于推动国有文化企业把社会效益放在首位、实现社会效益和经济效益相统一的指导意见》

2015 年 9 月 14 日由中共中央办公厅、国务院办公厅印发。《关于推动国有文化企业把社会效益放在首位、实现社会效益和经济效益相统一的指导意见》提出，以建立有文化特色的现代企业制度为重点，建立健全确保国有文化企业把社会效益放在首位、实现社会效益和经济效益相统一的体制机制，打造一批具有核心竞争力的骨干文化企业，推动社会主义文化大发展大繁荣，为国有文化企业发展方向提出了明确要求。

3. 《关于推动传统出版和新兴出版融合发展的指导意见》

2015 年 4 月，由国家新闻出版广电总局、财政部联合印发。《关于推动传统出版和新兴出版融合发展的指导意见》，鼓励传统出版和新兴出版的深度融合。

4.《深化新闻出版体制改革实施方案》

2014 年 11 月出台，该《方案》就 5 个重点方面的改革任务提出政策措施，包括：完善新闻出版管理体制，增强新闻出版单位发展活力，建立健全多层次出版产品和要素市场，推进出版公共服务体系标准化、均等化，提高新闻出版开放水平。

5.《关于印发文化体制改革试点中支持文化产业发展和经营性文化事业单位转制为企业的两个规定的通知》

2014 年 4 月发布。为进一步深化文化体制改革，继续推进国有经营性文化事业单位转企改制，在国有文化资产管理、资产和土地处置、收入分配等方面进行了规定；为进一步深化文化体制改革，促进文化企业发展，在财政税收、投资和融资、资产和土地处置等方面进行了规定。

6.《关于继续实施文化体制改革中经营性文化事业单位转制为企业若干税收政策的通知》

2014 年 11 月发布。该《通知》中指出，文化事业单位转制为企业，可享受一系列税收优惠政策。

7.《关于推动新闻出版业数字化转型升级的指导意见》

2014 年 4 月发布。《指导意见》中提出的主要任务包括：开展数字化转型升级标准化工作，提升数字化转型升级技术装备水平，加强数字出版人才队伍建设，探索数字化转型升级新模式。

8.《中共中央关于全面深化改革若干重大问题的决定》

2013 年 11 月，中国共产党第十八届中央委员会第三次全体会议通过。《决定》中对加快文化体制改革有很多新提法，如“建立党委和政府监管国有文化资产的管理机构”“对按规定转制的重要国有传媒企业探索实行特殊管理股制度”，文化开放要“坚持政府主导、企业主体、市场运作、社会参与”等。

9.《文化产业发展专项资金管理暂行办法》

2012年4月重新修订印发。在文化产业支持方向与方式、重大项目、一般项目、资金使用和监督管理方面进行规定。其中，支持方向包括推进文化体制改革；培育骨干文化企业；构建现代文化产业体系；促进金融资本和文化资源对接；推进文化科技创新和文化传播体系建设；推动文化企业“走出去”；财政部确定的其他文化产业发展领域。专项资金支持项目分为重大项目和一般项目，支持方式包括项目补助，贷款贴息，保费补贴，绩效奖励以及财政部确定的其他方式。

10.《关于加快我国数字出版产业发展的若干意见》

2010年发布。若干《意见》中提出了加快数字出版产业发展的总体目标和主要任务，以及加快数字出版产业发展的保障措施。提出的主要任务包括加快推动传统出版单位数字化转型，加快推动音像电子出版单位数字化升级，加快推动传统印刷复制企业数字化改造，加快国家数字出版重点科技工程和重大项目建设，推动数字出版“走出去”等方面。

11.《关于进一步推进国家文化出口重点企业和项目目录相关工作的指导意见》

2010年2月发布。《指导意见》中规定了主要任务包括：培育文化贸易品牌；加强营销能力建设；提升运用现代高新技术的水平；积极发展新兴业态。《意见》中制定和调整了《企业目录》和《指导目录》，确定了保障措施。

12.《关于深化中央各部门各单位出版社体制改革的意见》

2009年4月公布。该《意见》就深化中央各部门各单位出版社体制改革提出要求。《意见》规定，中央和国务院各部委、各直属单位，全国人大、全国政协、最高人民法院、最高人民检察院，各民主党派中央，群众团体、行业协会、新闻单位、国有企业、科研机构等所属出版社，除人民出版社、民族出版社、中国盲文出版社、中国藏学出版社保留事业体制，其他全部转制为企业。

13. 《关于进一步推进新闻出版体制改革的指导意见》

2009 年 4 月印发。《指导意见》共分 6 个部分，25 条，回顾和总结了新闻出版体制改革的积极探索和成功经验，指出了进一步推进新闻出版体制改革的重要性和紧迫性，提出了新闻出版体制改革的指导思想、原则要求和目标任务，明确了进一步推进新闻出版体制改革的主要任务，完善了进一步推进新闻出版体制改革的政策保障，并且对加强新闻出版体制改革工作的组织领导提出了要求。

14. 《关于支持文化企业发展若干税收政策问题的通知》

2009 年 3 月发布。该《通知》中规定，出口图书、报纸、期刊、音像制品、电子出版物、电影和电视完成片按规定享受增值税出口退税政策；文化企业在境外演出从境外取得的收入免征营业税。对出版、发行企业库存呆滞出版物规定达到一定年限，可以作为财产损失在税前据实扣除等。

15. 《宣传文化发展专项资金管理办法》

2007 年 8 月发布。加强“宣传文化发展专项资金”的管理、使用和监督。专项资金的使用方式和范围专项资金采用专项拨款和专项贴息相结合的方式安排使用。专项拨款主要用于宣传文化单位的公益性项目或技术改造、设备更新等。专项贴息主要用于宣传文化单位临时性资金不足及有偿还能力的技术改造、设备更新等项目借款的利息补助。

16. 《关于鼓励和支持文化产品和服务出口的若干政策》

2006 年 11 月发布。文件中包括支持出版集团公司和具有一定版权输出规模的出版社成立专门针对国外图书市场的出版企业，经批准可配备相应出版资源；鼓励文化企业通过新设、收购、合作等方式，在境外设立出版社、广播电视网、出版物营销机构等；支持出口文化产品和服务的技术创新；研究制定文化产品出口退税政策等多个方面。

17. 《关于深化出版发行体制改革工作实施方案》

2006 年 7 月出台。《方案》在总结 2003 年以来开展的出版发行体制改革试点工作的基础上，进一步阐明了深化出版发行体制改革的重要性和紧迫性，并结合我国出版发行业改革的实际，提出了深化出版发行体制改革的指导思想、原则要求和目标任务。根据“区别对待、分类指导、循序渐进、逐步推开”的原则，方案对实行事业体制的公益性出版单位和转企改制的经营性出版单位的改革目标和根本任务分别提出了要求。

18.《关于深化文化体制改革的若干意见》

2006年1月发布。《意见》中要求推进文化事业单位改革，要根据现有文化事业单位的性质和功能，区别对待、分类指导，明确不同的改革要求；要求深化文化企业改革，要规范国有文化事业单位的转制；加快文化领域结构调整，要合理配置文化资源；培育现代文化市场体系，加强文化产品和要素市场建设等。

19.《国务院关于非公有资本进入文化产业的若干规定》

2005年8月发布。《规定》中包括鼓励和支持非公有资本进入书报刊分销、音像制品分销、包装装潢印刷品印刷等领域；鼓励和支持非公有资本从事文化产品和文化服务出口业务；允许非公有资本进入出版物印刷、可录类光盘生产、只读类光盘复制等文化行业和领域；非公有资本可以投资参股出版物印刷、发行，新闻出版单位的广告、发行领域的国有文化企业，上述文化企业国有资本必须控股51%以上等方面。

20.《出版物市场管理规定》

2003年7月发布。《规定》的宗旨是规范出版物发行活动及其监督管理，建立全国统一、开放、竞争、有序的出版物市场体系，发展社会主义出版产业。《规定》适用于出版物发行活动及其监督管理。

21.《外商投资图书、报纸、期刊分销企业管理办法》

2002年12月公布。为扩大对外交流与合作，加强对外商投资图书、报纸、期刊分销企业的管理，根据《中华人民共和国中外合资经营企业法》、《中华人民共和国中外合作经营企业法》、《中华人民共和国外资企业法》和《出版管理条例》等有关法律、法规制定。适用于在中华人民共和国境内设立的外商投资图书、报纸、期刊分销企业。

22.《出版集团组建基本条件和审批程序》

2002年8月印发。《程序》对组建出版集团的基本原则、基本条件、审批程序做了规定。

23.《发行集团组建基本条件和审批程序》

2002年8月印发。《程序》对组建发行集团的基本原则、基本条件、审批程序做了规定。

24.《关于新闻出版业集团化建设的若干意见》

2002年6月发布。在试点集团的基础上，加快新闻出版业的集团化建设。《若干意见》中对多媒体兼营、实施"走出去"战略、集团领导体制、组建集团的报批程序、集团化建设的下一步规划等方面做出规定。

25.《中共中央、国务院关于加强出版工作的决定》

1983年6月6日颁布《中共中央、国务院关于加强出版工作的决定》是新中国成立以来第一个也是唯一的一个由党中央和国务院联合作出的关于出版工作的决定，有着很强的思想性、理论性和政策性，是新时期指导出版工作的纲领性文件。

附录Ⅲ

促进出版业改革与发展的法律条例

1.《新闻出版许可证管理办法》

于2016年3月1日起施行。为加强新闻出版许可证管理，规范新闻出版市场秩序，维护公民、法人和其他组织的合法权益，新闻出版广电总局根据《中华人民共和国行政许可法》《出版管理条例》《音像制品管理条例》《印刷业管理条例》等相关法律法规制定并颁布了《新闻出版许可证管理办法》。办法对于新闻出版许可证的设立、设计、印刷、制作与发放均进行了具体说明。

2.《信息网络传播权保护条例》

2006年5月公布，2013年1月修订。为保护著作权人、表演者、录音录像制作者的信息网络传播权，鼓励有益于社会主义精神文明、物质文明建设的作品的创作和传播，根据《中华人民共和国著作权法》（以下简称著作权法），制定本条例，该《条例》共27条。

3.《著作权集体管理条例》

2004年12月公布，2011年1月第一次修订，2013年12月第二次修订。为了规范著作权集体管理活动，便于著作权人和与著作权有关的权利人（以下简称权利人）行使权利和使用者使用作品，根据《中华人民共和国著作权法》（以下简称著作权法）制定本条例。对著作权集体管理组织的设立、著作权集体管理组织的机构、著作权集体管理活动、对著作权集体管理组织的监督进行了规定。

4.《中华人民共和国著作权法实施条例》

2002 年 8 月公布，2011 年 1 月第一次修订，2013 年 1 月第二次修订。根据《中华人民共和国著作权法》（以下简称著作权法），制定本条例。该条例对实施著作权法进行了具体规定。

5.《计算机软件保护条例》

2001 年 12 月公布，2013 年 1 月修订。为了保护计算机软件著作权人的权益，调整计算机软件在开发、传播和使用中发生的利益关系，鼓励计算机软件的开发与应用，促进软件产业和国民经济信息化的发展，根据《中华人民共和国著作权法》，制定本条例。条例中对软件著作权、软件著作权的许可使用和转让、法律责任进行了规定。

6.《音像制品管理条例》

2001 年 12 月公布，2011 年 3 月修订。本条例适用于录有内容的录音带、录像带、唱片、激光唱盘和激光视盘等音像制品的出版、制作、复制、进口、批发、零售、出租等活动。条例中对出版、复制、进口等方面进行了详细规定，同时制定了罚则和附则。

7.《出版管理条例》

2001 年 12 月通过，2011 年 3 月修订。在中华人民共和国境内从事出版活动，适用本条例。条例中对出版单位的设立与管理、出版物的出版、出版物的印刷或者复制和发行、出版物的进口、监督与管理、保障与奖励、法律责任进行了规定。

8.《印刷业管理条例》

2001 年 8 月公布。本条例适用于出版物、包装装潢印刷品和其他印刷品的印刷经营活动。条例中对印刷企业的设立、出版物的印刷、包装装潢印刷品的印刷、其他印刷品的印刷进行规定，同时制定了罚则和附则。

9.《中华人民共和国著作权法》

1990 年 9 月通过，2001 年 10 月第一次修正，2010 年 2 月第二次修正。为保护文学、艺术和科学作品作者的著作权，以及与著作权有关的权益，鼓励有益于社会主义精神文明、物质文明建设的作品的创作和传播，促进社会主义文化和科学事业的发展与繁荣，根据宪法制定本法。中国公民、法人或者其他组织的作品，不论是否发表，依照本法享有著作权。其中对著作权人及其权利、著作权归属、权利的保护期、权利的限制进行了详细说明；对著作权许可使用和转让合同进行规定；对出版、表演、录音录像、播放等都进行了明确规定。

后 记

在人类文明进程的历史长河中，文化始终是增强民族凝聚力、向心力和内生动力的重要元素。人类社会的发展和进步赋予劳动力更高文化素养，赋予生产资料更多文化元素，所有这些都是人类社会文明进程提升的客观需要。

随着科学技术的进步和社会变革，人类进入了信息社会时代，文化也已渗入经济社会的方方面面。全球范围内的生产方式发生了巨大变化，文化产业成为进一步刺激社会消费、满足人们文化需求的有效手段和经济发展的新增长点，成为推动经济增长的引擎。文化软实力也已成为国家竞争战略中的重要因素。习近平总书记指出："一个国家、一个民族的强盛，总是以文化兴盛为支撑的，中华民族伟大复兴需要以中华文化发展繁荣为条件"。《中共中央关于制定国民经济和社会发展第十三个五年规划的建议》指出："推动物质文明和精神文明协调发展。坚持两手抓、两手都要硬，坚持社会主义先进文化前进方向，坚持把社会效益放在首位、社会效益和经济效益相统一，加快文化改革发展，加强社会主义精神文明建设，建设社会主义文化强国。"

关于发展文化产业的思想，我国于“十五”时期正式提出。2000年《中共中央关于制定国民经济和社会发展第十个五年计划的建议》中第一次提出了发展文化产业的意见，由此拉开了我国文化产业发展的序幕。2003年，中央启动了文化体制的改革，2009年7月国家《文化产业振兴规划》颁布，标志着我国文化产业上升为国家战略性产业。2011年10月18日，党的十七届六中全会审议通过的《中共中央关于深化文化体制改革推动社会主义文化大发展大繁荣若干重大问题的决定》提出要促使“文化产业成为国民经济支柱性产业，整体实力和国际竞争力显著增强，公有制为主体、多种所有制共同发展的文化产业格局全面形成”，并提出了建设文化强国的伟大号召，这一纲领性文件的出台，表明党和国家把发展文化产业，提高文化软实力上升到国家战略的高度，也标志着党和国家战略重心向以文化建设为中心新阶段的转变。

当前，我国在经济上已稳居世界第二，已成为名副其实的经济大国，国际影响力显著增强。与经济方面形成的影响力相比，我国文化领域在全球的影响力逊色很多，很难与经济大国的地位相匹配。因此，必须从战略层面重视扩大中华文化的国际影响力，大力发展包括出版业在内的文化产业。

出版产业作为文化产业的核心组成部分，具有经济和文化双重属性。伴随着社会主义市场经济体制改革的逐步深入，我国出版业也进入了艰难的产业转型和升级时期，立足于数字技术对传统出版业态产生的冲击以及面对新的出版生态，结合文化体制改革以及建设出版强国的战略目标，出版产业素质已经不能满足其持续发展的需要，出版产业升级迫在眉睫。

众所周知，体制机制改革是牵引中国出版业发展的“火车头”。改革开放38年以来，与社会主义市场经济体制改革的总体目标相一致，我国出版管理体制也进行了一系列重大改革，体制机制改革取得重大突破，社会主义市场经济体制建立并逐步得以完善。2014年4月，国家新闻出版广电总局与财政部联合发布《关于推动新闻出版业数字化转型升级的指导意见》，提出用三年时间支持一批新闻出版企业、实施一批转型升级项目，带动和加快新闻出版业整体转型升级步伐。通过多年持续不断的改革和转型，中国出版业逐步摆脱了传统计划经济环境下的发展模式，无论是经营性出版单位转企改制还是出版事业单位内部的机制改革，中国出版业正在经历由成长期向成熟期的跨越，发展的动力也逐渐从投资驱动转向消费需求市场拉动，发展方式逐步从数量规模型走向质量效益型，出版物市场已从总体上的"短缺状态"向"短缺"与"过剩"状况并存的结构性趋向转变，出版物品种日益丰富，出书品种和出版码洋持续增长，以出版业为核心的文化产业对GDP增长的贡献率以及对国民经济增长的促进作用日益明显，新闻出版业也进入了转型升级的关键阶段。

产业转型升级是产业从价值链的中低端向中高端的上升过程，是产业竞争力全面提升和经济迈上新台阶的关键。推动产业升级是科技进步的必然，也是人类社会不断走向文明的标志，产业升级的本质是人的升级。在我国出版业转型环境下，出版业素质升级研究是一个崭新的命题。从理论层面看，研究和探讨出版业升级问题是出版产业研究的前沿领域，从战略层面比较系统地研究中国出版业升级的专著、研究报告或论文较少，对出版业升级规律的研究也不多见；从实践方面看，面对出版业转型和发展的实际，目前不论是理论界还是政府和产业领域，比较重视改革的实质性推进，而对出版业已经或正在出现的转型和升级却缺乏理论上的总结和梳理。缺乏理论指导的实践是盲目的实践，同样，缺乏总结的改革是不能持久的。因此，基于当前的现实，迫切需要从出版企业、市场培育、技术变革和政府宏观层面等角度探询如何进一步推动出版业升级，优化出版产业结构，提高出版产业创新能力，提升我国出版产业素质。本课题的研究以及本书的出版不仅在理论上拓展了出版产业研究的理论视野，同时，也为政府出版管理部门制定推动我国出版业转型升级的政策提供借鉴和指导。

《中国出版业素质升级研究报告》一书，是依据国家软科学重大项目——“中国出版业转型与升级战略研究课题组”对全国28个省市自治区出版从业人员的问卷调查得来的数据为支撑，对这些数据进行整理分析的基础上完成的。“绪论”部分站在大力发展文化产业、建设出版强国的战略高度，论述了推动包括出版产业在内的文化产业成为国民经济的支柱性产业的重要意义。总报告部分在梳理了国内外相关理论文献的基础上，对产业素质基本理论的研究情况进行了总结，着重从管理制度素质、技术素质以及人员素质等方面对当前出版产业素质的现状进行了客观描述和分析，对我国出版产业素质升级模式进行了归纳，在此基础上，分析了我国出版产业素质存在的问题，针对发展过程中存在的这些问题从制度与管理素质、技术素质、人员素质三个方面提出了相应的对策和建议；研究专论部分安排了两篇关于我国出版业人员素质及整体素质升级的研究论文，研究专报部分安排了7个专题研究报告，内容涉及我国出版业管理素质、人员素质、技术素质、管理科学化水平、从业人员培训、期刊业人力资源培置、书店从业人员素质等内容，从点面结合的角度对出版业素质进行了多方面分析，希望能给政府相关职能部门在制定推动出版业素质升级相关政策时提供参考。

《中国出版业素质升级研究报告》一书为科技部国家软科学重大研究项目“中国出版业转型与升级战略研究”（项目编号：2013GXS2B013）的研究成果，课题组负责人为王关义和李建臣，课题组成员包括周忠、张养志、冀素琛、杨晓芳、王丽芳、谢巍。参与课题调研以及资料分析整理工作的成员有王关义、刘硕、何志勇、李琴、张文琪、刘希、鲜跃琴、方信、梁明月、李慧君、顾萱、王乐娟、吴杰羡、丁凯、王梦、赵辉、刘洪兰、陈尼佳、刘飞、杨爱华、金萌萌。课题立项之后，课题组先后组成包括30

多人的调查小组，赴全国28个省区市调研，发放调查问卷，进行交流和访谈，取得了大量第一手资料，经过系统分析，形成了本书的研究成果。本书写作的具体分工为：王关义负责课题及全书的整体研究设计和结构安排，承担绪论及总报告的撰写，刘晓敏、梁明月参与总报告部分内容的撰写，专论及专报七由王关义和梁明月撰写，专报一至专报六分别由刘飞、王梦、陈尼佳、丁凯、刘洪兰、赵辉撰写。书中的观点仅代表课题组的研究发现和理论认同，相应文责作者自负。

在课题调研过程中，如下单位的领导为本课题的研究提供了鲜活的、丰富的来自产业第一线的资料和数据，对课题组给予无私的支持和帮助，在此一并致谢：

新疆维吾尔自治区新闻出版局原党委书记石永强、人事处处长杜若芳；新疆维吾尔自治区人民出版社党委书记张新泰、乌鲁木齐新华书店总经理毛建新；西藏自治区新闻出版局副局长王喜凯；国家新闻出版广电总局培训中心副主任季守利；贵阳市新华书店总经理胡萍；陕西省新闻出版局处长张光荣；江苏省新闻出版局办公室副主任黄勇；广东省新闻出版局处长苏毅；辽宁省新闻出版局处长李霞；内蒙古自治区新闻出版局办公室主任袁新春；河南省新闻出版局处长张新；河北省新闻出版局办公室吕伟；湖北省新闻出版局处长胡国祥；天津市新闻出版局副局长梁淳久；湖南省新闻出版局副局长苏仁进；四川省新闻出版局人事处处长张蓉；山东省出版集团总编辑张成新；甘肃读者集团总编陈泽奎；山东志鸿书业董事长任志鸿；电子工业出版社敖然社长、人力资源部部长赵晨阳；河北出版传媒集团董事长杜金卿；北京中医药出版社社长王国臣；机械工业出版社百万庄图书大厦经理缪立进；北京京南图书城总经理车中华；北京艺术与科学电子出版社社长张彬；北京印刷学院宣传部部长张晓新；北京印刷学院学报编辑部王冬冬编审、邱林华编审；宁夏银川市新华书店总经理王军；甘肃兰州市新华书店党委书记刘本淑；安徽新华发行集团总经理王焕然；黑龙江哈尔滨市新华书店总经理李玉滨；人民日报社编辑何民捷编辑；人民邮电出版社社长季中华、人力资源部部长许睿；中央编译出版社编辑王丽芳；机械工业出版社社长王文斌、编辑胡延斌、编辑唐晓亮；新华文轩编辑杨永龙、编辑舒宜文；人民论坛杂志社编辑韩冰晰。

本书能够付梓，首先要感谢科技部对本研究的慷慨资助，同时也要感谢中国科学技术发展战略研究院科研办主任邵学清、机械工业出版社社长王文斌、电子工业出版社原社长敖然、中国新闻出版研究院院长魏玉山、对外经济贸易大学孙健教授、首都经济贸易大学高闯教授、西安理工大学党兴华教授、中国新闻传媒集团董事长马国仓、编辑杨晓芳等主管部门和出版单位的领导和高校专家对课题所给予的咨询，也要感谢北京印刷学院张新华、刘俊敏、刘硕、李烨、李柴飞、徐英杰以及中国财政经济出版社周桂元编审为本书出版所付出的辛勤劳动。

在研究和写作过程中，课题组参阅了大量相关研究文献，吸收和引用了同行部分研究成果，这里对相关文献的作者一并表示衷心感谢。由于调查问卷设计以及调研有限等方面原因，加之所掌握的分析资料以及研究水平所限，书中疏漏和不足之处恳请各位专家和读者批评指正。衷心希望本课题的研究成果能够为政府相关职能部门制订推动我国出版业升级战略对策及促进出版产业发展的相关政策产生启发和借鉴之效。

王关义

2016 年 3 月 26 日